대한민국 나쁜 기업 보고서

대한민국 나쁜 기업 보고서

ⓒ 김순천

초판 1쇄 펴낸날 | 2013년 1월 7일

지은이 | 김순천
펴낸이 | 박재영
편집 | 강곤
디자인 | 나윤영

펴낸곳 | 도서출판 오월의봄
주소 | (413-841) 경기도 파주시 탄현면 참매미길 194-9
등록 | 제406-2010-000111호
전화 | 070-7704-5018 팩스 | 0505-300-0518
이메일 | navisdream@naver.com 트위터 | @oohbom 블로그 | blog.naver.com/maybook05

ISBN 978-89-97889-16-7 03300

알라딘 독자 북펀드에 참여해주신 분들

강계환, 강상민, 김기원, 김상백, 김영민, 김옥현, 김은영, 김재욱, 김점숙, 김희곤, 나준영, 남현성, 민동섭,
민유미, 박수성, 신정훈, 윤송이, 윤현아, 이경숙, 이성노, 이승원, 이신화, 이주효, 이태윤, 이하나, 이향, 임
상훈, 장경훈, 장선희, 정수미, 조미연, 주소림, 채대광, 채선욱, 최경호, 최지수, 최현주, 홍민희

대한민국
나쁜 기업
보고서

나를 지켜주는 기업이 필요해요

김순천 지음

오월의봄

기업은 왜 노동자를 불행하게 하는가

"회사 안에서 존중받고 싶어요. 눈뜨자마자 가는 곳이 회사인데 그
곳에서 박스로 머리나 맞고 있으면 우울하잖아요."

이제 스물여섯 살인 준서 씨가 이런 말을 했을 때 나는 마음이 울
컥했다. 존중받고 싶다, 정말 소박하고 당연한 소망이지 않는가. 준
서 씨의 그 당연한 바람이 기업 안에서는 왜 내동댕이쳐지는 것일
까?

나는 몇 년 전부터 기업에 다니는 평범한 사람들의 내밀한 이야
기를 기록하고 싶었다. 천천히, 깊게 그들의 솔직한 일상 이야기를
듣고 싶었던 것이다. 그 전에는 기업에 대해 그다지 관심이 없었다.
나에게는 정말 재미없고, 심심하고, 매력 없는 게 기업이었다. 생각
만 해도 머리가 아픈 다른 세계였다. 이런 기업에 관심을 갖게 된 건
기업에 다니는 많은 사람들이 당하는 고통과 어려움 때문이었다. 사

회는 어느 정도 민주화가 되었다는데 기업은 여전히 전제군주가 지배하는 세계였다. 이제는 모든 권력이 기업으로 넘어갔다는 말도 들렸다. 그래서일까, 기업에서 하는 행태들은 정말 상상할 수 없을 만큼 가학적이었다. 국민과 함께하는 기업이 아니라 국민을 습격하는 기업이 되어버린 것이다. 그리하여 나는 잠시 멈춰 서서 기업에 대해 깊게 사유하기로 했다. 기업의 내밀한 구조를 들여다보고 싶었다. 어떤 구조이기에 수많은 유무형의 고통들이 배태되는지, 어떤 조건이기에 삶을 이렇게도 퇴행시키는지 알고 싶었던 것이다. 우리가 음식이나 몸을 하나의 문화 연구의 대상으로 보듯 잠시 멈춰 서서 기업도 하나의 문화로 깊게 들여다보고 싶었던 것이다. 기업은 우리 삶에 일상적으로 깊숙이 개입하고 있었고 나는 더 이상 그 존재를 배척할 수 없었다.

23명을 죽음으로 몰고 간 쌍용자동차에서 벌어진 일들을 바라보면서 많은 분들이 거기서 고통당하는 노동자들뿐만이 아니라 기업이 어떻게 그렇게 운영될 수 있는지, 그런 경영이 어떻게 가능한지 고민했을 것이다. 나도 그런 질문을 던졌다. 하지만 나는 좀 다른 생각을 했다. 어느 한 회사가 그렇게 극단적인 고통을 겪는데 다른 회사라고 안전할까? 사회학적인 접근을 해보자면 그런 일은 존재하지 않는다. 사회에서 어떤 한 모습이 드러나는 것은 사회 전반이 영향을 미치기 때문이지 그 회사 자체의 모습만은 아닌 것이다. (쌍용자동차는 우리나라 경제 시스템이 배태한 기업의 극단적인 한 형태였다.) 그래서 쌍용자동차가 아닌 일반 기업은 어떤지 들여다보고 싶었다. 놀랍게도 우울증, 왕따, 스트레스, 물리적 · 정신적 폭력, 사내 정치, 은밀하게 진

들어가는 글

행되는 폭력은 상상 이상이었다. 쌍용자동차 노동자들이 정리해고로 고통을 받는 동안 다른 기업에서 일하는 사람들은 무한 경쟁으로 극심한 고통을 겪고 있었다. 이 상황을 냉철히 바라보게 되었다. '경제민주화'란 말을 많이 하는데 일터에서 일상으로 부딪치는 직간접적인 여러 형태의 보이는, 또는 보이지 않는 폭력들에 대한 깊은 성찰이 없으면 경제민주화는 다 무상한 일일 것이다. 직장에서 일하면서 일상이 행복하지 않다면 민주주의가 왜 필요한가? 김상봉 전남대 철학과 교수의 물음대로 "지금은 기업과의 관계에서 과연 인간의 삶이 행복한가 물어야 할 심각한 상황인 것"이다.

이런 상황은 우리나라 경제에도 굉장한 손해다. 다국적 컨설팅 기업인 타워스왓슨이 공개한 자료를 보면 우리나라 직장인들의 '직원완전몰입도(employee entirety engagement)'는 6%밖에 되지 않는다. 다른 나라에 비해 형편없이 낮다. 전 세계 평균인 21%에도 현저히 못 미친다. 고통스런 직장에 누가 애착을 갖겠는가. SDI에 다녔던 이진혁 씨처럼 이직하면 그만이라고 생각하지 않겠는가. 그로 인한 경제적 손실은 계산될 수 없을 정도로 매우 클 것이다.

또한 심한 스트레스로 인해 정신과 육체가 파괴되어 많은 자산들이 낭비되고 있다. 잡코리아가 최근 직장인 365명을 대상으로 조사한 자료를 보면, '회사 우울증'에 시달리고 있는 응답자가 62.9%나 됐다. '직장인 조직 피로도'를 묻는 질문에 응답자 87.8%가 "업무 스트레스로 인해 심리적, 신체적 이상을 겪은 적이 있다"고 호소했고 81.7%가 "직장에서 받는 스트레스로 인해 질병을 앓은 적이 있다"고 대답했다. 정말 높은 수치다. 인제대 백병원 스트레스센터는 스트레스로 인한 피해액을 추정한 결과 국내총생산(GDP)의 손실액이 최소한 11조 3,650억 원(2003년)에 이른다고 밝혔다. 이런 불합리한 구조가 개선되지 않으면 우리나라의 미래는 없다고 나는 단언한다.

　지금 직장인들의 삶의 고통이 위험수위에 다다랐다. 더 이상 방치하며 내버려둘 상황이 아니다. 스트레스를 많이 받으나 풀 데가 없어 오히려 동료들을 괴롭히고 입시 스트레스에 시달리는 학생들처럼 자살자 수가 급격히 늘어나고 있다.

　"직장 따돌림은 충분히 논의되지 않은 조용한 유행병입니다. 수치심과 침묵에 덮여 있습니다. 2011년 미국 직장인 4명 가운데 1명이 이런 따돌림을 경험했습니다."

　미국 직장 따돌림 연구소 게리나미 소장이 한 말이다. 미국은 직장 내에서 연간 600여 명이 총기난사 등으로 살해된다. 한국은 스트레스 상황이 미국보다 더 심각하다. 옛 직장 동료에 대한 여의도 무차별 칼부림에서도 보듯 앞으로 더 극단적 형태들이 많이 나타날 수 있다. 직장 내에서 직장인 왕따, 우울증, 언어폭력, 잦은 이직, 최장 노동시간, 홈페이지 제명, 직장폐쇄, 쌍용자동차의 정리해고, 삼성의 고과문제, 두산의 사찰, 한국타이어의 커터 칼 위협, SJM의 노조 파괴 전문 컨설팅, 페이퍼컴퍼니, IT업체의 비정상적인 착취……. 이런 것들은 서로 연결되어 있다. 한 문화 속에서 배태되는 서로 다른 모습인 것이다. 직장 내 문화의 수준을 높여야 한다. 직장인들은 다 자신의 일터에서 평안하고 안정적으로 능력을 발휘하면서 열심히 일하고 싶은 것이다.

기업마다 드러나는 양태도 다양하다. 기업문화 전문가 신상원 선생은 기업 유형을 섬세히 분석해주었다. 삼성은 제국주의형(대부분의 대기업들이 이 유형이다)이고 두산은 제국주의형에서 더 나아가 사이코패스형 기업이다. 이런 기업은 자기의 이익을 충족시키기 위해 많은 사람들의 삶을 파괴한다. 중앙대에서 벌어진 인문학 파괴 현장을 들여다보면 쉽게 이해할 수 있을 것이다. 중앙대를 인수한 두산은 학생을 사회를 알아가고, 인문학적인 소양을 쌓아가는 젊은 세대로 보는 것이 아니라 사찰의 대상으로 여긴다. 놀라운 일이다. 공기업도 예외는 아니다. 이곳에서는 사원들끼리 '사랑의 작대기'로 서로를 해고시킨다. 6~7차까지 있는 아주 열악한 하청 기업도 마찬가지다. 그것은 서울남부비정규직센터 문재훈 소장의 말대로 노예나 다름없다. '은유적 형태의 노예가 아니라 실체적인 노예'인 것이다. 디지털 혁명이 일어나고 있는 21세기에 실체적인 노예라니 정말 경악스러운 일이지 않은가? 더 이상 기업만의 논리로, 이윤 추구라는 명목으로 이런 비참한 현실을 덮을 수는 없는 것이다.

이런 고통스런 기업 환경 속에서도 나는 김준호 심원테크 대표이사를 만나고 나서 기업에 대해 한 가닥 기대를 하게 되었다.

"기업은 밥그릇이 커지면 사회 전체의 것이 될 수밖에 없어요."

이 한마디에 눈물이 핑 돌았다. 의외로 사회 곳곳에서 기업이 사회에 어떤 의미가 되어야 하는지 고민하는 기업가들이 많았다. 그분들은 이원재 전 한겨레경제연구소장이 말한 대로 주주만이 아니라 노동자나 환경, 지역, 인권 등 이해관계자들을 다 같이 생각하면서 경영하는 것이 자신들에게 더 좋은 일임을, 자신들도 행복한 길임을 잘 이해하고 있었다. 그분들 중에는 기업의 사회적 책임을 하나의 장식처럼 말하는 기업가도 있었지만 진심으로 그렇게 실행하는 분들도 많았다. 무엇보다 SJM의 김용호 회장에게서 참신함을 느꼈다. 컨텍터스라는 노조 파괴 전문 업체를 동원하여 노동자들에게 폭력을 행사한 것은 용서받을 수 없는 행위이지만 자신의 잘못을 인정하고 공개적으로 노동자들에게 사과하고 다시 노동자들을 받아들인 것은 용기 있는 모습이었다. 코오롱, 콜트·콜텍, 재능교육, 시그네틱스 등 지금도 많은 노동자들이 거리로 내몰려 1,000일, 2,000일이 넘도록 싸우고 있는 현실을 보면 그가 힘에 밀려서든 다른 이유에서든 쉽지 않은 결단을 한 것만은 확실하다. SJM의 사례는 기업가의 사고방식과 가치관이 얼마나 일하는 사람들의 삶에 많은 영향을 미치는지 잘 보여주고 있었다.

올해 한국의 경제 위기는 더 심화될 것이다. 또다시 경제 위기를 들이대면서 많은 노동자들을 해고하거나 일의 강도를 강화하는 것은 더 이상 합리화될 수 없을 것이다. 경제적 위기를 겪으면서 해고 대신 노조에 협력을 요청한 사우스웨스트 항공사가 보여줬듯이 경제적 위기와 해고는 별개의 문제다. 그것은 기업가 가치관에 따른 선택의 문제일 뿐이다. 이제 기업가들도 새로운 삶의 방식을 고민할 때이다. 기업에서 배태되는 여러 문제를 꼭 한 기업 차원에서만 해결할 수 있는 것은 아니다. 재벌구조 등 큰 흐름의 경제 시스템의 변화가 필요하다. 하지만 가장 먼저 해야 할 일은 기업 안에서 직장인들이 내는 다양한 목소리를 듣고 그것을 개선하는 일일 것이다. 이 책 안에 그 생생한 목소리들이 있다.

기업을 취재하는 르포는 다른 르포 작업에 비해 다가가기가 쉽지
않았다. 직장에 다니는 많은 사람들이 인터뷰하기를 두려워했다. 인
터뷰를 해놓고도 싣지 못한 글도 여러 편이다. 특히 상황이 극단적
인 형태일수록 어려움이 많았다. 여기에 실린 몇 분은 가명으로 나
왔다. 인터뷰 한 번으로 그분들의 생계를 뺏을 수는 없기 때문이다.
자신의 이야기가 공개되는 것을 꺼려하는 직장인들의 두려움은 역
설적으로 기업 안에서 그들이 얼마나 자유가 없는지 보여주는 증거
이기도 하다. 한국타이어의 정승기 씨 말대로 기업 안에서 "마음속
에 있는 말을 자유롭게 내뱉을 수 있게만 해줘도 이렇게 열악한 환
경이 되지는 않았을 것"이다. 이 책을 통해 많은 직장인들이 기업 안
에서 겪은 다양한 일들을 공개적으로 자유롭게 말할 수 있는 자그마
한 계기가 되기를 바란다.

2013년 1월 김순천

차례

1

삼성의 우울

회사는 많이 성장했지만 나는 성장하지 못했어요

이수인 · 삼성전자 노동자

원고를 다 완성해놓고 당혹스러운 일이 생겼다.

이수인 씨에게 전화가 왔는데 자신의 원고는 못 싣겠다는
내용이었다. 수인 씨는 정말 미안해했다. "내 개인의
이야기는 괜찮은데 삼성과 관련된 이야기는 부담이 많이
됩니다." 혹시 이 원고로 인해 자신에게 피해가 갈까봐
두려워하고 있었다. 정말 중요하게 생각했던 원고라 맨 앞에
놓을 생각이었다. 많이 아쉬웠지만 그이의 입장이 충분히
이해가 되었다. 이 원고를 어떻게 할 것인가 고민을 많이
했다. 이렇게 싣지 못한 사연을 그대로 보여주는 것도 르포
작업의 과정이라고 생각했다. 원고는 실을 수 없지만 회사에
자신이 하고 싶은 말이 있어도 두려워서 못하는 직장인들을
위해 이 공간을 남겨놓기로 했다. 이 공간은 하얀 종이이다.
그러나 하얀 종이만은 아니다. 자신의 마음을 마음껏
털어놓을 수 있는 거대한 대숲이다. 아무도 눈치 보지 말고
자신의 이야기를 마음속 바닥까지 꺼내놓기를 바란다.
사람의 목소리는 빛보다 멀리 가는 법이니까.

2

환상
국가도 어쩌지 못하는 괴물 삼성과 싸우는 사람

박종태·전 삼성전자 VD사업부 노동자

2012년 7월 25일 수원 영통에 있는 삼성전자 정문 앞은
점심을 먹으러 나온 사원들로 긴 행렬을 이루었다. 대부분
젊은 사원들이었고 개중에는 유럽계, 인도계 등 외국인들도
간간이 눈에 띄었다. 여름 햇볕은 정말 뜨거웠다. 박종태
씨(45세)는 가로수 그늘에 서서 지나가는 사원들에게
음악을 틀어주고 있었다. 김장훈의 〈남자라서 웃어요〉가
흘러나왔다. 종태 씨가 가장 좋아하는 노래였다.
박종태 씨는 끊임없이 중얼거리듯 자신의 이야기를
반복하고 또 반복했다. 그것은 거대한 삼성이 아니라 아주
일상적으로 만나는 삼성에 관한 이야기였다. 얀 아르튀스
베르트랑(Yann Arthus-Bertrand)의 사진처럼 하늘 위에서
내려다본 풍경으로서의 삼성이 아니라 마이크로 렌즈로
근접하여 들여다본 아주 섬세한 세계의 삼성이었다. 그의
이야기 속에는 평소에 접할 수 없던 삼성의 다양한 모습이
펼쳐졌다. 그것은 아주 기묘한 모습이었다.
아무 일도 시키지 않고 하루 종일 하얀 파티션만 바라보게
하는 회사, 초등학생들처럼 화장실에 갈 때도 부서장의
허락을 받아야 하는 회사, 휴게실 냉장고에 들어 있는 약을
달라고 했더니 아예 그 커다란 냉장고를 통째로 떠메고
가져오는 회사, 아침 6시 반 빵을 먹으면서 종태 씨의
얼굴을 빤히 쳐다보는 감시자가 있는 회사, 집에 샛노란
봉투를 보내 공포를 유발하는 회사, 그리고 하룻밤만 지나면

사라지는 동료들······.

그의 이야기는 너무 기괴해서 엽기적이기까지 했다.

이야기가 현실인지 비현실인지 구분조차 되지 않았다. 그 많은 이야기 중 여기에 일부분만 싣는다.

제가 삼성전자에 몸담은 지 23년이 됐어요. 제 고향이 전라도 무안인데 집이 가난했어요. 늘 부모님이 힘들게 농사짓는 걸 보면서 자랐어요. 너무 안쓰러워 돈 많이 벌어서 꼭 호강시켜드리고 싶었어요. 실업계 고등학교를 나와 곧바로 일을 하기 시작했어요. 1987년 친척 소개로 삼성전자 면접을 봤는데 300명인가 뽑는데 천 명이 넘게 몰려왔어요. 그 많은 지원자 중에 제가 합격했어요. 정말 날아갈 듯이 기뻤어요. 한마디로 경사가 난 거죠. 지금도 시골에 계신 어머니는 삼성전자가 엄청나게 좋은 회사라고 알고 계세요. 그 좋은 회사에서 아들이 해고당한지는 모르세요. 걱정하실까봐 말씀을 못 드렸죠. 많은 사람들이 삼성이라고 하면 광고에 나오는 김연아의 삼성만을 상상해요. 김연아가 삼성 제품을 선전하면 사람들은 그 이미지만으로 삼성을 떠올리는 거예요. 저는 그건 하나의 데커레이션

(decoration, 장식)이라고 생각해요. 그 이미지 하나만 보고 국민들이 삼성을 판단하는 거죠. 하지만 내가 23년 동안 겪은 삼성은 모든 게 뒤엉켜 있는 현실의 삼성이에요. 싱그러움과 아름다움보다는 눈물과 고통이 더 많은 삼성이죠.

눈물과 고통이 뒤엉킨 현실의 삼성

저는 여러 사업부 중에 영상 디스플레이(VD)사업부로 들어갔어요. 컴퓨터 모니터나 TV를 만드는 곳이에요. 제가 들어갈 당시에는 모니터만 만들었죠. 제 인생 대부분의 시간을 거기서 보냈어요. 20년 넘는 세월을. 거의 지각 한 번 없을 정도로 청춘을 다 바쳤죠. 한 6년 동안은 직접 라인에서 일했어요. CRT(브라운관)라고 흔히 '알다마'라고 부르기도 하는데 그것을 모니터에 도킹(연결)하고, 스크루를 박고, 백 커버하고, 박스에 담는 일을 했어요. 그 당시는 IBM이나 제록스에서 삼성에 OEM(주문자가 요구하는 제품과 상표명으로 완제품을 생산하는 방식)을 주었어요. 말하자면 삼성이 IBM이나 제록스의 하청을 받았던 거죠. 2004년 제품기술부로 가기 전 3~4년 동안은 생산성 향상 운동인 공정 개선 활동을 했어요. 일본 도요타자동차의 TPM(생산의 효율을 극대화하기 위한 총체적 설비 보전 경영법) 방식이라는 것을 도입해서 생산 현장에 적용시켰어요. 아주대학교 함효준 박사가 그 당시 TPM을 PRO-3M이라는 용어로 바꿔서 한국에 맞게 실행했어요. 함효준 박사가 직접 코치하고 멘트도 해주었죠. 정리정돈, 청소, 조

국가도 어쩌지 못하는 파을 상성과 싸우는 사람

명 밝게 하기 등등 말하자면 '청소만 잘해도 제품이 잘 나온다'는 논리죠. 그 뒤로 해고 직전까지는 제조과에 있었고요.

회사 분위기가 바뀌기 시작한 건 IMF 이후였지만 본격적으로 변한 것은 진대제 사장 때부터였어요. 이 사람이 정보통신부 장관으로 가기 전에 '상시 구조조정 체계'를 삼성에 만들어놓고 갔어요. IMF 전에는 평생직장이어서 구조조정 같은 게 없었어요. 그런데 이제는 수시로 사람들을 자르는 거예요. 200~300명씩. 자고 나면 동료들이 없어졌어요. 어느 날 회사에 가면 알고 지냈던 사람들이 없어지는 거예요. 그 기분은 직접 당해보지 않은 사람들은 느끼기 힘들 거예요. 약간의 섬뜩함과 슬픔이 묘하게 뒤섞인 느낌이죠. 인사과에서 권고사직을 해서 계속 불려 다니다가 퇴사하는 거예요. 퇴사는 명분일 뿐 반강제로 해고시키는 거죠. 차라리 그냥 해고했으면 더 나았을 텐데 괴롭힐 만큼 괴롭히다가 기진맥진한 상태에서 사람들을 나가게 했어요. 삼성은 사원들에게 잘해준다, 선전해온 게 있기 때문에 해고하는 것을 숨긴 거죠. 이게 더 잔인한 거예요. 어떤 사람은 칼들고 자살소동을 벌인 사람도 있었어요.

얼마나 많은 수가 해고되었는지는 그 당시(IMF 이후) 삼성기업구조조정본부 본부장이었던 윤종용 사장을 다룬 책을 통해 확인할 수 있었다. "당시 100여 개에 달하는 삼성전자 사업부 중 무려 30여 개의 사업부가 사라졌다. 제품 수로는 140여 개에 달했고 제품라인은 52개였다. 해고된 직원 수는 2만 3,000명이었다. 윤종용 사장이 직접 OX표를 치면서 잘라냈다."(《삼성의 스타 CEO》, '경영의 전도사-윤종용 삼성전자 부회장' 편, 61쪽) 그 이후 삼성전자에는 경제 위기가 아닌 평소에도 해고를 할 수 있는 상시 구조조정체계가 만들어졌다.

생산 체계도 변했어요. 2005년까지는 컨베이어 라인이었거든요. 쉽게 말하면 한 제품이 만들어지려면 그동안은 100명 정도가 분업을 해서 스크루를 박고, 백 커버 씌우고, 검사하고 했죠. 그 작업들을 컨베이어 벨트가 연결해주었고요. 그러던 것이 2005년 말부터는 한두 명이 제품 전 과정을 책임지는 셀 라인으로 바뀌었어요. 그렇게 하면 생산량이 훨씬 많아질 뿐만 아니라 작업량이 다 수치화되는 거예요. 개수가 다 표시되기 때문에 사람들이 쉴 수 없는 거죠. 다른 동료들보다 적게 나오면 회사에 찍히잖아요. 그러면 고과(점수)에 반영되어 불이익을 받게 돼요.

이 고과라는 게 얼마나 무서운 것이냐 하면 대학교 성적처럼 A, B, C, D등급으로 나뉘는데 등급이 올라갈 때마다 월급이 달라지고 직장에서 대우가 달라져요. 같이 어울리는 또래집단도 달라지고요. 신분이 상승하는 것과 같은 효과를 갖는 거죠. 하위 고과인 D를 두 번받으면 권고사직 사유가 돼요. 회사가 당장 해고를 시켜도 아무런말도 할 수 없는 거죠. 어떤 곳은 잘하는 사람은 잘하는 사람끼리, 못하는 사람은 못하는 사람끼리 짝을 지어놓아요. 그러면 상대적으로손이 느린 사람 팀과 손이 빠른 사람 팀 사이에 수량에서 하루치 차이가 나요. 8~9개 차이가 나면 그래도 괜찮지만 하루 분량이면 "너희는 남들이 일할 때 어디 갔다 왔냐?"고 하면서 농땡이 친 걸로 받아들이는 거죠. 동료들이 너무 힘들어서, 특히 여성들이 말은 못하고 3배가 넘는 일의 강도를 다 받아들이다가 유산을 많이 했어요.

2006~2007년에만 셀 라인에서 일하던 여사원 10여 명 이상이 유산했어요. 두세 번씩 유산하는 여사원들도 있었어요. 조건이 변하지 않는 상태에서 계속 일하니 다시 유산을 하는 거죠. 피 흘리며 쓰러지는 거예요. 아직 태어나지 못한 아이에게 회사가 죄를 짓는 거잖아요. 이건 살인이나 마찬가지예요. 본의 아니게 서로 생산량을 높이려고 피 말리는 경쟁을 하는 거죠.

또 성과급제라는 게 있는데 이게 문제가 심각해요. 일반 사람들은 삼성에 다니면 월급을 많이 받는 줄 알아요. 그것은 일종의 착시 효과예요. 사실 삼성은 기본급이 적은 회사예요(2012년 상반기 삼성전자는 매출은 1위였지만 대졸 초임연봉이 1,000대 대기업 중 201위였다). 월급이 많다는 것은 성과급제가 도입돼서 그런 건데 이게 동료들 사이에 엄청난 고통이에요. 왜냐하면 실적이 오르면 어느 사원이나 똑같이 줘야 하잖아요. 그런데 차등화해서 지급하기 때문에 문제가 되죠. A, B, C, D부가 있으면 어느 부는 성과급을 50% 받아요. 어느 부는 15%, 어느 부는 4%, 0% 받는 데도 있어요. 제가 있던 영상사업부와 무선사업부는 상대적으로 실적이 좋았어요. 저희 부는 TV를 만들고 무선사업부는 핸드폰을 만들잖아요. 사람들이 열심히 일하는 것과는 상관없이 다른 부보다 실적이 좋을 수밖에 없어요. 저희 부와 무선사업부는 항상 성과급을 50% 가져가는 거예요. 이 50%라는 게 연봉의 50%예요. 많은 돈이잖아요. 제가 20여 년 넘게 일하고 대리가 되었는데도 연봉은 약 4,000만 원 정도밖에 안 돼요. 여기에 성과급이 50% 나오면 2,000만원이 추가되어 합하면 연말에 6,000만 원 정도를 받는 거예요. 제가 성과급으로 2,000만 원을 받을 때 4% 성과급을 받는 부서는 120만 원 받는 거죠. 제조기술센터가 그렇게 받았어요. 거기 인사차장이 엄청 화를 내더라고요. 사람이기 때문에 그런 상황에서 화가 나는 건 당연해요. 협의위원 대표는 열 받아서 삭발로 항의하고 그랬어요. 그때 저도 우리 사업부가 많이 받는 게 미안하기도 해서 영화배우 원빈 머리로 짧게 잘랐어요. 1센티미터만 남기고 자르는 머리 있잖아요. 차별적으로 성과급을 받는 동료들이 얼마나 모멸감을 느끼겠어요. 차라리 그 돈 안 받고 말지, 이렇게 사람들을 돈으로 비참하게 만드는 건 아니잖아요.

다른 회사는 사원들 모두 200%면 200%, 400%면 400% 이렇게 주잖아요. 삼성은 언론에 50% 받는 부서의 월급만 공개하거나 잘 받은 사람, 못 받은 사람 월급을 합한 평균치를 내보내요. 이러니 사람들은 삼성 직원이라고 하면 돈을 많이 받는 걸로 아는 거죠. 6,000~7,000만 원 받은 사람도 있고 기본급이 100만 원도 안 되는 사람도 있어요. G1, G2 단계에 있는 하위급 사원들은 기본급이 80~100만 원 정도밖에 안 돼요. 비정규직과 비슷한 거죠. 이왕 성과급을 주려면 다 같이 나눠줘야 하는 거잖아요. 사실 더 내밀한 부분으로 들어가면 이것도 경영자들의 돈 잔치예요. 일정한 성과가 나면 제일 먼저 임원진들이 스톡옵션으로 가져가고 나머지를 사원들에게 나눠주는 거죠. 큰 덩치는 자기들이 먹으니 임원 연봉은 몇 십억이 넘어가는 거죠. 이사는 100억이 넘어가고요.

이렇게 원하지 않은 희망퇴직, 제조 라인 여성들의 유산, 성과급 차별, 강제 전환배치, 상사의 폭언 등을 겪으면서 더 이상 가만히 있기 힘들더라고요. 이런 모든 문제들의 단 1%라도 해결되면 좋겠다

는 심정으로 협의위원 출마를 결심했어요. 삼성은 '한가족협의회'라는 게 있어요. 일종의 노사협의회인데 노사협의회라고 하면 이름이 별로 안 좋다고 해서 '노사' 대신 '한가족'으로 바꿨어요. 머리를 쓴 거죠. 노동조합을 강경하게 반대하면서 대신 만들어놓은 조직이죠. 2년에 한 번씩 협의위원을 선출하는데 만들어진 지 벌써 20여 년이 됐어요.

둘째를 임신하면 퇴사를 권유하는 곳

2007년 직선 11기 한가족협의회 위원으로 출마했어요. VD사업부에 4,000여 명의 직원이 있어요. 300~400명당 한 명씩 협의위원을 뽑는데 저는 제품기술부서와 품질검사부서 대표로 출마해 당선되었어요. 제품기술부서와 CS부서 대표이자 VD사업부 대표로 선출된 거죠. 정당이랑 비교해보자면 제 밑에 6명의 국회의원(협의위원)이 있고 저는 그 국회의원들의 지역위원장이 된 거죠. 협의위원들은 경영진과 동등한 대우를 받아요. 그래서 함부로 못했어요. 사원들이 협의위원에게 표를 준 것은 사리사욕에 빠지라고 준 게 아니거든요. 근데 많은 협의위원들이 출세하려고 그 자리를 이용했어요. 사원들의 이해관계보다는 회사의 이익을 위해 더 많은 일을 했죠. 저는 그렇게 할 수 없었어요.

협의위원이 되고 나서 첫 번째로 한 일은 권고사직이나 희망퇴직을 시킬 때 사전에 협의위원이나 사업부 대표에게 공유하게 하는 것이었어요. 상무 등 회사 간부들을 만나 2009년까지는 구조조정 및 권고사직은 없다고 합의한 뒤 문서로 남겼어요. 제가 사업부 대표로 있는 동안에는 함부로 구조조정을 하지 못하게 한 거죠. 이게 큰 파장이 일었어요. 노사가 합의한 이 내용을 인사그룹장이 결재하면서 '지금까지 본인이 원하지 않은 희망퇴직은 없었다'고 써 넣은 거예요. 이 소식을 들은 사원들이 엄청 화가 났어요. 하루에도 몇 명씩 너무도 많은 사람들이 나갔는데 이런 이야기를 하니까 분노한 거죠. 인사위원회에서 상황이 심각한 것을 감지하고 협의위원들에게 그 내용을 지우라고 전화했어요. 그 소리를 듣고 협의위원들이 저를 찾아왔어요. "대표님, 인사위원회에서 이 내용을 지우라고 합니다." 그래서 제가 지우지 말라고 그랬어요. 그건 협의회 활동에 대한 회사의 개입이고 월권행위였어요. 그랬더니 차장이 저희들에게 그러더라고요. "협의위원들이 너무 세게 나가는 것 아니야?" 지금까지 어느 누구도 권고사직에 대해서 정식으로 문제제기를 하지 않았던 거예요. 회사가 강한 상대를 만난 거죠. 권고사직이나 희망퇴직은 일방적으로 회사가 하는 것이 아니라 본인은 물론 사원 대표와 상의하는 게 아주 기본적이고 평범한 원칙이에요. 그 상식을 회사는 어겨왔던 것이죠. 삼성에서 20년 동안 노사업무를 맡아왔던 사람이 제 면전에다 대고 "당신 같은 사람은 처음이다" 그러더라고요. 제가 있는 동안 희망퇴직은 없었어요.

조금 전에도 말했다시피 회사 내에서 여성들이 유산을 너무 많이 했어요. 친한 여성 사원들이 있었는데 호프집에서 만나자고 하더라고요. 제조과에 있는 여사원들이었어요. 제조과는 생산직인데 부서

들 중 제일 열악한 곳이에요. 제조과에도 협의위원이 있는데 저를 찾아왔더라고요. 제가 사업부 대표고 여사원들을 동생처럼 챙겨주어서 그런지 다른 부서에서도 종종 저를 찾아오곤 했어요. 한 사람은 유산을 했고 다른 한 사람은 유산을 하지 않았어요. 호프집에서 만나 이야기하는데 유산되는 일이 없도록 해달라고 하더라고요. 그리고 회사에서 유축시간을 쉬는 시간에 포함시켰나 봐요. 그것을 따로 보장해달라고 하더라고요. 아기에게 주려고 모유를 짜는 시간은 최소한 보장해줘야 하잖아요. 그뿐만이 아니라 여사원들이 임신했는데 서서 일을 하게 했나 봐요. 그러면 하지정맥류에 걸리잖아요. 몸도 힘이 들고요. 여사원들의 말을 듣고 제가 임산부는 스크루 박는 일 같은 힘든 일은 하지 못하게 하고 될 수 있으면 보조하는 일, 앉아서 하는 일을 하게 하면 어떠냐고 회사에 제안했는데 거절하더라고요.

가장 심각한 문제는 둘째아이를 낳은 여사원들의 퇴사 문제예요. 어떤 여사원이 둘째를 임신했어요. 둘째아이를 낳으면 삼성에서는 보통 암암리에 퇴사를 권유해요. 애를 돌보느라 회사 일에 신경을 덜 쓴다는 거죠. 퇴사를 안 하면 인사 조치를 하겠다고 계속 협박당한 여성도 있다고 하더라고요. 참 무서운 곳이죠. 간접적으로 압력을 넣기도 해요. 아무리 임신한 여사원이 일을 잘해도 하위 고과를 주는 거예요. 하위 고가 D를 연달아 맞으면 해고 사유가 된다고 했잖아요. 삼성에서 하위 고과를 강제적으로 5%는 주게 되어 있어요. 그 5% 안에 임산부를 넣는 거죠.

여성들이 임신을 하는 것은 개인을 위한 것이기도 하지만 사회를 유지시키는 데 굉장히 중요한 일이잖아요. 회사에서 그것을 보호해주고 존중해줘야 하는데 그렇지 않은 거죠. 오히려 생산성을 떨어뜨리는 장애물로 생각하는 거예요. 여성은 어떻게 할 수 있는 일이 없으니까 가만히 당하고만 있는 거죠. 그래서 제가 '이의신청'이라는 게 있으니 인사과에 가서 따져보라고 그랬어요. 자신은 무서워서 못한다고 그러더라고요. 그 여성이 작년에 정말 열심히 일했거든요. 그런데 재작년 치를 근거로 고과를 매긴 거예요. 이렇게 억울한데도 망설이더라고요. 그래서 제가 그랬어요. "당신은 더 이상 잃을 게 없는 사람이다." "이제 해고만 남지 않았느냐?" "한 번 가서 부당하다고 말이라도 해봐라, 내가 도와줄게." 그랬더니 인사과에 가서 말했나 봐요. 그 뒤로 그 여성이 더 힘들어졌어요. 부서에서 이의제기를 했다고 왕따를 당한 거예요. 그 여성이 너무 힘들다고 다른 부서로 빼달라고 하더라고요. 그만두게 하려고 했는지 일을 너무 과중하게 시킨대요. 3~4개월 동안 상위 부서 과장과 부장을 만나서 겨우 좀 더 자유롭게 일할 수 있는 상위 부서로 빼줬어요. 그 과정에서 회사와 엄청나게 싸웠어요. 치고 박고 싸운 게 아니라 서로 머리 쓰면서 파워게임을 한 거예요. 너무 당연한 일을 해결하는데도 그렇게 힘이 들었어요.

부사장이 자살할 정도면 일반 사원들은?

예전에 반도체 총괄부사장이 자살한 적이 있어요. 수퍼급 핵심기술을 개발해 '삼성 펠로우'에 선정된 사람이었대요. 펠로우에 선정되면 단독 연구소와 연간 10억 원의 연구비를 제공해주는 특전을 줘요. 그런 사람을 어떤 깊은 사정이 있는지는 모르지만 LSI 사업부 개발실장으로 좌천을 시키더니 2010년에는 반도체를 위탁 생산해주는 파운드리(foundry) 공장장으로 발령을 내버렸다고 하더라고요. 부사장에서 하루아침에 공장장이 되었으니 타격을 많이 받았겠죠. 기술직인 사람에게 생산직으로 가라는 것은 회사를 그만두라는 말과 같거든요. 사실 부사장들도 많이 힘들어요. 명령이 떨어지는데 그걸 하지 못하면 엄청 스트레스를 받죠. 이건희 회장이 한 번 하라고 하면 아무리 불합리한 일도 해야 해요. 거기에 부응하지 못하거나 한마디 했다가는 살아남지 못하죠.

부사장이 그 정도예요. 부사장이 자살할 정도면 일반 사원들은 어떻겠어요. 삼성의 임원진들은 1년마다 재계약을 해요. 실적이 안 좋으면 그대로 아웃이죠. 아웃을 못 시키는 사람들은 고문으로 빼거나 2년 동안 안식년을 줘버려요. 성과가 제대로 안 나오면 안식년을 통해 보이지 않게 임원들을 아웃시키는 거죠. 예전에도 그랬지만 요즘은 더 심해졌어요. 임원들도 엄청나게 힘들죠. 서로 힘들어지면 부장은 차장을 쪼고, 차장은 과장을 쪼고, 과장은 사원들을 쪼겠죠. 제일 밑에서 당하기만 하는 사람들은 사원들이죠. 얼마나 힘들겠어요.

한번은 영상사업부 과장이 중국 톈진으로 출장을 갔어요. 거기서 심근경색으로 세상을 떠났어요. 하루 더 일찍 올 수 있었는데 회사에서 출장을 연장했다고 하더라고요. 만약 일찍 왔더라면 그런 일도 없었겠죠. 한두 시간 조치가 늦어져서 결국 돌아가셨다고 하더라고요. 제가 협의위원이었기 때문에 운구하는 것을 직접 봤어요. 서울에 있는 장례식장으로 아침 일찍 가서 새벽 1시까지 함께 있었어요. 그랬더니 회사에서 저 보고 자신들을 감시하러 왔느냐고 하더라고요. 직원이 죽었는데 협의위원이 가만히 있으면 안 되잖아요. 회사가 어떻게 나오는지, 무슨 조치를 취하는지 철저히 감시해야죠. 회사 인사부장이 "박 대표님, 우리가 알아서 잘할 테니까 먼저 들어가십시오" 그래요. 그렇게 말해놓고는 유족들을 엄청나게 힘들게 했어요. "당신 남편이 죽은 것은 평소 담배를 많이 피웠기 때문이다." "자기 건강관리를 못해서 그런 건데 회사가 어떻게 책임을 지나?" 이러면서 산재처리를 안 해줬어요. 그 과장은 지병도 없이 매우 건강한 사람이었거든요. 회사 대표들이 유가족과 한 이야기를 녹음한 녹취록도 있어요. 그걸 들어보면 상상을 초월해요. 회사에서 일하다 죽은 사람을 완전히 개죽음으로 만들고 있더라고요. 그 후로 사원들이 그러는 거예요. 이제 담배 많이 피우는 사람은 출장도 가지 말아야겠다고. 회사 일을 하다가 죽었는데도 그렇게 나온 거예요. 그러니 반도체에서 일하는 여사원들이 백혈병으로 그렇게 많이 죽어도 안면 까고 나오는 거죠. 너무 힘들어요, 힘들어.

마지막 장지인 수원 연화장에서 화장을 하는데 미망인이 그러더라고요. "토요일 일요일까지 그렇게 일만 하더니 당신에게 돌아온 것은 이런 죽음뿐인가요? 불쌍해서 어떡해요. 당신, 전화라도 있으면 하늘나라에 가서 전화 좀 해주세요" 하면서 오열을 했어요. 그 모습을 보니까 저도 눈물이 나오더라고요. 그게 제 미래의 모습 같아 아내에게 정말 미안해지더라고요. 가족들을 제대로 챙기지 못하고 일만 해온 제 자신을 되돌아보게 됐어요. 그 뒤부터 가족과 함께 시간을 많이 가지려고 노력했어요. 외식도 하고. 결국 그 유가족은 회사에서 산재처리를 못 받았어요. 어찌어찌해서 나중에 일반 산재로 처리했다고 하더라고요. 삼성이 무재해 회사로 만들려고 산재처리를 안 해주는 거예요. 무재해 회사가 되면 얼마를 받는 줄 아세요? 1년에 400~500억을 받아요. 그러니 악착같이 산재처리를 하지 않는 거예요.

빈 책상에 앉아서 파티션만 멍하니 바라보고

제가 1년 넘게 협의위원 생활을 하면서 사원들 입장에서 많은 일을 해내니까 회사는 저를 협의위원에서 면직시키려고 했어요. 직접 할 수는 없으니 협의위원들을 통해 면직을 시도했어요. 사실 한가족협의회 협의위원들은 90% 이상이 회사 측이에요. 제가 협의위원이 되고 나서 무엇을 했냐 하면 그동안 협의위원들이 하지 않은 '실적 공개'를 했어요. 사업부 대표로서 일주일 동안 내가 무엇을 하는지, 사업부에서 무엇을 할 것인지 전 사업부 직원들에게 공개했어요. 또 부당한 일은 수정해나갔어요. 토요일, 일요일에 돌아가면서 출근하기로 되어 있는데 인사과는 아예 하지 않았더라고요. 특권을 가진 부서처럼 행동한 거예요. 그것도 따졌죠. 개발부가 40~50%를 하고 제품기술부가 30%를 하는데 인사과는 전혀 하지 않았어요. 부서마다 동등하게 책임을 나눠야죠. 협의위원은 그래야 하잖아요. 국회의

원을 뽑을 때 정말 잘할 사람을 뽑듯이 협의위원도 사원들을 위해 일할 사람을 뽑아야 하는 거죠. 제가 그러니까 회사 측 협의위원들이 불만을 가진 거죠.

협의위원에 당선이 되면 회사에서 한가족 스쿨이라고 인도로 보내줘요. 근사한 말로 벤치마킹하러 간다고 해요. 말로만 벤치마킹이지 국회의원들의 외유, 놀러가는 것하고 비슷한 거예요. 딱 하루 공장을 방문하고 나머지 일정은 관광이에요. 사실 제가 맡은 사업부에는 급하게 처리해야 할 일들이 많았거든요. 그래서 못 간다고 했어요. 협의위원은 회사와 긴장관계를 유지해야 하는데 회사에서 비용을 댄다는 것도 꺼림칙했고요. 그동안 회사에서 길들이려고 보냈던 것도 사실이고요. 겸사겸사해서 안 갔어요. 그랬더니 그걸 가지고 협의위원들이 저에게 2개월 정직을 때렸어요. 협의회나 회사 규칙 어디에도 불참하면 징계를 내린다는 내용은 없거든요. 그 당시 협의회 의장도 중요한 만남이 있어 못 갔는데 저만 정직을 시켰어요. 그러다 2009년 1월 16일에는 아예 면직을 시켜버렸죠. 협의위원 출마를 못하게 뿌리를 뽑아버린 거죠. 사실 저를 면직시킨 것이 순수하게 협의위원들이 한 일이라고 볼 수는 없어요. 회사 전체 사원(협의위원) 대표가 그러더라고요. 회사에서 나서서 면직시키려는 걸 자신들이 대신한 거라고.

면직을 당하니까 회사에서는 저를 러시아로 출장을 보내려고 했어요. 서류에는 러시아 출장에 제 이름이 올라와 있지 않았거든요. 김모 대리 이름만 올라가 있었어요. 삼성에서 저처럼 회사에 문제의식을 갖고 있는 친구들은 출장을 보내버려요. 한번은 저 같은 성향의 친구를 헝가리로 출장 보냈어요. 헝가리에 가니까 회사 인사계 세 사람이 와서 여권과 전화기를 빼앗은 뒤에 테르말 호텔(Thermal Hotel) 독방에 감금을 시켰대요. 그 친구가 노조를 만들려고 몇 사람의 노조 가입서를 가지고 있었거든요. 그것을 빼앗겼다고 하더라고요. 결국 회사의 괴롭힘에 못 이겨 회사와 절충했나 봐요. 구두로 계약을 했대요. 삼성을 그만두는 대신 2차 취업을 시켜준다고요. 근데 삼성이 그 약속조차 안 지킨 거예요. 그 친구가 저를 찾아와서 하소연을 하더라고요. 그 당시 퇴사한 사람들이 많아서 겸사겸사 제가 회사에 왜 퇴사자들과 한 약속을 지키지 않느냐, 왜 퇴사자들이 회사에 등을 돌리게 하느냐고 사장과 회장에게 서류를 첨부해서 이메일을 보냈어요. 일반 사원들은 못 보내도 저희 협의장들은 직접 회장이나 사장에게 이메일을 보낼 수 있거든요. 그랬더니 그 인사계 당사자 세 명이 그런 일은 전혀 없었다고 하는 거예요. 돈까지 다 줘 놓고 발뺌하는 거죠. 제가 그 2,000만 원짜리 수표 사본까지 가지고 있거든요. 그렇게 삼성 내부가 심각한 상태예요.

이런 일도 있고 해서 러시아 출장을 거부했어요. 또 제가 몸이 많이 아팠어요. 스트레스를 많이 받으니까 몸이 아프더라고요. 제가 다른 동료들에게 출장을 못 가겠다고 하면 회사에서 어떻게 나오느냐고 물어봤더니 그냥 말로 다 해결을 봤대요. 몸이 아프다거나 부모님 병이 위독해서 출장을 못 가겠다고 하면 그냥 아무 말 않고 허락해줬대요. 그런데 제가 아프다고 하니까 회사에서 진단서를 요구했어요. 진단서를 줬는데도 그 진단서는 별 효과가 없으니 3차 진료소에서 다시 떼어오라고 요구하는 거예요. 떼다 준 진단서가 수원에 있는 가톨릭대학교 빈센트 병원 것이었거든요. 종합병원이고 신뢰할 만한 병원이었어요. 그런데도 그러더라고요. 회사에서는 출장을 안 간다는 이유로 저를 빈 책상에서 근무하게 했어요. 직무정지를 시킨 거죠. 컴퓨터도 없는 빈 책상에 앉아서 파티션만 멍하니 바라보고 있었어요. 완전히 산 고문이었어요. 게다가 왕따를 시켰어요. 움직이려면 부서장 허락을 받아야 했어요. 다른 부서 사람들이 찾아와서 잠깐 커피 마시는 것도 못하게 했고, 화장실 가는 것도 부서장 허락을 받고 다녀와야 했어요.

한번은 직장 동료의 생일이었는데 사무실에서 케이크에 촛불을 켜놓고 축하 파티를 하는데 옆에 있는 저를 부르지도 않는 거예요. 완전히 투명인간이 된 거죠. 다른 때도 힘들었지만 그때는 마음이 정말 비감스럽더라고요. 한 달 동안 이렇게 있다가 도저히 참을 수 없어 정신과에 다녔어요. 이때 처음으로 유서를 썼어요. 비가 부슬부슬 내리는 날이었어요. 제가 언제 어떻게 될지 모르겠다는 마음이 들더라고요. 나도 모르게 유서를 쓴 거예요. 유서를 써서 성경책 깊은 곳에 꽂아두었어요. 정신과 의사가 참 좋은 분이었어요. 제 사정을 알고 여기 더 있다가는 큰일 당하겠다 싶었나 봐요. 스트레스가 너무 심하니 병원에 입원하라고 하더라고요. 한 달 동안 입원했다가 퇴원했어요.

병원에서 나오니까 직무대기가 끝났다고 하더니 또 일을 주지 않고 파티션만 바라보게 하더라고요. 그러더니 가장 열악한 제조과로 발령을 냈어요. 제조과는 다들 일하기 힘들어하는 곳이에요. 가장 열악한 곳이죠. 제가 목 디스크에 고혈압까지 여러 가지 병을 앓고 있었거든요. 그렇게 힘든 사람을 제조과, 박스 포장하는 곳으로 보내더라고요. 이렇게 아픈데 배려를 해줘야 하지 않느냐고 진단서를 가져다줬는데도 나중에 언론에서 보니 회사 책임자가 그게 합당한 업무 배치라고 했더라고요. 교통사고가 나서 목 디스크에 걸린 직원이 있었는데 그 사람은 출장도 안 가고 자재 파악하는 일을 맡겼어요. 몸을 쓰는 일이 아니기 때문에 가능한 일이었죠. 품질부서의 QC(품질검사)는 제가 몸이 아파도 충분히 할 수 있는 일이잖아요. 그런데 가장 몸을 많이 써야 하는 제조부로 보낸 거예요. 1미터 50센티미터 안에 앉아서 46인치, 50인치 LCD 박스를 하루에 1,000개씩 포장했어요. 1,000개씩 하다보니까 손이 마비되는 거예요. 한마디로 유배당한 거죠. 하기 싫으면 회사를 나가라는 신호였어요. 그런 의미인지 알기 때문에 밤에 집에 가서 눈물을 흘릴지언정 끝까지 버텼어요.

황당했던 게 해고되기 며칠 전에 무슨 시험을 본다고 하더라고요. 시험 내용을 봤더니 백 커버도 씌우고, 스크루도 박고, 박스도 포장하는 작업이었어요. 아주 단순해서 누구나 할 수 있는 작업이에요. 그것을 빨리 하게 하려고 시험을 보는 거예요. 스크루를 정확하고 빨리 박는 시험을 보는데 정말 유치해서 견디기가 힘들더라고요. 너무 사람을 도구화시키는 시험이잖아요. 그런 시험이 꼭 필요한지 회의가 들더라고요. 이게 바로 삼성전자예요. 제조과에서 일하는 분들이 불쌍하죠. 하루 종일 서서 윗사람에게 안 찍히려고, 임신해도 일을 계속하려고 그러고 있는 거예요.

42

대한민국 나쁜 기업 보고서

23년 동안 일했던 곳에서 해고되다

협의위원에서 면직되었을 때부터 삼성에서 저를 미행하기 시작했어요. 차가 따라다니는 거예요. 그런데 제조과에서 일한 다음부터는 아주 노골적으로 밀착 감시를 했어요. 제조과에는 개인 PC가 없기 때문에 휴게실에 있는 PC에서 일을 보곤 했어요. 문서를 작성하고 있는데 회사 관리자인 직원이 와서 뭐하냐고 사사건건 물어보는 거예요. 원래는 아침 8시 출근인데 어느 날 제가 6시 반에 출근해서 컴퓨터로 뭘 하려고 하는데, 이 친구가 어느새 제 바로 앞 의자에 앉아 빵을 먹으며 나를 쳐다보고 있어요. 완전 기괴한 모습 아니에요? 아침에 빵을 먹으면서 나를 쳐다보는 그 사람의 얼굴 표정을 상상해보세요. 그리고 제가 누구를 만나면 꼭 그 사람에게 전화해서 박 대리랑 무슨 이야기를 했냐고 물어본대요. 나랑 만났던 동료가 인사과에서 전화를 받았다고 하더라고요. 전화 받은 동료도 굉장히 불쾌해했어요.

회사에 싱글이라는 인터넷 소통공간이 있어요. 삼성에서는 누구나 그 공간에 자신의 뜻을 표현할 수 있어요. 그러나 삼성을 비판하는 내용을 올리면 곧바로 삭제가 돼요. 이건희 회장이 물러난다고 했다가 복귀한다고 했을 때 일부 삼성 사람들이 환영하고 난리가 났는데 어떤 사람이 한 입으로 두말하는 이중인격자 비슷한 표현을 했다가 곧바로 삭제당한 적도 있어요.

제가 삼성에서 너무 많은 일을 겪다보니까 노동조합의 필요성을 절실하게 느꼈어요. 협의회 수준으로는 한계가 명확한 거죠. 싱글에 노동조합이 필요하다는 글을 올렸는데 15분 만에 삭제하더라고요. 15분 동안이지만 노조와 관련된 내용이니까 순식간에 많은 사람들이 본 거예요. 많은 격려 댓글이 올라왔어요.

제조과에서 일하고 있는데 상벌위원회가 열린다는 통보가 왔어요. 러시아 출장을 안 갔다고 징계위원회까지 열린 거예요. 아마 삼성에서 이런 일로 징계위원회가 열리는 것은 처음일 거예요. 자신들에게 반항한 괘씸죄 때문이겠지만 명분이 없으니까 러시아 출장 건을 물고 늘어지는 거예요. 제조과 과장이 나를 찾아와 상벌위원회에 참석하겠다는 사인을 해달라고 하더라고요. 제가 해줄 이유가 없잖아요. 그래서 사인을 안 해줬어요. 그랬더니 일일특급으로 집에 샛노란 봉투로 된 통지서를 보낸 거예요. 이걸 가족들이 다 봤어요. 마치 내가 이제 너를 죽일 것이라는 살인 경고장처럼 우리 가족들에게 배달이 되었더라고요. 제가 날마다 출근하니까 회사에서 줘도 되잖아요. 그런데 집으로 보낸 거예요. 해고를 위한 마지막 절차가 담긴 그 노란 봉투를 보니까 엄청난 정신적 스트레스를 받았어요. 그놈들이 이런 심리를 이용한 거예요. 저희 딸이 그걸 보고 "아빠, 이게 뭐예요?"라고 묻더라고요. 사연을 설명하니까 "삼성 이건희 회장은 돈도 많은데 왜 아빠를 자르려고 해요? 차라리 회사가 자르기 전에 아빠가 먼저 나와요. 그래야 기분이 덜 나쁘잖아요" 그러더라고요. 그 사건으로 아이들이 너무 일찍 성숙해버렸어요. 가정에 큰 타격이 왔어요. 그 스트레스로 아내도 저처럼 목 디스크에 걸려 고생하고 있고요.

2010년 12월 25일 11시에 상벌위원회가 열렸고 그 다음날인 26

일 오후 3시에 바로 해고됐어요. 초스피드예요. 아마 삼성 역사에서 이런 초스피드 해고는 없을 거예요. 해고가 되었을 때 제조과 휴게실에서 쉬고 있는데 덩치 좋은 관리자들이 와서 사원증을 강제로 뺏더니 문 밖으로 쫓아냈어요. 현장 동료들하고 접촉해서 파장이 커지는 걸 막기 위해서였겠죠. 휴게실 냉장고에 제 약이 들어 있었어요. 그 약만 가지고 오겠다고 했는데도 들여보내지 않았어요. 그러더니 사람들을 시켜 냉장고를 떠메서 들고 오게 한 거예요. 상상이 가요? 내 약봉지가 거기 들어 있다고 그 큰 냉장고를 들고 온 거예요. 완전히 엽기적이잖아요. 회사 정문을 나갈 때까지 감시하며 따라오더라고요.

저는 그렇게 삼성에서 해고됐고 23년 동안 일했던 곳을 떠났어요. 그리고 사원들의 엄청난 격려문자, 이메일을 받았어요. 정직을 당하고 면직을 당했을 때도 사원들이 당신이야말로 진정한 사원들의 대표라며 격려 메시지를 주었어요. 나중에 들으니 여사원들이 엄청 울었다고 하더라고요. 저는 절대 후회하지 않아요. 억울하게 잘린 것이기 때문에 떳떳해요. 복직 투쟁을 해야죠. 저는 삼성 직원 한 명만 지지를 해줘도 싸울 거예요.

해고되니 생활이 많이 어려워졌어요. 삼성에서 해고되자마자 바로 집을 담보로 대출받았던 3,000만 원을 갚으라고 고지서가 날아오더라고요. 국민연금을 정지시키고, 개인적으로 부었던 연금도 해약하고, 살고 있는 집이 좁아서 이사하려고 5년 동안 부었던 주택부금도 해약했어요. 결혼할 때 아내에게 사준 다이아 반지도 팔고. 애들 학원도 피아노 학원만 남기고 다 끊었어요. 아이가 그러더라고요. "아빠, 다른 것은 다 끊을 테니 피아노 학원만은 보내주세요. 그러면 제가 나중에 잘돼서 아빠에게 보답할게요." 그 말을 듣는데 마음이 울컥하더라고요. 자식의 꿈이 피아니스트라는데 학원을 안 보낼 수가 없었어요. 어려운 어린이들에게 지원해주던 돈도 마음이 아프지만 정지시켰고 시골 어머니에게 매달 얼마씩 보내주던 생활비도 못 드리고 있어요.

지금은 동부화재에 시험 보고 들어가서 생계 투쟁을 하고 있어요. 설계사는 회사원이 아니라 개인사업자와 비슷해서 해고 투쟁하는 데 시간을 용이하게 사용할 수 있어요. 아내는 그릇 닦는 수세미를 뜨개질해서 생활비를 벌고 있어요. 수세미와 함께 비디오나 TV에 들어가는 컨넥터 선을 끼우는 일도 해요. 하나에 80원씩 하는. 회사에서는 이 궁핍을 노리는 것인지 계속 소송을 걸어 소송비를 청구하고 있어요. 지금은 마음을 비우고 즐겁게 투쟁하고 있어요.

가끔 삼성에서 나오는 전자제품을 보면 묘한 향수 같은 게 일어나요. PAVV 제품을 보면 다 종류가 다르거든요. 저희 집에는 42-C 7HD라는 TV가 있는데 저희 동료가 만든 제품이에요. 애정이 남다르죠. 빨리 복직해서 그런 제품을 만들고 싶은 마음이 커요.

주주에게는 배당금을, 노동자에게는 경영권을

김상봉 • 전남대 철학과 교수

기업 안에서 인간의 삶은 어떻게 되어야 할까

제가 기업에 대해 고민한 지는 오래되었습니다. 근본적이고 포괄적인 이유는, 철학자가 현실의 모순을 갖고 고민하고 씨름한다고 할 때 '급소'가 되는 부분을 물고 늘어져야 하는데 시대마다 그 급소가 다르죠. 지금 시대는 그것이 기업이라고 생각해요. 오늘날 기업은 우리 '삶의 세계', '생활 세계'의 중요한 지평이죠. 기업의 모습이 우리 삶을 가장 크게 규정한다고 생각해요. 기업 속에서의 인간의 삶이야말로 우리 세대 인간의 삶을 가장 전형으로 보여주는 것이고 지금 시대 인간의 운명을 결정적으로 규정하는 것이라고 할 수 있어요. 그것은 기업에서 일하는 사람들뿐만이 아니라 기업에 들어가기 위해 온갖 자격증을 따야 하는 대학생들에게도, 그런 대학생이 되기 위해 학원과 과외로 시들어가는 어린이와 청소년들에게도 마찬가지예요. 기업은 삶의 본질을 규정하는 지평인 것이죠. 철학적으로 말하면 노동자들뿐만이 아니라 오늘날 모든 사람들에게 기업이야말로 후설(Edmund Husserl)이 말한 대로 '생활 세계'인 것이죠. 기업 안에서 인간의 삶이 어떻게 되어야지 자유로울 수 있고 평등할 수 있고 결과적으로 행복할 수 있는가를 묻는 것, 삶의 문제를 고민하는 사람이라면 누구라도 심각하게 생각하지 않을 수 없는 것이죠.

철학이 모자란 학문이라서 온갖 것들을 다루어왔지만 사실은 19세기 이후 자본주의 경제가 본격적으로 전개되면서 경제 문제에 대해서는 철학자들이 손을 놓고 있었죠. 저는 그것도 이상하다고 생각했어요. 철학이 현실에서 유리된 가장 큰 이유가 이렇게 철학자들이 경제 문제를 도외시해서 생긴 것이죠. 한편에서는 현실에서의 우리 삶이 기업에 의해 규정되고 있으니까 그걸 탐구하는 게 중요하고 그동안 철학이 경제 문제에 무심했던 과오를 조금이라도 덜 수 있는 방법을 찾다가 《기업이란 누구의 것인가》란 책을 낸 거죠.

보다 직접적인 이유로는 이 문제가 지금 이 시점에서 더 이상 미룰 수 없는 절실한 문제라는 것이죠. 우리 사회가 반독재 투쟁, 정치적인 민주화에서부터 경제민주화로 넘어가야 할 단계이니 재벌 문제, 양극화와 비정규직 문제, 이런 모든 문제가 여기 걸려 있거든요.

기업은 사람들을 지옥 속으로 밀어 넣는다

제게 기업은 두 가지 풍경으로 다가옵니다. 하나는 삼성반도체 노동자들의 백혈병, 벌써 50여 명의 노동자들이 고통 속에서 죽어갔잖아요. 더 끔찍했던 게 충청도 제철소에서 젊은 노동자가 쇳물에 빠져 죽었어요. 기업이라는 게 우리의 삶을 윤택하게 만들어주는 것이라고 늘 배워왔고, 경제도 물질적인 결핍을 충족시켜주고 인간의 삶을 풍요롭게 하기 위해 존재한다고 믿어왔는데 기업이 점점 더 사람들의 삶을 지옥 속으로 밀어 넣는다는 생각을 하지 않을 수 없어요.

제 둘째딸이 지방대를 나와서 지금 의류회사에서 비정규직으로 일을 하고 있어요. 너무 놀라운 건 밥 먹듯이 야간작업을 하는데 잔업수당이 하나 없습니다. 이 친구는 과장으로 있는데 아래 직원이 하나 있어요. 한 달에 70만 원 받아요. 70만 원을 가지고 밥 먹고 차비나 제대로 나올까요? 주말도 없이 일하는데 이게 상상이 안 되는 거죠. 굉장히 심각한 수준이에요. 이런 상황은 어떤 의미에서 기업이 노동자들에게 세상에서 가장 독재적인 조직이라는 거죠. 억압기제예요. 저는 지금 우리 시대 노동자들은 거의 노예 수준이라고 생각합니다. 간단히 말씀드리면 시민으로서는 주권자인데 노동자로서는 예속적인 노예 상태이고, 둘 사이에는 심각한 불균형이 존재합니다. 사람과 사람 사이가 전혀 평등하지 않습니다. 일하면서 행복한 감정을 느껴야 하는데 예속된 상태에서, 인간관계가 적대적인 상태에서 행복이란 있을 수 없죠. 지옥이죠. 저는 한국 사회에서 지금의 기업은 지속가능한 조직이라고 생각하지 않아요. 아이러니컬하게도 어찌 보면 그게 희망이기도 합니다. 한국 사회의 역동성은 사회적 균형이나 평형이 존재하지 않는 상태에서 나온다고 생각합니다. 한쪽 에너지가 강하기 때문에 다른 에너지도 강해서 서로 요동치는 것이죠. 그게 한편에서는 불행이기도 하고 역사를 길고 깊게 보면 희망이기도 합니다. 그래도 우울한 건 사실이에요.

전문가 인터뷰

돈키호테처럼 기업과 정면으로 싸워야

직장을 생각하면 사람들이 즐거운 감정이 들어야 하는데 갑갑하고 폭력적인 느낌을 받아요. 특히 비정규직은 더 심하죠. 기업이 폭력적인 건 우리나라가 공화국 전통이 한 번도 없어서입니다. 국가에 의해 가족이 부양된 적이 없는 나라예요. 그리스 투키디데스(Thukydides)의《펠로폰네소스 전쟁사》에 보면 전쟁에서 쓰러진 시민들의 자녀들은 성인이 될 때까지 아테네가 양육비를 책임져요. 이게 바로 국가주의 논리예요. 나라를 위해 아버지가 죽었으니 그 부인과 자식은 국가가 보살피는 거죠. 그런 전통이 우리나라에는 없습니다. 같이 산다는 공화주의적 전통이 없기 때문에 흔히 서양에서 말하는 계급 타협의 전통도 없는 겁니다. 내 몫을 챙기는 것도 중요하지만 네 몫을 챙기는 것도 중요하다, 이런 전통이 전혀 없는 게 한국 사회입니다. 봉건적인 가족주의, 봉건적인 계급주의가 아직도 온존하고 있기 때문에 그게 문제를 더 힘들게 만들고 있다고 봅니다. 이건희가 사장단 회의에서 일상적으로 반말을 하는 나라, 내가 너하고 같은 사람이 아니라는 거잖아요. 그런 식의 차별의식이 심한 나라죠.

저는 이런 모든 문제와 정면승부를 해야 한다고 생각합니다. 처음에는 우리가 부딪치고 깨진다고 하더라도 그 일을 해나가야 한다고 생각합니다. 그게 얼마나 힘든 일이겠어요? 역사의 변화는 정면승부를 하는 사람에 의해 이루어진다고 생각합니다. 경제 생태계의 다양성을 위해서도 사회적 기업, 지역화폐, 협동조합을 실험해야죠. 하지만 우리가 아무리 많은 시도를 한다고 해도 핵심 권력을 건드리지 못하면 문제가 해결되지 못하고 공전할 것입니다. 그 사람은 나쁜 짓을 계속하고 있는데 다른 사람들은 저질러 놓은 일들을 뒤치다꺼리만 하고 있어야 하는 거죠. 문제가 있을 때는 핵심 문제로 진입해야 합니다. 처음에는 돈키호테처럼 보이겠지만 그것이 역사를 변화시키는 힘이라고 생각합니다.

기업 변화의 핵심으로 제가 주식회사의 변화를 선택했는데 왜 그랬냐 하면요, 그것이 자본주의의 꽃이기 때문입니다. 기업 매출액의 80%가 주식회사의 것이잖아요. 앞으로도 변하지 않을 것이고요. 일차적으로는 주식회사가 자본주의 경제를 이끌어가는 가장 지배적인 기업 형태라고 할 수 있기 때문에 이것을 건드리지 않고서 자본주의의 여러 문제를 극복한다는 것은 난센스이지요. 주식회사는 굉장히 특이해요. 개인 기업은 개인의 사유재산이고 개인의 물건이나 마찬가지입니다. 하지만 주식회사는 공동체입니다. 이거야말로 잘만 하면 새로운 만남의 지평일 수 있는 거죠. 지금처럼 왜곡되어 작동하니까 주식회사가 우리 삶을 착취하고 괴롭히는 메커니즘으로 기능하지만 주식회사를 노동자들이 생산 주체가 되는 생산공동체로 만들 수 있다면 우리 삶을 한 단계 높일 수 있는, 국가를 넘어서는 좋은 의미의 세계화, 지구화를 견인할 수 있는 가능성을 가진 공동체가 될 수도 있죠. 이런 양면성 때문에 주식회사를 바로세워야 할 이유가 있는 것이죠.

누구도 소유해서는 안 되는 공동체, 주식회사

사실 주식의 소유권과 경영권 사이에는 아무런 연관성이 없습니다. 주식회사는 19세기에 들어서야 본격화된 기업 형태입니다. 주식회사는 주인이 없는 회사죠. 회사는 사람이 모인 단체에 불과하고 누가 감히 주인이라고 말할 수 없어요. 개인 기업은 원래 출자했던 기업의 주인이 있고 그 주인과 계약을 맺고 주인을 보조해주는 경영자 또는 직원이 있습니다.

그런데 주식회사는 주식을 발행해서 만든 법인이에요. 법이 인정하는 인간, 권리와 의무의 주체로서 인격체입니다. 소유의 주체는 있지만 어떤 경우에도 소유의 대상이 될 수 없는 조직입니다. 물건만 소유의 대상이 될 수 있는데 주식회사는 물건이 아니죠. 법이 인정하는 집단적 인격체이지 물건이 아닙니다. 누군가 운영을 해야 하는데 운영을 한다고 주인이 되지는 않아요. 법인 기업은 주인이 있을 수 없고 대표만 있어요. 국가에도 대표가 있고 주식회사에도 대표가 있어요. 주주총회에서 이사를 선출해서 대표를 뽑아요. 이를 법학 용어로 '의제'가 되었다고 해요. 주인이 있을 수 없는데 마치 주인인 것처럼 법이 인정해준 거예요. 대표권과 소유권은 다르죠. 대표권은 운영권이고 경영권이에요. 소유권은 물건을 갖는 것, 소유권 속에는 사용권과 수익권, 처분권이 있죠.

주주들이 공동의 관심사, 단체의 관심사를 위해 대표에게 대표권, 경영권을 주는 것은 아니죠. 주주들이 결속해서 이렇게 하면 좋은데 이게 잘되지 않죠. 주식회사의 주주들은 자신들의 의사를 실현하기 위해서 주식을 사는 게 아니니까요. 단지 노름일 뿐이거든요. 주가가 내리면 팔고 오르면 사고. 시세차익 외에는 아무런 관심이 없어요. 그렇기 때문에 주식회사가 존립이 가능한 거예요. "당신들, 왜 그렇게 무심해요? 투자를 했으면 관심을 가져야지." 이렇게 주주총회에 열심히 참석하라고 해도 주주들은 참석하지 않아요. 주관적으로는 기업의 경영에 관해서 관심이 없고요, 객관적으로는 기업의 경영 행위에 대해서 어떤 책임도 지지 않아요. 주식회사의 주주들은 채권자에 가깝지 소유주라고 말할 수 없어요. 개인이 주식을 전량 가지고 있는 경우 파산, 경영 실패로 말미암아 엄청난 부채를 지게 되지만 그래도 주식회사의 주주는 책임을 지지 않아요. 유한 책임이죠. 그렇기 때문에 법인(주식회사)은 사적이 아닌 공적으로 운영되어야 해요. 자본금 2조 원 이상인 경우 사외이사를 두도록 되어 있잖아요. 공정성을 보장하기 위해서죠. 그것이 1인 기업이라 하더라도, 얻는 이익이 있건 말건 공적으로 운영되어야 해요.

주주에게 배당금을, 노동자에게 경영권을

근데 우리나라 주식회사는 재벌과의 관계 때문에 복잡한 양상을 띠고 있어요. 한국의 재벌체제는 특성이 있어요. 미국의 주주자본주의는 광범위하게 소액 주주를 모집해 자본을 모을 수밖에 없죠. 어느 누구도 주식회사의 경영권을 장악할 수 없다는 거죠. 주주 입장에서 보면 주주총회를 통해서 이사회를 구성하고 경영자를 선임하고 이사도 임명해요. 경영 실적이 투명하게 공개되는 구조죠. 기업 회계비용이 투명해요. 시장에서 공적으로 활동하는 거죠. 그런데 한국의 경우 주식회사나 주주자본주의의 틀은 있는데 금융감독위원회나 공정거래위원회가 기업의 내부를 투명하게 감시하지 않아요. 그 기관들의 감시가 전혀 제 기능을 할 수 없어요. 그러니 주인도 아닌 사람들이 주인노릇을 하는 거죠. 하나의 회사도 아니고 수십 개의 기업 집단이 이 모든 것을 지배하는 형태로 가고 있어요. 이게 바로 재벌 집단체제죠. 법적으로 전혀 존재할 수 없는 조직 아닌 조직이 존재하는 거죠. 삼성의 미래전략기획실이 그 대표적인 경우입니다. 그곳은 경영 행위에 대해서는 어떠한 책임도 지지 않아요.

어떤 형태로든 이 고삐 풀린 자본주의를 멈추게 하지 않으면 안 돼요. 과도기적으로 연기금을 통해 재벌을 통제하게 하는 방법을 도입해야 합니다. 피터 드러커(Peter Drucker, 현대 경영학의 창시자로 알려진 경영학자)의 말에 의하면 1992년 말까지 미국의 기관투자가들은 적어도 미국 대기업 주식의 50%를 갖게 되었다고 해요. 한국에서 연금기금은 노동자들이 맡긴 예금입니다. 연기금이 어떤 기업의 최대 주주(기관 투자가)라면 그것은 실질적으로 익명의 노동자들이 최대 주주라는 말과 같습니다. 노동자의 이익을 대변하는 기관 투자가들이 기업의 경영권을 노동자들에게 맡길 수 있도록 압박하여 기업 경영의 낡은 관습을 바꾸는 것은 매우 의미 있는 일일 겁니다.

그 밖에도 가장 쉬운 길로 공기업부터 사장 선출권을 노동자들에게 위임하여 노동자 경영권을 보장해주는 방법도 있습니다. 공기업이란 직원 정원이 50인 이상이고 자체 수입액이 총수입액의 2분의 1 이상인 공공기관 중에서 기획재정부 장관이 지정한 기관을 의미합니다. 이 중에서 시장형 공기업은 자산 규모가 2억 원이 넘은 공기업을 말하는데 한국석유공사, 한국가스공사, 한국전력공사, 인천국제항공사 등 많은 기관이 있습니다. 공기업의 부패와 비효율을 막고 자율적이고 더 안정적인 운영을 위해서라도 공기업 사장을 노동자들이 직접 선출할 수 있도록 권한을 부여해야 합니다. 이런 일은 당장 실천할 수 있는 일입니다. 노동자들의 경영권을 도입하는 운동을 펼쳐야 하며 노동자 경영권을 약속하는 정당에게 노동자들은 표를 주어야 합니다. 주주에겐 배당금을, 노동자들에겐 경영권을 주어야 하는 것이지요.

기업은 이익추구의 탈취장이 아니라 하나의 공동체이며 그 공동체는 민주적으로 운영되어야 합니다. 많은 사람들의 의견이 반영되는 자유로운 공동체를 통해서 그곳에서 일하는 사람들의 행복을 실현해야 하는 것이지요. (2012년 4월)

전문가 인터뷰

3

반복되는 현실

한국타이어는 상식이 전혀 통하지 않는 세계

정승기 · 한국타이어 해고노동자

강남역에서 내려 역삼역 쪽으로 걸어갔다. 걸어가는 도중 반대편에 영어로 Han Kook Tire(한국타이어)라는 큰 글자가 보였다. 내가 이야기로 접했던 한국타이어의 현장 모습과는 다르게 본사 건물은 깔끔하고 세련되었다. 건물 앞에는 그 공간과 참 어울리지 않는 자그마한 두 사람이 서 있었다. 정승기 씨와 그의 부인 미선 씨였다. 한국타이어에서 해고된 승기 씨는 일주일에 3번 대전에서 올라와 1인 시위를 하고 있었다. 추운 날이었다. 아크릴판으로 박스를 만들어 그 안에서 추위를 피하면서 서 있었다. 강남에 있는 화려한 한국타이어에서 듣는 승기 씨의 이야기는 현실이라고는 믿기지 않을 만큼 괴기스러웠다. 한국타이어는 이명박 대통령 사위가 경영하는 회사였다. 거기서 한 달에 5명의 노동자가 죽었고(1년이 아니라 한 달에 5명이다), 노동자들을 버스로 대절해서 '묻지 마 관광'이나 '사창가'에 보냈다.(승기 씨는 동료들 때문에 알리기 조심스러워 했지만 나는 기록하지 않을 수 없었다. 이것은 저급한 통제 방식이자 기업에서 행해지는 가장 극단적인 남성문화였기 때문이다.) 승기 씨는 사찰을 당했다. 그의 사찰 기록에는 '자본민주주의를 부정하는 자'라고 쓰여 있었다. 승기 씨는 나에게 물었다.

"저를 자본민주주의를 부정하는 자라고 했는데 자본민주주의가 도대체 뭘까요?"

민주주의는 자본을 가진 자들만의 것이란 의미인가?

한국타이어에서 10킬로미터 떨어진 물류창고로 유배를 갔을 때 한 동료는 커터 칼로 승기 씨를 위협하며 말했다.

"내일부터 당장 나오지 마라, 나오면 죽여버리겠다."

일하다 죽은 아버지, 아들의 죽음의 대가로 받는 산업재해보상금을 주면서 한국타이어는 외부에 발설하지 말 것과 발설했을 때 전액을 회수하겠다는 각서를 쓰게 했다. 그리하여 입을 다문 동료들……. 아직도 많은 사람들이 죽어가고 그 실상은 침묵 속에 놓여 있다.

사창가, 한 달에 5명의 죽음, 사찰, 자본민주주의, 커터 칼, 각서, 침묵……. 인터뷰를 정리하면서 이 단어들을 노트 한가득 써보았다. 사창가, 한 달 5명의 죽음, 사찰, 자본민주주의, 커터 칼, 각서, 침묵, 사창가, 한 달 5명의 죽음, 사찰, 자본민주주의, 커터 칼, 각서, 침묵, 사창가, 한 달 5명의 죽음, 사찰, 자본민주주의, 커터 칼, 각서, 공포, 침묵. 모두 한 조직 문화 속에서 배태되는 요괴들이었다. 그는 말했다.

"마음속에 있는 말을 자유롭게 내뱉을 수 있게만 해줘도 이렇게 열악한 환경이 되지는 않았을 거예요."

1993년 한국타이어에 관리자로 일하던 아는 분의 추천으로 이 회사
에 들어왔어요. 9월에 직업훈련원으로 들어가서 12월에 수료하고
입사하게 되었어요. 직업훈련원에 다닐 때부터 제가 상을 좀 많이
탔어요. 114명 중 2명밖에 안 주는 상인데 제가 탄 거예요. 한국타이
어에 정식으로 입사해서도 거의 매년 상을 받을 정도로 열심히 일했
어요. 행정소송 판결문에 보니 제 표창 기록이 13회로 되어 있더라
고요. 1993년부터 2004년 투쟁하기 전까지의 기록이에요. 한국타이
어 직원들이 수천 명인데 아마 저보다 상을 많이 받은 사람은 없을
거예요. 노조 민주화운동하는 사람이 볼 때는 이상한 사람이라고 볼
정도로 상을 많이 탔어요. 회사에서도 저보고 탐구대상이라고 하더
라고요. TPM 부문(토털설비관리)과 관련해서 아이디어를 내 우수상
을 받았고 포스터 부문도 최우수상 6회를 포함해 많은 상을 받았어

요. 아주 여러 가지 상을 받았죠. 제가 또 마라톤을 했어요. 한국타이어 마라톤 동호회 창립 멤버이고 훈련부장도 몇 년 했어요. 기록도 좋았고 풀코스를 9번 완주했고 100킬로미터도 뛰어본 적이 있어요. 뛸 때도 항상 '세계로 뻗어가는 한국타이어' 깃발을 들고 회사를 선전하면서 뛰었어요. 완전히 '회사맨'이었죠. 사보에도 실릴 정도로 지명도가 있었던 사람이에요. 어차피 나는 현장 노동자니까 회사와 일체감을 가지면서 생활하려고 노력했던 거죠. 그렇다고 회사에 아부하거나 그런 적은 없었어요. 항상 성실하게 일찍 출근해서 열심히 일하고 그랬어요. 사람이 이상하게 한쪽만 볼 때는 다른 한쪽이 보이지 않더라고요.

회사가 뭔가 잘못돼도 크게 잘못되었다

제가 하는 작업은 타이어를 만들면 검사하는 일이었어요. 한국타이어에는 공동 작업과 개인 작업이 있는데 대부분 개인 작업이 많지만 제 부서는 공동 작업이었어요. 라인을 따라 쪽 타이어가 내려오면 검사를 해요. 5~6명씩 팀을 이뤄 조를 짰어요. 제가 일을 천천히 하면 다른 사람들이 힘들어지기 때문에 저는 항상 빨리 했어요. 동료들을 편하게 해주려고요. 타이어는 최종적으로는 기계가 검사해요. 저는 최종 검사에 가기 전에 외관 검사를 했어요. 육안으로도 보고 손으로 만져보기도 하며 검사하는 거예요. 타이어가 불량이 나면 '펑' 하고 터지잖아요. 사람 생명과 관련된 것이기 때문에 신경을 많이 써서 검사하죠. 이렇게 회사에 충성을 다해 일하다가 아주 충격적인 일을 겪게 되었어요.

2004년 4월 말쯤에 유니포미터라는 기계로 검사를 하던 친한 친구가 현장에서 사고로 즉사하는 사건이 발생했어요. 제가 합격 도장을 찍어주면 기계에 넣어서 검사하는데 그 과정에서 기계에 눌려 두개골이 함몰되어 현장에서 죽은 거예요. 저희가 교대 근무를 하는데 그날 저는 비번이어서 집에서 쉬어야 하지만 지원 부서로 가서 일을 보고 있었어요. 거기서 사망 소식을 들었어요. 상당히 충격이 컸어요. 그 친구하고 저하고 장 모 친구하고, 현장에서 삼총사라 불릴 정도로 친하게 지냈어요. 일 끝나면 함께 맥주 집에 가서 한잔하기도 하고, 아이들 돌잔치 등 집안 행사가 있으면 꼭 참석하려고 했던 친구였어요.

현장에서 죽은 친구는 회사에 출근하면 맨 먼저 나를 반겨주었고 성격이 항상 긍정적이고 밝았어요. 그 친구 이름이 소병섭이에요. 병섭이가 안치되어 있는 장례식장에 가니 동료들이 몰려와 있더라고요. 저는 미리 구해온 근조 리본을 달았어요. 다른 동료들도 달라고 해서 리본을 주었어요. 다 아는 동료들이고 죽은 동료를 추모해야 하니까 저는 리본을 다는 게 아주 당연하다고 생각했어요. 근데 관리자가 와서 그게 뭐냐고 그러더라고요. 리본을 보여주니까 일이나 열심히 할 것이지 그딴 걸 왜 달고 난리들이냐면서 못 달게 하는 거예요. 그 강압적이면서 경멸하는 태도에 충격을 엄청 받았어요. 아니, 우리 동료가 죽었는데 추모 리본도 못 단다는 말인가? 말이 안 되잖아요. 나는 이제까지 우리 회사가 이런 회사가 아니라고 생각했어요. 근조 리본 달고 추모하는 것조차 좋아하지 않는 회사라면 뭔가 잘못돼도 크게 잘못된 거라는 생각이 들더라고요.

충격을 받으니까 많은 생각을 하게 되었어요. 하나하나 짚어보니까 뭔가 잘못됐다는 생각이 강하게 드는 거예요. 그동안 회사에서 간간이 사람들의 죽음 소식을 들었어요. 그 죽음들이 개인의 과실 등 개인 잘못으로만 들었기 때문에 그냥 아무 생각 없이 넘어갔어요. 갑자기 돌연사해도 술을 너무 먹어서 그랬다, 지병이 있었다, 자살을 해도 가정적으로 문제가 있었다, 이런 식으로 넘어간 거예요. 그 안에 내가 모르는 깊은 사연들이 있는 줄 생각을 못했던 거죠. 그리고 갑자기 노동조합 생각이 나더라고요. 이렇게 회사 동료가 죽었는데 노조는 무엇을 하고 있는가? 그러고 보니 노조에서 사람들이 하나도 안 온 거예요. 대의원들도 안 오고 간부들도 안 오고. 그 전 같으면 그런 생각을 못했을 텐데, 충격을 받다보니까 거기까지 생각이 미치더라고요. 알고 보니 연수받으러 간다고 다 떠나버렸다고 하더라고요. 현장에서 조합원이 사망했는데 다 비우고 수련대회 한다고 가버린 거예요. 이것도 뭔가 잘못됐잖아요. 그동안 진행되었던 게 다 생각나면서 한국타이어가 근본적으로 잘못 돌아가고 있구나 하는 마음이 들었어요.

제가 그동안 부분적으로는 생각했을 수도 있어요. 하지만 저에게 직접 피해가 없으니까 부당하다는 생각을 절실히 못했던 거예요. 제가 일하는 곳 바로 앞에 비정규직이 일했어요. 일은 더 많이 하는데 급여는 절반만 받고 불만이 있어도 하소연할 데가 없어요. 자기 부서 사람도 아닌 다른 부서 사람이 와서 뭐라고 그러는데도 아무 말도 못했어요. 오히려 제가 관리자한테 나서서 뭐라고 그랬어요. 현장에서 열심히 일해서 지명도가 있는 사람이었으니까 저한테는 뭐라고 할 사람이 없었어요. 저는 한국타이어에서 탄압받으면서 살 이유가 없었던 사람이에요. 아무리 어용이라고 하더라도 동료들에게 인기 있는 사람에게는 함부로 하지 않아요. 그래서 저에게 함부로 안 했기 때문에 그동안 몰랐던 거예요. 알아도 깊게 느끼지 못했어요. 내 문제로 느끼지 못했죠.

한국타이어는 1년에 한 차례 체육대회를 해요. 아마 각 기업마다 그렇게 할 거예요. 근데 매년 하는 체육대회가 야유회로 바뀌었어요. 야유회를 하는데 '묻지 마 관광'을 간다는 거예요. 관리자가. '묻지 마 관광'을 안 가는 사람들은 그날 특근으로 인정을 안 해준대요. 간 사람만 인정해준대요. '묻지 마 관광'이 뭔지 제가 알잖아요. 사람마다 그게 무난히 통과되는 사람이 있는 반면 저 같은 사람들은 다른 여자랑 술 먹고 노는 것을 굉장히 안 좋게 보거든요. 아내를 사랑하기도 하고요. 그래서 안 갔어요. 설마 공식적으로 노는 휴일인데 특근을 안 달아주기야 하겠나 했는데 정말 간 사람만 특근을 달아주었어요. 특근 달아주고 안 달아주고는 회사가 임의대로 할 수 있는 일이 아니잖아요. 이미 인정한 휴일은 모든 직원들에게 똑같이 적용돼야지 관리자가 주고 싶으면 주고 안 주고 싶으면 안 주는 게 아니잖아요. 그 관리자를 징계해야 하는데 징계하는 일도 없었어요. 한번은 사람들을 모아서 사창가에 간다고 집단으로 버스를 태워서 서울로 보낸 적도 있어요. 아, 이게 기업에서 할 짓이 아니잖아요. 함께 가서 못된 짓을 시켜놓고 입을 다물게 하는 거잖아요. 그걸로 사람들을 꼼짝 못하게 하는 거잖아요.

1년에 13명이 죽어나간 공장, 또다시 5명이

회사가 돌아가는 전반적인 모습, 비정규직을 대하는 것, 특히 동료의 죽음을 접하니 이제 정말 안 되겠다는 생각이 들었어요. 고민을 많이 했어요. 아내한테도 이야기했어요. 이렇게 더는 못살겠다, 이 상황을 바꾸어야겠다. 그러니까 무슨 생각을 하는지 조용히 있더라고요.

나는 힘도 없고, 조직적인 힘도 없었어요. 노동조합 같은 데는 관심을 안 가졌으니까 도움 받을 길도 없고요. 도움을 받으려고 해도 노조가 완전히 어용이니 어디 하나 기댈 데가 없었어요. 그러다가 한 동료에게 이야기를 듣고 지역에 있는 민주노동당에 갔어요. 내가 전혀 모르지만 거기 가면 뭔가 도와줄 것 같은 느낌이 들더라고요. 거기서 일하는 분들이 친절하게 제 고민을 들어줬어요. 정말 고마웠죠. 현실적으로 도움도 많이 주고요. 저는 정말 죽을 각오를 하고 회사 문제와 싸우기 시작했어요. 아내도 함께해주었어요.

우선 회사와 싸우기 전에 회사의 잘못된 관행에 대해서 A4용지에 10가지를 쭉 적었어요. 그리고 팀장 면담을 요청했어요. 중간관리자가 팀장 면담을 안 시켜주려고 하더라고요. 우격다짐으로 요구해서 면담하러 갔어요. 회사의 잘못된 관행, 부서의 잘못들을 쭉 이야기했어요. '묻지 마 관광', 관리자들의 폭언, 근조 리본, 비정규직 문제

등이 포함되어 있었어요. 그랬더니 팀장이란 사람이 다 듣고 있다가 하는 말이 "다 맞는 말인데, 이건 상급자에 대한 무고 아닙니까?" 하면서 되받아치더라고요. 무고라는 게 뭐냐 하면 하급자가 상급자를 무고하게 되면 해고도 가능하게 되어 있어요. 이거는 완전히 제가 위협을 당한 거예요. '아, 잘못된 관행을 회사에다 이야기했는데 무고로 몰아버리는구나, 회사 자체적으로는 어떠한 것도 해결될 수 없겠구나' 하는 생각이 들었어요. 그렇다고 노조에 갈 수도 없었어요. 노조는 어용도 보통 어용이 아니라서 차라리 팀장한테는 가져가도 노조에는 안 가져가는 거예요. 저도 그렇고 다른 사람들도 마찬가지예요. 회사에 대한 미련을 모두 버린 다음에 저는 공개적으로 싸우기 시작했어요.

제가 이 일을 하게 된 계기가 동료의 죽음이잖아요. 회사 내에서 사망사건이 나면 제일 먼저 문상을 가서 가족들의 이야기를 들었어요. 그분이 어떻게 돌아가시게 됐는지 하나하나 정리해서 다 기록을 해두었어요. 사망사건을 계속 기록했는데 도저히 안 되겠더라고요. 사람들이 계속 죽으니까요. 기록만 하고 있을 수가 없었어요. 2006년 5월부터 2007년 9월 말까지 한국안전공단 공식 집계만 총 13명이 죽었어요. 생각해보세요. 1년 조금 넘은 기간에 13명이 죽은 거예요. 심장마비, 돌연사 등 심혈관질환 7명, 폐암, 간암, 식도암 등 다중병으로 죽었어요. 이거는 알리기만 할 문제가 아니라 싸워야 할 문제더라고요.

유족들은 싸우려고 하지 않았어요. 그들을 설득했어요. 유족이 싸우지 않으면 이 죽음을 멈출 수 없었어요. 투쟁을 해야만 주위에 알려지고 환기가 되고, 회사의 작업 환경 때문에 죽은 많은 동료들의 억울함도 씻어줄 수 있어요. 청주에 있는 유족 중 한 분이 싸우겠다고 하더라고요. 그분하고 함께 유족들을 설득해서 유족대책위를 만들었어요. 이렇게 해서 한국타이어 사망사건이 최초로 알려지게 된 거예요. 그날이 2007년 8월 17일이에요. 《대전일보》에 최초로 실렸어요. 일면 톱으로요.

그 전에도 언론사 여기저기 제보를 해봤지만 쉽지가 않더라고요. 중독자 사건이 언론에 나야 되잖아요. 2004년 제 친구 소병섭 사건 이후로 한국타이어에 대한 기사가 단 한 줄도 없었어요. 《대전일보》에 기사 나기 전에 기자를 만났어요. 물론 다른 언론사도 찾아갔는데 보류, 좀 더 심층취재하자, 이러면서 조심스럽게 접근하더라고요. 하지만 한국타이어 사망사건은 조심스럽게 접근할 문제가 아니었어요. 《대전일보》기자가 제 이야기를 듣더니 정신이 번쩍 들었나 봐요. 그래서 세상에 알려지게 된 거예요. 저희가 준 자료를 그대로 내보냈더라고요. 그 기사로 기자는 한국기자상을 탔어요. 기자에게 주는 가장 큰 상이라고 하더라고요. 하지만 지역 보수언론이라 어쩔 수 없나 봐요. 한국기자상까지 받았으면서도 제가 해고되었을 때는 기사 한 줄 안 싣더라고요. 기자도 이야기를 하더라고요. 쓰기가 힘들다는 식으로요. 회사의 압력이 있었다는 거죠. 한국타이어 광고를 그 신문에 싣거든요. 제가 해고당했는데 제일 먼저 보도가 나간 곳이 어딘지 아세요? 한국에 있는 언론이나 방송이 아니거든요. 《LA 타임스》에서 제일 먼저 보도했어요. 국제면 전면으로 나왔더라고요. 《LA 타임스》기자들이 한국에 들어와서 취재를 했나 봐요. 한국타이어가 이명박 대통령 사위 소유잖아요. 그래서 국내에서는 언론보도가 안 됐는지 모르겠지만 정말 슬픈 일이에요.

《대전일보》에 한국타이어 노동자들 사망 기사가 나가자 다른 신문들이 다 그 기사를 받아서 내보냈어요. 그것을 기초로 지역방송에서도 저를 인터뷰해서 모자이크 처리한 뒤 내보냈어요. 그 당시는 해고된 상태가 아니어서, 각오는 했지만 조심한 거죠. 그 기사가 나고 2007년 9월인가 10월에 〈시사매거진 2580〉 팀이 왔어요. 취재에 적극 협조해줬어요. 그때 처음으로 제 얼굴이 나갔어요. 그래야 누가 보더라도 진실이라는 것을 알 것 아니에요. 방송에 나간 뒤에도 사람이 계속 죽어 나갔어요. 노동청에서 특별근로감독을 들어온다고 했어요. 저희는 환영했죠. 하지만 노조와 회사가 특별근로감독을 못 들어오게 막았어요. 자신들이 자체적으로 하겠다면서 유예를 요청했어요. 그걸 또 노동청에서 허락해준 거예요. 근데 그 후로 참 불행한 일이 벌어졌어요. 그 다음 달에만 전현직 합해서 동료들이 5명이나 죽은 거예요. 그 전에는 한 달에 한 명꼴로 죽었는데 한꺼번에 5명이 죽으니까 한마디로 이거는 정말 뭐라 표현할 수가 없는 거예요. 할 수 없이 노동청도 특별근로감독을 들어갔어요.

근데 노동청에서 한 달 유예시키는 동안 회사와 노조에서는 철저히 은폐하려고 시도했어요. 작업 환경을 깨끗이 청소하고 분진을 없앴어요. 사람들을 쉬는 날 나오게 해서 청소하게 하고 잔업까지 해가면서 치우게 했어요. 환기시키고 MSDS(유용제)를 부착하게 하고 큰 통 썼던 것을 작은 통 쓰게 했어요. 그런 상태에서 특별근로감독이 들어오고 역학조사가 실시됐어요. 연기시키면서 충분히 작업 환경을 바꿀 시간을 준 거예요. 결론적으로 노동청에서 이 일을 방치했다고 볼 수 있는 거죠. 감사원 감사 결과 이런 사실이 드러나서 노동청 직원들이 징계를 먹었어요. 연기시키면 안 되는 거였어요. 그렇게 했으면 사람들의 죽음도 충분히 막을 수 있는 거였어요.

징계만 세 차례, 그리고 해고

제가 회사와 싸움을 시작한 후부터 징계를 세 차례 당했어요. 제일 먼저 받은 게 정직 3개월, 그 다음 정직 45일, 그 다음이 정직 3개월 그리고 해고였어요. 맨 처음 정직 3개월은 기자회견이나 회사 앞에서 시위한 것 때문에 받았어요. 노조와 회사 측에서 명예훼손으로 고소를 했고 행정소송을 걸어서 제가 승소를 했어요. 두 번째 정직 45일은 지역노동위에서는 이겼는데 회사가 도저히 인정할 수 없다며 또 행정소송을 걸어 패소했고요. 마지막 정직 3개월은 제가 행정소송에서 이기니까 절차상으로 이겼다고 해서 다시 징계를 때린 거예요. 회사가 질 것 같으니까 그 소송을 취하하고 저를 다른 공장으로 전근을 보내버렸어요. 그곳에서 해고된 거죠.

제가 한국타이어에서 계속 유족들을 지원했잖아요. 회사에서 10킬로미터 떨어진 곳으로 전근을 보냈어요. 대전사업장이 비정규직까지 합하면 4,000명 정도 되거든요. 정규직만 1,000명이고요. 근데 전근된 곳은 현장 노동자가 5명밖에 안 되는 곳이었어요. 생산된 타이어들을 모아놓았다가 대리점으로 보낼 수 있게 탑차로 실어 보내는 물류센터였어요. 공장과는 달리 완전히 외진 곳이었죠. 그때가 2008년이었어요. 거기에 몸집이 큰 동료 노동자가 한 명 있었어요. 전근된 지 일주일쯤 되었을 때 그 사람이 아침부터 술에 잔뜩 취해 있었어요. 계속 술을 마시더라고요. 작업장에서 마시면 안 되잖아요. 소장 등 관리자들도 보면 알 텐데 제지를 하지 않았어요. 점심시간이 다 끝나고 현장으로 일하러 들어가니까 그 사람이 나를 불렀어요. 휴게실에 함께 가서 이야기하고 있는데 그 사람이 나를 의자에 앉으라고 하는 거예요. 그러더니 작업용 커터 칼을 꺼내 내 얼굴 쪽으로 십자를 긋더라고요. 의자가 뒤로 젖혀지는 것이었어요. 꽉 눌러버리면 목이 뒤로 꺾어지거든요. 칼을 눈앞에서 얼굴 반쯤으로 내리더니 그 칼날을 목에 갖다 대더라고요. "내일부터 당장 나오지 마라." "나오면 죽여버리겠다." "노동운동도 하지 마라." 그렇게 협박을 했어요. 목에 상처까지 날 정도로 누르면서 그렇게 말했어요.

　그때는 죽는 줄 알았어요. 그 섬뜩한 칼날의 느낌을 지금도 잊지 못해요. 그 사람이 맨 정신이 아니고 술을 먹었잖아요. 눈을 쳐다보니까 완전히 동공이 풀렸더라고요. 그 전에는 형님이라고 불렀던 사람인데 느닷없이 그런 행동을 보이니까 기가 막혔죠. 돌변하니까 어떻게 이해해야 될지 당황스러웠어요. 이런 일이 있기 전에 관리자들을 만난 정황이 포착되긴 했어요. 하지만 이것은 추정이니까 뭐라고 말하기는 그렇고요. 그때, 아 형님 왜 이러시냐며 팔 잡고 밀어내서 죽지는 않았어요. 그 사람도 조합원이었어요. 제가 소리를 지르니까 사람들이 몰려왔고 112에 신고를 해서 경찰이 출동했어요. 그런 일이 있으면 회사는 바로 그 사람을 해고해야 하잖아요. 살해 협박을 한 거니까요. 해고를 안 시키고 계속 함께 근무하게 했어요. 회사에서 어떤 조치도 취하지 않았어요. 나를 협박했던 사람이고 나는 피해자인데 그 사람이 재판 받아서 1심에서 집행유예 떨어질 때까지 함께 일하게 했어요. 형이 확정되니까 그때서야 인사위원회를 열어 전근을 시켰어요. 멀리 아산 쪽으로. 인사위원회가 열릴 때도 저에게 통보도 안 해주고.

회사에 당한 게 많아요. 내 친한 동료가 있는데 하루는 주임이 식당에서 밥을 사주면서 내 정보를 제공해주면 정년까지 회사에 다닐 수 있도록 보장해주겠다고 했대요. 내가 하는 모든 일을 귀띔해달라고. 친구가 그렇게는 못하겠다고 하니까 그럼 너에게 가는 모든 불이익을 책임지지 못한다고 협박하더래요. 구체적인 증거가 있어 그 관리자를 신고했어요. 대법원까지 갔는데 결국 그 관리자는 벌금형을 받았어요. 회사가 그 관리자에게 재판이 끝날 때까지 변호사를 선임해주더라고요. 나에게 이야기해준 친구는 유기용제 중독 등의 증상이 발견되어 산재신청을 했는데 이 일이 생긴 뒤 실적이 낮다는 이유로 인사위원회에 회부되어 정직 15개월을 받았어요. 우리가 그냥 당하고 있지만은 않잖아요. 그 친구가 노동위원회에 재소해서 부당정직 판정을 받아 승소했죠.

또 한 관리자는 내 어깨를 치면서 목을 따버리겠다고 그러는 거예요. 그 사람도 신고해서 당연히 사법처리 됐어요. 그런데도 한국타이어는 우리에게 못된 행동을 했던 사람들을 한 사람도 징계하지 않았어요. 한국타이어가 산업안전보건법 위반으로 집행유예, 벌금형 등을 많이 받았거든요. 그 사람들도 회사 차원에서 인사위원

회에 회부해서 징계를 내려야 할 것 아니에요. 그런 게 없어요. 사망
자가 많이 생겨서 사법처리가 됐는데도 인사위원회에 회부하지 않
아요. 회사가 법을 어긴 사람들을 징계하지 않는 이유가 있어요. 〈추
적 60분〉에 나왔던 내용인데요. 제가 인사위원회에서 징계 받을 때
그랬거든요. 나만 징계를 주지 말고 '사'자 붙은 사람들에게도 똑같
이 징계를 줘라. 그랬더니 인사위원장이 산재평가관리자들을 안중
근 의사에 비유하더라고요. 회사를 위해 장렬히 산화한 사람들이니
징계를 주지 않겠다고 하더라고요. 제가 인사위원회가 열렸을 때 몰
래 녹취를 했거든요. 내 사건이고 제가 직업성 난청에 걸려 청력이
안 좋아서 불리한 내용이 있을까봐 녹취를 한 거예요. 그 녹취된 게
그대로 〈추적 60분〉에 나갔어요. 그것도 제 해고 사유 중 하나예요.
회사는 산재를 은폐한 사람들을 하나도 징계를 안 주고 오히려 승진
시켰어요. 방송, 언론에까지 충성심이 드러나니 얼마나 회사에서 그
사람들을 칭찬했겠어요. 한국타이어는 전혀 상식이 통하지 않는 세
계예요.

회사는 합의금 명목으로 유족들을 협박하고

회사 동료들은 제가 얌전히 있다가 회사에 반대하고 그러니까 두려
움을 느꼈어요. 사망사건 터뜨릴 때는 다 말렸어요. 장례식장도 안
오려고 했고요. 대부분이 그랬어요. 사망사건 때 김○○ 씨만 많이
도와주었어요. 힘이 났죠. 제가 이 일을 감내하려고 했잖아요. 그렇

게 결심하고 시작한 일이라 회사에서 악랄하게 나와도 힘들다는 생각은 안 들었어요. 정직 3개월, 정직 45일, 정직 3개월 당하는 동안 집사람이 1인 시위를 했어요. 다른 동료가 하거나 제가 하면 가중처벌이 돼서 해고될 수 있으니까 집사람이 한 거죠. 혼자서 한겨울에 추위에 떨면서, 한여름 뙤약볕에서도. 처음에는 남편이 그런 일을 하면 당연히 부인도 그렇게 하는 줄 알았어요. 부부니까, 일심동체잖아요. 투쟁하다 주위를 둘러보니까, 어휴, 흔치 않는 일이었어요. 저희는 그 전에도 사이가 좋았지만 해고된 다음에 오히려 더 돈독해졌어요. 제가 아내를 달리 봤어요. 집을 팔아야겠다고 했더니 그럼 그렇게라도 해야지 어떡하겠냐면서 곧바로 허락해서 새로 옮길 수 있었어요. 해고된 다음에 가장 먼저 한 일이 집을 파는 일이었거든요. 해고되면 바로 복직되는 게 아니잖아요. 투쟁을 계속해야 하고 투쟁비도 많이 드니까요. 재판 비용도 대야 하고요.

조직이 있어요. 저와 같은 사람들이 모이는 모임이에요. 조직이라고 해봤자 회비 2~3만 원 내서 운영하는 거라 제 재판 비용도 감당이 안 돼요. 상당 부분은 저 혼자 감당해야 하거든요. 회사와 싸우다 보니 판결문만 수십 개예요. 제가 대법원까지 가서 수차례 벌금형을 받았어요. 300만 원, 200만 원, 50만 원. 이런 모든 상황을 아내가 흔쾌히 인정해주니까 저도 힘이 났어요. 아내가 없었다면 저도 투쟁을 못했을지 몰라요. 처음에는 왜 당신이 하려고 하느냐고 묻더라고요. 아무도 안 하니까, 아무도 안 움직이니까 내가 할 수밖에 없다, 노조도 단순히 어용 차원을 넘어서 회사 관리조직의 일부분이다 그러니까 이해해주더라고요. 집사람이 지금은 유가족대책위 간사예요. 말

을 사람이 없어 아내가 맡고 있어요. 본사 점거할 때도 저는 못 들어 갔지만 아내가 들어가서 대신 싸워줬어요. 대학 2학년인 딸과 고3이 된 아들도 지지해줘요. 좁은 집으로 세를 들어갔는데 애들이 불평을 좀 할 줄 알았는데 안 하더라고요. 그게 마음이 아팠는데, 아빠가 하는 일이라 믿어준 것 같아요. 모든 걸 감내하더라고요.

지금 회사는 직원 8~9명 정도에 한 명씩 반장이 있어요. 팔에다 가 '고충상담원'이라고 견장을 차고 다녀요. 20~40명에 한 명씩 주 임도 있는데 그 주임도 마찬가지로 고충상담원 완장을 차고 다닌대 요. 현장 노동자들이 고충상담원 때문에 고충을 받는데 고충을 들어 준다고 하니 기가 막히는 일이죠. 아마 대한민국 기업 중에 한국타 이어에 고충상담원이 제일 많을 거예요. 원래는 노조가 고충상담원 이 되어야 하는데 그러지 못한 상황이니 안타깝죠. 제가 투쟁한 이 후부터 고충상담원이 생겼어요. 아직도 한국타이어 노동 현장이 심 각한 거죠. 어디다 하소연할 데도 없고요. 회사가 계속 변명만 했어 요. 산재 인정받은 사람 중에 암뿐만 아니라 백혈병으로 받은 것도 4건이나 돼요. 삼성은 백혈병으로 인정받은 게 한두 건밖에 없잖아 요. 한국타이어가 4건이나 인정받은 건 벤젠을 써서 그런 거거든요. 작업 환경이 매우 열악하다는 것을 입증하는 거예요. 이런 피해에 대해서 한 번도 노조가 이의를 제기하거나 태클을 건다든가 한 적 이 없어요. 회사에서도 단 한 번도 이것이 벤젠인데 몸에 극히 해롭 다는 정보를 주지도 않았고요. 한솔(한국석유공업에서 제조한 솔벤트의 줄 임말)에 벤젠이 들어 있는데 사람들이 벤젠이라고 하지 않고 그냥 한 솔이라 부르니까 다들 크게 해롭지 않은 걸로 안 거예요.

타이어가 고무로 되어 있잖아요. 고무를 만지다보면 찌꺼기가 손에 묻고 그래요. 그럴 때 솔벤트를 묻혀서 닦으면 싹싹 잘 지워져요. 그러면 손에 뭔가 하얗게 껴요. 손이 쭈글쭈글해지기도 하고요. 어떤 사람들은 한솔 통에 코를 박고 냄새를 들이마셔요. 왜 그러냐고 물으면 코가 막혀서 뚫으려고 한대요. 냄새를 들이마시면 코가 뻥 뚫린대요. 저는 어렴풋이 그게 해롭다는 걸 알았거든요. 어, 그렇게 하면 해로울 텐데, 그러면 그냥 웃어요. 그 정도로 전혀 교육을 안 시킨 거예요. MSDS(유기용제)가 엄청 해롭다고 하면 누가 거기에다가 손을 씻고 코로 들이마시겠어요. 기계를 닦을 때도 그걸로 하고요. 지금도 많이 쓰고 있는 걸로 알고 있어요.

한 달에 5명이 죽었을 때 언론에 집중포화를 맞고 회사가 500억 원을 들여서 작업 환경을 개선하는 데 투자한다고 했어요. 방송되기 이전에는 아파트에서 흰 빨래를 전혀 못 널었어요. 새까맣게 먼지가 묻어서요. 타이어가 검은색이잖아요. 지금은 냄새도 많이 없어지고 먼지도 많이 줄었다고 해요. 하지만 작업장은 아직도 멀었다고 그래요. 조금 나아졌을지는 몰라도 근본적으로 나아지지는 않았을 것 같아요. 외부에 알려지지는 않았는데 2010년에도 심근경색과 암으로 6명, 2011년에는 백혈병과 자살로 7명이 죽었어요. 2012년 1월에도 한 명이 죽었어요. 제가 구체적인 자료도 갖고 있어요. 아직도 많은 노동자들이 죽어가고 있는 거죠. 백혈병은 잠복기가 10년이 넘어요. 지금 작업 환경이 어느 정도 개선되었다고 하더라도 예전에 썼던 물질 때문에 그 사람이 백혈병에 걸릴 수도 있는데 이에 대한 추적 조사를 전혀 하지 않아요. 회사는 2000년까지 벤젠을 썼다고 하는데 저는 더 썼다고 생각하거든요. 언제 터질지 모르는 시한폭탄 같은 거예요.

최근에도 투병 중인 사람이 있어요. 회사에서 사람이 죽으면 위로금을 줄 테니까 밖에는 말하지 마라, 만약 말을 하면 그 금액을 회수하겠다는 내용의 각서를 쓰게 한대요. 그래서 사람이 죽고 나서 저희가 열심히 도와줬는데 회사와 합의하고 난 다음 연락을 딱 끊어버린 사람도 많아요. 전화를 하면 전화도 안 받아요. 서운하지 않은 건 아니지만 사정을 아니까 미워할 수도 없어요. 저희도 나중에 합의서를 보고 알았어요. 만약 합의서를 공개하면 합의금을 다 돌려줘야 한다는 말이 진짜 쓰여 있더라고요. 산재로 인정받아서 민사소송 합의금으로 정당하게 받는 돈인데도 회사는 돈을 미끼로 사람들을 그런 식으로 만들어버리는 거예요.

도대체 자본민주주의가 뭘까요?

회사에서 유족들을 사찰하기까지 했어요. 얼마나 파렴치한가 하면, 유족 가계도를 작성해요. 그리고 유족의 처조카까지 조사해요. (사찰 기록을 보여주며) 여기 보세요. 조카가 대학에 다니고 있고 술을 잘 마신다고까지 기록되어 있어요. 사생활 침해도 보통 침해가 아닌 거예요. 저에 대한 사찰 기록도 있었어요. 제 이름이 '정승기'잖아요. 제 이니셜 JSK. 자, 보세요. 뭐라고 쓰여 있나 하면, "자본민주주의를 절대 부정하는 자"로 되어 있어요. 도대체 자본민주주의가 뭘까요? 자유민주주의도 아니고 사회민주주의도 아니고. 또 저에게 회사 부적응자라고 쓰여 있어요. 아시다시피 제가 회사에 적응을 너무 잘해서 상을 가장 많이 받은 사람인데도 그렇게 적혀 있어요. 회사에 반대하면 부적응자가 되는 거예요.

참 가슴 아픈 일이 있었는데 회사에 상조회라는 게 있어요. 투표로 회장을 선출하는데 제가 항상 추천을 했고 거의 제가 추천한 사람이 당선이 됐어요. 그런데 투쟁을 하고 나서부터는 반장이나 관리자들이 회사 측 사람들을 심으려고 노력을 했어요. 투표도 관리자가 있는 데서 거수로 해요. 그래도 제가 추천한 사람이 당선되었어요. 그 정도로 동료들에게 신뢰를 얻었어요. 한번은 제가 추천한 손백현 씨가 당선이 됐어요. 근데 그 친구가 죽었어요. 회사에서는 고장이 난 보일러를 고치려다 보일러가 터져서 죽었다고 하는데 저는 분신자살했다고 생각해요. 온몸에 화상을 입어 병원에서 며칠 있다가 돌아가셨는데 회사에서 일체 누구도 병원에 출입시키지 않았어요. 그래서 문병도 못했어요. 그분 죽었을 때 제가 감당을 못했어요. 제가 추천해서 그렇게 된 거잖아요. 그 뒤로는 추천을 안 했어요. 저뿐만 아니라 저랑 아는 회사 동료들도 미행하고 감시했어요. 화장실 오줌 누러 갈 때도 관리자들이 따라다니니까 사람들이 불안과 우울증에 시달렸어요. 저도 커터 칼 사건으로 충격을 받아서 '혼합형 불안 우울 장애증'에 걸려 4주 진단을 받은 적이 있어요. 지금도 불면과 우울로 고통을 받고 있고요. 한국타이어 동료들이 많이 죽은 건 단지 작업장에 유해물질이 많아서만이 아니었던 거죠. 더 중요한 것은 그 기업의 문화 자체가 상상할 수 없을 정도로 폭력적이라는 거죠. 현장의 감시와 통제가 심하고 생산 관리와 노동 강도가 엄청 셌어요.

이런 상태인데 아직도 한국타이어에 다니는 사람들 중 일부는 진실이 뭔지 알지 못하고 있어요. 이번에도 몇 달 사이에 기숙사에서 2명이 죽었어요. 지역방송에서 취재해서 방영하더라고요. 그 사람들의 죽음이 산재에 해당되거든요. 그런데 2명이나 죽었는데 어떤 사람이 게시판에 글을 올렸어요. "콧방귀 뀔 일이다. 그냥 죽은 것이지, 이게 무슨 산재냐?" 입사한 지 1년밖에 안 된 신입 여사원이 올린 거예요. 자기가 회사 사장인지, 노동자인지 헷갈리는 거죠. 한국타이어의 문화를 여실히 보여주는 한 사례예요. 자기 동기가 돌연사를 했는데 이렇게밖에 표현을 못하더라고요. 그 젊은 여성이 뭘 안다고 그렇게 했겠어요. 아직도 회사에서 사람들에게 입 다물라고 교육을 시키죠. 그래도 우리가 활동하는 데 중요한 정보는 다 관리자들에게서 나와요. 현장 동료들은 회사에 대한 핵심 정보들을 잘 모르잖아요. 특별근로감독 받기 전에 청소를 시켰다든지 하는 것들을 관리자들이 저희들에게 메일로 제보해줘요. 저희는 제보자들을 철저히 감춰주죠. 관리자들도 얼마나 힘들겠어요. 많은 것을 느끼면서 생활하겠죠.

한국타이어는 가족회사예요. 회장의 아들 둘이 사장, 부사장으로 있고 세 명 모두 국내 100대 부자 명단에 들어가 있어요. 딸도 회사 지분을 상당히 갖고 있고. 이 재벌이란 것, 노동자들이 만들어준 거잖아요. 매출액 비중을 보면 대단한 기업이 아니거든요. 근데 가족 5명이 다 들어가 있어요. 이 돈들이 다 어디서 나왔겠어요? 부를 오너 일가가 다 가져가는 비참한 상황인 거죠. 저도 8년 전에는 인식을 못하고 회사에 충성했어요. 그렇다고 충성한 것을 후회하지는 않아요. 그때는 내가 열심히 하면 그 결과가 다 밑으로 내려와 골고루 분배되는 줄 알았어요. 그래서 열심히 일하고 회사를 좋은 곳이라고 홍보할 수 있었던 거예요. 경비 절감을 위해 열심히 노력도 하고요. 내 회사라고 생각했기 때문에. 그런 걸 생각하면 가슴이 절여오면서 눈물이 나요. 지금은 그게 아니라는 것을 뼈저리게 깨달았죠.

제가 지금 복직을 위해 이렇게 싸우고 있는 게 고통스럽지 않다면 거짓말이에요. 하지만 힘들다고 생각하면 더 힘들기 때문에 긍정적이고 낙관적으로 생활하려고 해요. 우리 부부는 이 일을 하면서 절대 인상을 안 써요. 인상 쓰면 서로가 더 힘들어지는 걸 알기 때문이에요. 지금 생각하면 이 길로 잘 들어섰다고 생각해요. 제가 하는 일의 근본은 생명을 살리는 일이잖아요. 생명을 살리자고 하는 일에 이것저것 따질 게 뭐 있어요. 무엇과도 바꿀 수 없는 일이죠. 이 길에 잘 들어섰고 잘했다. 내 인생에서 상당한 고난이 닥치고 경제적으로 어려운 적도 있었고 앞으로 어떻게 될지 모르겠지만 저는 노동자들의 권리를 인정해주고 인간적으로 생활할 수 있게 해주는 그런 기업을 경험해본 적이 없으니까 한국타이어에 대한 투쟁을 하면서 좋은 기업을 꿈 꿀 수밖에 없었어요.

현장 노동자들이 설비도 아니고 기계도 아니고 존엄한 인간이잖아요. 마음속에 있는 말을 뱉을 수 있게만 해줘도 이렇게 열악한 환경이 되지는 않았을 거예요. 솔직히 자기 마음속에 있는 말을 할 수 있는 조건만 만들어줘도요. 이렇게 힘들게 살아가면서 제일 미안한 사람은 아내, 미선이죠.

탐욕으로 비어 있는 곳간을
선의와 합동으로

이원재 • 전 한겨레경제연구소 소장

왜 기업의 사회적 책임이 중요한가

우리는 100명 중에 단 한 명을 위한 경제인데도 나머지 99명이 모두 자신을 위한 경제로 착각하는 이상한 나라에 살고 있는지도 모릅니다. 실제로 주인공은 한 명뿐이고, 99명은 자신들의 삶과 별로 관련도 없는 그 한 명을 열심히 응원하는 관객이 되어버렸어요. 주인공은 풍요를 누리지만 관객들은 매우 고단합니다. 이 고단함에서 문제를 해결할 새로운 움직임이 시작될지도 모르겠습니다.

국제적으로 기업의 사회적 책임이 커지고 있습니다. 2008년 리먼 브라더스의 파산으로 시작된 금융 위기 이후 다보스 포럼 등에서 기업의 사회적 책임에 대한 문제가 제기됐고 2010년 11월 국제표준화 기구(International Organization for Standardization)는 사회적 책임에 관한 국제표준인 《ISO 26000 지침서》를 발간하여 모든 조직이나 기업이 의사결정이나 경영을 할 때 각자 소속된 사회에 유익한 방향으로 하도록 활동 표준을 규정하기도 했어요. 이제 주주의 이익만이 중요하다는 생각에서 벗어나 주주를 비롯해 노동자나 환경, 지역, 인권 등 이해관계자들을 다 같이 생각하면서 경영해야 한다는 것이 국제적 트렌드로 자리 잡은 것이죠. 제너럴 일렉트릭(GE)의 전 회장인 잭 웰치(Jack Welch)는 1980년대 주주가치경영을 처음으로 들고 나온 사람이에요. 그는 "기업은 주주를 위해 봉사는 것이 제1의 목표이고 그것 말고는 없다"고 했던 기업가였어요. 그런데 그가 20년이 지난 2009년 영국 일간지 《파이낸셜 타임스》와의 인터뷰에서 "주주가치만을 위해서 단기적인 시각으로 경영하는 것은 바보 같은 짓"이라고 말했어요. 기업 경영의 주류를 이끌어가는 사람의 생각이 바뀐거죠. 잭 웰치는 굉장히 훌륭한 경영자이고 자본주의 시장경제에 잘 적응했던 기업가였어요. 그런데 그가 왜 바뀌었을까요? 그건 시장이 바뀌었기 때문입니다.

기업가들의 인식 변화와 함께 소비자들의 인식도 변하고 있어요. 당장 상품에 대한 효용보다는 장기적으로 우리가 살아가야 할 생태계와 사회에 더 건강한 영향을 주는 것이 중요하다고 생각하게 된거죠. 일종의 윤리적인 소비자가 나타나고 있는 겁니다. 그동안의 소비는 '최소의 비용으로 최대의 만족'을 추구하는 개인 위주의 소비가 대부분이었죠. 그러다보니 누군가 분명히 피해를 보는 상품이라도 만족감과 편익만 충분하다면 비용을 지불하고 구매했죠. 그렇게 되면 생산자는 누군가에게 해가 되는 상품임에도 생산량을 늘리게 되는 것이죠. 이러한 생산과 소비가 그동안 생태계와 사회와 사람에게 매우 안 좋은 영향을 끼쳤어요. 이에 대해 예민하게 반응하는 윤리적 소비의 현상은 바람직한 것입니다.

아시겠지만 '착한 초콜릿'이라는 말도 있죠. 초콜릿을 만드는 원료는 카카오인데 이 카카오 원산지에서는 카카오 생산업자, 농장주들이 현지에서 일하는 사람들에게 엄청나게 값싼 노임만 줍니다. 선진국의 초콜릿 소비자들에게 싸게 팔아서 많은 이익을 얻기 위해 카카오 생산국 사람들을 희생시키고 있는 것이죠. 그래서 등장한 것이 공정무역입니다. '착한 초콜릿'이라는 말은 바로 이 공정무역 방식으로 거래된 초콜릿을 가리킵니다. 거기에 플러스알파가 들어간다면 유기농, 친환경 같은 개념이겠죠. 어쨌든 이 '착한 초콜릿'도 윤리적 소비의 하나인 셈입니다.

또 좋은 물건을 생산하는 기업을 믿고 장기적으로 투자하는 것도 중요합니다. 그런 기업들은 자신을 위해서도, 사회를 위해서도 키워 줘야 하는 것이죠. 지금 우리나라도 연기금을 중심으로 장기적인 투자가 시작됐어요. 당장 나오는 단기 수익률보다는 연금 가입자들이 30년 뒤 자기 연금을 찾아갈 때까지 기업을 지속시키는 것이 중요하다는 생각을 하게 된 거죠. 투자에도 사회책임이 나타난 거죠. 여러 사람들이 좋은 기업에 투자하면 '사회책임 투자'가 되는 것이죠. 이러한 환경의 변화 때문에 경영자들은 사회적 책임에 대해 더 많은 생각을 하며 경영하지 않을 수 없는 국면을 맞이하고 있습니다. 주주 편향적인 우리나라 기업가들의 의식이 더욱 적극적으로 변할 필요가 있습니다.

어떻게 기업에게 사회적 책임을 물을 것인가

사실 우리나라 재벌로 대표되는 대기업들은 사회적 책임을 받아들이는 데 많이 미흡합니다. 대기업들이 장기적으로 시장에서 생존하기 위해 사회적 책임에 대해 관심을 갖지 않을 수 없지만 지금과 같은 시스템에서 진정한 의미의 사회적 책임이 실현될지 의문입니다. 특히 1997년 IMF 금융 위기 이후 정부의 영향력이 급속도로 축소되면서 우리나라에서 기업을 견제할 수 있는 세력이 없어졌어요. 기업은 소비자나 투자자들도 별로 의식하지 않아요.

재벌의 지배구조도 투명화되어 있지 않아서 투자자들의 의견이 참작될 여지도 없고, 소비자들이 견제하기에는 그 힘이 매우 미약하죠. 그뿐만 아니라 많은 대기업의 경우 수출 중심으로 비즈니스 구조가 짜여 있어요. 그렇다고 노조가 발달한 것도 아니에요. 노조 조직률이 선진국 중 최하위예요. 또한 시민운동이 기업을 감시하고 견제하면서 힘을 발휘하고 있는 상황도 아닌 거죠. 어느 순간 기업은 견제 받지 않는 권력이 되어버린 거죠. 이런 기업들을 어떻게 하면 사회적으로 컨트롤하면서도 사회 안의 한 구성원으로 받아들일 것인가 하는 것이 굉장히 중요한 이슈가 되었어요.

시민사회가 성장할 때까지 정부가 대기업을 견제하는 역할을 맡아야 한다는 목소리가 높아지고 있습니다. 정부가 재벌을 견제하고 컨트롤해야 한다는 주장은 일면 맞아요. 그러나 5공화국 시절처럼 기획재정부나 지식경제부의 사무관 한 명이 삼성그룹 총수를 오라 가라 하고, 어디에 공장을 지으라고 지시하던 시절과는 달라야 한다고 생각해요. 통제의 방법이 좀 더 성숙해져야 하고, 복잡하지만 효율적인 방법을 통해 이루어져야 합니다.

과거 재벌에게 줬던 자본들과 각종 제도적 지원을 시민사회에게 돌려줄 필요가 있습니다. 시민사회는 그 자금과 제도로 사회를 건강하게 만드는 윤리적 소비자나 책임 있는 투자자를 키우는 데 기여해야 합니다. 우리 사회는 시민사회와 기업의 힘을 맞춰야 하며 서로 합리적인 소통을 통해 경제민주주의가 이루어질 수 있는 바탕을 만들어야 합니다. 중소기업한테 기술을 빼앗는 행위나 내부의 부당거래 등 범법행위를 저지르는 대기업에 대해서는 단호하게 법대로 대응하되, 시민사회나 사회적 기업, 협동조합 등 그 대안 세력의 힘도 함께 키워야 합니다. 그래야 기업 자체도 성숙할 수 있고 기업인들도 사회를 더 깊이 되돌아볼 수 있도록 성장할 수 있는 것이죠. 그러려면 분배가 왜 경제 성장의 필요조건인지 경영의 언어로 번역하여 기업인들에게 전달하는 것이 필요합니다. 그리고 기업을 둘러싼 사회적 분위기가 한 단계 더 성숙될 수 있도록 만드는 것도 중요하다고 봅니다.

사회책임 투자가 사회의 지속가능성을 높인다

저는 재벌이 경영에 실패한다면 실패하도록 두어야 한다고 생각합니다. 지금까지 정부는 재벌이 실패하면 한국 경제에 지대한 영향을 준다는 논리로 계속 구제금융을 해줬어요. 실패할까봐 회생시켜주고 인수합병을 도와주면서 불패의 재벌신화를 만들어준 것입니다. 그렇게 하면 내부적으로 여러 가지 심각한 부작용이 생길 수밖에 없습니다. 재벌이 실패하는 구조를 만들면 자연스럽게 해결될 문제도 많습니다.

국민연금도 재벌을 통제하는 수단이 될 수 있습니다. 정부는 국민들의 노후를 보장해주기 위해 연금을 걷어 여러 기업에 투자하고 있습니다. 자금 단위가 크기 때문에 국민연금은 거대 주주죠. 삼성전자의 5%, 현대자동차의 5.95%, 포스코의 5.43%를 보유하고 있어요. 이 정도면 투자자로서 당장 배당금을 내놓으라고 요구하면 기업이 응할 수밖에 없는 상황이죠. 잘만 활용하면 대기업의 이사회에 참여하여 경영을 개선할 수 있는 힘도 가질 수 있습니다. 곽승준 대통령 직속 미래기획위원장은 '국민연금이 적극적인 의결권 행사를 통해 대기업 경영에 개입해야 한다'는 취지의 발언을 한 적 있어요. 곧바로 재계에서 반발했는데 이건 단견이죠. 투명 경영, 사회책임 경영을 추구하는 경영자라면 오히려 환영해야 옳습니다. 그리고 국민연금이 단기 수익률을 높이는 데만 급급하면 정작 우리 삶의 안정성을 해칠 수도 있습니다. 현재 국민연금은 인명 살상용 폭탄제조 기업에 투자를 한다거나 담배회사, 공해산업에 투자를 해서 문제제기를 받고 있죠.

이 문제를 어떻게 풀까요? 역사가 오래된 유럽의 연기금들은 이미 '사회책임 투자'라는 답을 제시하고 있어요. 장기적이고 공적인 성격을 띤 연기금의 투자는 기업의 지배구조, 환경, 사회를 고려해야 한다는 뜻이죠. 그래야 사회의 지속가능성을 높이는 한편, 장기적으로 안정적인 수익률까지 얻을 수 있다는 것입니다.

현대자동차와 삼성전자는 매년 수조 원의 이익을 냅니다. 2011년만 해도 각각 16조 원과 18조 원의 영업 이익을 냈어요. 그 이익이 정말 현대자동차와 삼성전자 직원들의 기술과 장비만으로 이루어진 것일까요? 아닙니다. 그 제품을 만들기 위해 들어간 많은 부품과 공정과 기술이 있습니다. 그것은 상당 부분 삼성전자와 현대자동차 외부에 있어요. 그것들에 대해서 적절한 보상이 이루어지지 않기 때문에 결과적으로 중소기업은 이윤율이 낮고 계속 열악한 상황으로 가는 것입니다. 그들이 공정한 경쟁을 할 수 있도록 구조를 바꿔야 합니다. 바꾸는 데 중요한 틀 중 하나가 사회책임 경영이 될 수 있어요. 법적, 제도적 불공정 거래에 대한 엄단의 조치가 필요한 이유이기도 하죠.

사회임금과 협동조합, 그리고 사회적 기업

특히 우리나라의 심각한 양극화는 임금이나 투자에 대한 수익, 배당금 등 경제적인 문제만으로 해결하기 어렵습니다. 당연히 사회복지가 필요해요. 따라서 저는 사회임금이 중요하다고 봅니다. 사회임금이라는 개념은 실제 개별 일자리에서 얻는 임금이 아니라 내가 이 나라 국민으로 존재함으로써 얻는 기본적인 혜택이죠. 기본적으로 얻을 수 있는 연금, 지원금 등 현금성 복지 혜택이 있을 수 있고, 의료나 교육 등 서비스성 복지 혜택이 있을 수 있어요. 이러한 사회임금이 기본적으로 생존권을 보장할 수 있을 정도가 돼야 그 사회가 제대로 돌아가는 사회라고 봅니다.

모든 것을 기업에 맡길 수는 없죠. 사회복지가 중요하고 특히 보편적 복지가 중요한 이유가 여기에 있습니다. 이를 통해 한국 사회에서 계속 중요하게 거론되는 비정규직 문제, 중소기업 문제 등이 상당히 해결될 수 있다고 보는 거죠.

21세기의 첫 10년 동안 한국 기업은 규모와 재무건전성이 두 배나 좋아졌지만 일자리는 2.8%밖에 늘지 않았어요. 다시 말해 돈은 900조 원가량을 더 벌었는데 고용한 인원은 5만 명, 그것도 비정규직을 포함한 수치여서 오히려 일자리는 줄었을 가능성이 높습니다. 한마디로 기업이 돈을 벌어도 고용은 결코 늘지 않는다는 것이고 이 말은 곧 낙수효과로 불리는 '트리클 다운'은 없다는 뜻입니다. 기업들은 이제 일자리를 늘리지도 않고 투자도 하지 않습니다. 늘어나는 것은 외국 공장이요, 사내 하청과 비정규직뿐입니다. 그래야 생산성이 높아지니까요. 그러니 부의 분배가 제대로 될 리 없지요.

이런 시스템에서 기대할 것은 그렇게 많지 않아요. 새로운 경제 시스템이 필요한데 그게 협동조합과 사회적 기업이에요. 탐욕으로 비어 있는 공간을 '선의와 합동'으로 채우는 것이 금융 위기와 환경 위기 이후 새롭게 경제를 움직일 동력인 것이죠. 이 주장이 현실성 없는 대안이라고 생각하는 사람이라면 아래 사례를 주목해볼 필요가 있습니다.

2011년 '월가를 점령하라' 시위대는 금융권 탐욕에 대한 저항의 표시로 그해 11월 5일을 '은행 계좌 옮기는 날(Bank Transfer Day)'로 정하고 대형 은행 계좌를 해지하고 지역 공동체가 운영하는 협동조합 은행 같은 곳으로 돈을 옮기자는 캠페인을 벌였어요. 그리고 한 달 만에 신용협동조합에 65만 명의 신규 계좌가 개설됐고, 무려 45억 달러가 새로 흘러들어왔어요. 원래 문제는 그것을 인식하는 순간부터 풀리는 법입니다. 그리고 해답의 선택권은 우리에게 있다는 것을 잊

어서는 안 됩니다. 더 나은 자본주의로의 변화는 이미 진행되고 있습니다. (2012년 1월)

4

인간의 끝

우리 노동자들이 뭘 어떻게 더 해야 하나요?

문기주 · 전 쌍용자동차 양산정비사업소 노동자

2012년 3월 7일 기주 씨를 만나러 구로동에 갔다. 거기에
금속노조 쌍용자동차 지부 정비지회가 있었다. 좁은
골목에 간판도 잘 보이지 않은 후미진 곳이었다. 조그마한
사무실에서 기주 씨가 두어 명의 동료들과 함께 점심식사를
하고 있었다. 점심 메뉴는 국수였다. 기주 씨의 동료들이
직접 삶은 국수였다. 나도 끼여서 함께 국수를 먹었다.
국수를 먹는데 자꾸 목에 걸렸다. 23명 동료들의 죽음, 많은
병으로 고생하는 사람들, 길어지는 복직투쟁……. 힘들게
일하는 분들에게 도움은 못 되고 국수까지 얻어먹고 있으니
어디다 마음을 둘 데가 없었다. 하지만 그분들은 오히려
자연스럽게 나를 대해주었다.

기주 씨는 양산정비공장이 없어져 구로에서 복직투쟁을
하고 있었다. 2009년 77일간의 파업이 끝나고 회사는
양산사업장을 외주화시켰다. 만약 양산사업장이
있었으면 거기서 복직투쟁을 했을 것이다. 그날은 제주도
강정마을에서 구럼비가 폭파되는 날이었다. 폭발음을
들으면서 무어라 표현할 수 없는 마음으로 나는 인터뷰를
했다.

기주 씨는 쌍용자동차 문제가 터졌을 때 경제적인 문제인
줄만 알고 수습하기 위해 자신들이 할 수 있는 모든 일을
다 했다고 했다. 상여금을 반납하고, 근무시간을 다섯
시간으로 줄여 동료들과 함께 일하고, 비정규직 임금까지

책임지겠다고 했다. 머리에서 마지막 한 방울의 생각까지 다 짜내어서 문제를 해결해보려고 발버둥을 쳤다. 하지만 그것은 이미 자신들이 어떻게 할 수 있는 일이 아니라는 걸 깨달았다. "우리 노동자들이 이 이상 무얼 어떻게 더 할 수 있었을까요?" 기주 씨는 가슴에 쌓인 많은 것들을 누르며 나에게 말을 던졌다. 그것은 이런 상황에서 노동자들이 어떻게 해야 하는지, 우리가 사는 세상에, 권력에, 기업에, 사회에 던지는 물음이었다. 노동자들이 정말 어떻게 해야 하는지.

"노동자들이 경영에 관여하도록 보장을 해달라고 하면 경영은 자본의 고유한 권한인데 너희들이 왜 그걸 달라고 하냐면서 탄압을 하고, 이제 막상 문제가 터지니까 경영의 잘못을 우리한테 다 떠넘긴다는 거죠. 우리가 뭘 잘못했나요? 우리는 일만 열심히 한 죄밖에 없잖아요. 회사가 어려운지, 안 어려운지 경영자들이 우리들에게 가르쳐준 적이 있냐고요. 재무제표 한 번 보여준 적도 없으면서 투명하게 공개해달라고 하면 그것은 너희들이 알 바 아니라면서 딱 끊어버리고는, 이제는 경영이 어렵다면서 다 나가라고 그러잖아요. 우리를 설득시키기 전에는 나갈 수 없다고 하면 그냥 두들겨 패고 협박하고, 이런 개 같은 자본주의가 어디 있냐고요."

이런 절규는 여기서 마지막이어야 한다는 생각이 들었다.

이제는 정말 마지막이어야 한다고, 여기서 끝내야 한다고, 돌아가신 23명의 죽음도 그런 외침이었을 거라고 믿었다. 인터뷰를 하고 돌아오는데 하늘에서 우중충 비가 내릴 것 같았다.

저는 1990년 쌍용자동차에 입사했어요. 쌍용자동차는 생산, 정비, 영업, 해외로 나눠서 일을 하는데 저는 정비사업소에서 일을 했어요. 일반 사람들이 일상적으로 접하는 무쏘, 코란도 등 많은 차를 정비했습니다. 처음에는 구로사업장에서 일하다 양산으로 내려가 거기서 17년 동안 일했습니다. 결혼도 양산에서 일하면서 했고요. 저희 공장에 여상 졸업하고 수습으로 들어온 어린 학생들이 많았습니다. 그 친구들에게 장난으로 물어봐요. "너희들 중에 시집 안 간 고모나 이모 있는 사람, 손들어?" 근데 아무도 안 드는 겁니다. "고모나 이모는 이미 나이가 많아 시집을 다 갔어요." "아, 그래. 그럼 언니라도 있는 사람 손들어봐?" 그랬더니 한 조그만 아이가 손을 들었어요. 그 아이가 나중에 제 처제가 되었지요. 저는 수더분한 그 언니를 소개받아 결혼해서 아이 둘을 낳았어요. 쌍용자동차에서 저는 제

인생의 가장 소중한 시기를 거의 다 보낸 겁니다.

원래 구로에 있는 쌍용자동차 정비사업소에서 일을 했다고 했잖아요. 쌍차 정비사업소가 구로에 하나 있었고 그 다음이 경남 양산에 생겼어요. 세 번째가 광주사업소, 그 다음이 대구사업소, 인천사업소 이렇게 차례대로 생겼어요. 그래서 인원들이 지방으로 내려갔어요. 대부분 그 지역 사람들을 뽑았지만 그 지역과 연고가 있는 사람들도 내려갔어요.

저는 부모님을 모시고 사는 형편이었고 바로 밑에 남동생이 아파서 요양하고 있는 상태라 양산으로 내려갈 형편이 되지 못했어요. 그래서 처음에는 지방으로 못 가겠다고 버텼어요. 다행히 택시 운전하던 형님이 부모님을 돌볼 수 있는 상황이 돼서 내려가게 되었습니다.

인생의 가장 소중한 시기를 보낸 쌍용자동차

처음에 양산에 내려가니까 삭막했어요. 양산은 그 당시 촌이었어요. 지금이야 아파트도 들어서고 신도시도 생기고 그랬지만요. 하루에 버스가 몇 대밖에 들어오지 않는 그런 곳이었어요. 공단도 거의 산쪽에 붙어 있는 외곽이었고요. 서울에서만 생활하다가 그런 시골 같은 도시를 처음 가봤으니까 적응이 안 되는 부분이 많았어요. 음식이 제일 적응이 안 됐어요. 경상도 음식이 다 짜고, 맵고, 깊은 맛이 없고, 입에 안 맞았어요. 월급도 36만 원밖에 못 받았습니다. 쌍차에 들어오기 전에는 월급이 100만 원이었거든요. 일반 정비공장은 월급제 형식으로 결정했기 때문에 일하는 게 더 쉬웠어요. 쌍차 급여 체계가 일반 정비공장과는 달라 좀 황당했죠. 여러 가지로 적응이 안 됐어요. 게다가 지역감정이 엄청 셌기 때문에 고민이 많았고 고생도 많이 했어요. 배척이 너무 심했어요. 1년 동안 거의 대화를 할 수 없는 상황이었어요. 회사에서 노조와 관련해서 나쁜 소문을 퍼뜨려서 더 동료들과 대화를 할 수 없는 상황이 되기도 했습니다. 부서별 회식을 하면 항상 말없이 끄트머리에 앉아 있었어요. 말을 아예 시키지도 않으니까요. 비공식적으로 술 한잔하는 경우에는 항상 나를 부르지도 않고 자기들끼리, 따돌렸어요.

양산 시장바닥에 나가도 별로 아는 사람들이 없었어요. 저는 너무 외로워서 주말마다 거의 서울에 올라오다시피 했어요. 외로움을 해소하기 위해 부산으로도 많이 갔어요. 부산에서 일하는 동료들을 만나 풍물도 배우고 살아가는 이야기도 많이 나눴어요. 그러다가 회사 동료들이 서서히 내가 일하는 모습을 보고 마음의 문을 열기 시작했어요. 거기서 진짜 마음에 맞는 동료, 동생들을 많이 사귀게 되었어요. 피를 나눈 형제들보다도 더 서로의 아픔까지 깊게 나눌 수 있는 동료, 후배들이었죠. 많은 일들을 그 친구들이 있어서 견딜 수 있었어요. 나중에 77일 쌍용자동차 투쟁 때 함께했던 동료들이기도 했습니다. 그 이후에는…… 서로 다 흩어지고…… 연락이 끊기고…… 아픔이 많았죠.

제 주 전공은 판금 작업이었어요. 큰 사고나 접촉 사고가 나면 차가 부딪혀서 찌그러지잖아요. 그것을 펴는 작업이 판금 작업이에요. 찌그러진 철판을 펴는 것은 전문성을 요하는 특수직이에요. 경험이

우리 노동자들이 뭘 어떻게 더 해야 하나요?

없으면 불가능하죠. 판금은 글라인딩하고 철판을 두들기기 때문에 소음이 엄청 심해요. 제가 해고되기 4~5년 전부터 기물 파트로 일을 옮겼어요. 소음성 난청에 걸려가지고요. 찌그러진 철판을 펴기 위해서는 표면에 붙어 있는 페인트를 다 벗겨내야 돼요. 벗겨내면 먼지가 비산(흩어짐)되고 그걸 흡입하게 되면 진폐증에 걸리기 때문에 방진마스크를 쓰지만 아주 미세한 것까지 잡아내지는 못하죠. 마스크를 쓰면 답답하고 일의 효율성이 떨어지니 다 벗고 하죠. 기존 페인트를 다 벗겨내면 새로운 페인트를 칠해야 하는데 잘 안 붙기 때문에 솔벤트, 경화제 등 유기용제를 많이 사용할 수밖에 없어요. 유해물질 때문에 동료들이 암에 많이 걸렸어요. 정비공장은 노동부나 산업안전원에서 역학조사를 하지 않기 때문에 많이 알려져 있지 않은 상태죠. 판금이 도장과 같이 붙어 있는 상태가 되기 때문에 도색하면 유증기가 넘어오고, 그러면 유기농제에 많이 노출돼요. 이럴 때 신경이 날카로워질 때도 있고요. 도장 쪽에 있는 사람들은 항상 몽롱하게 취해 있어요. 신나나 솔벤트에 취해 있는 적이 많은 거죠.

　저희 쌍용에서 만들어진 무쏘가 좀 무식하게 생겼잖아요. 그래서 그런지 양아치나 깡패들이 많이 타고 다녔어요. 정비를 하러 오면 뒤에 차 트렁크를 열어볼 때가 있어요. 그러면 도끼, 칼, 야구방망이, 곡괭이, 낫자루 등이 들어 있어요. 가끔은 자기들 마음에 안 들면 도끼 들고 와서 차문을 푹푹 찍으면서 우리를 죽이니 살리니 하죠.(웃음) 자잘한 문제에 칼 들이대고 그러니까 겁이 나죠. 하지만 겁이 나도 붙을 건 붙어야죠. 우리가 제일 힘든 건 고객들의 요구를 충족시키지 못하는 것이죠. 회사에서 정해준 가격이 있는데 어떤 고객들은

1,000원 주고 만 원, 10만 원어치를 해달라고 해요. 우리가 내 돈 내면서까지 해줄 수는 없잖아요. 그러면 갈등이 생기는 거죠. 보험처리도 마찬가지예요. 고객들은 보험이니까 다 해줘야 한다고 하지만 저희 입장에서는 보험회사가 인정하지 않는 것을 해줄 수는 없으니까 고객과의 마찰 때문에 스트레스가 상당하죠. 고객의 성향이 각각 다르고 요구조건도 다 다르기 때문에 먹살 잡히는 건 보통이고 뺨도 맞고 그러죠. 회사나 보험회사에서 따질 일을 우리에게 와서 요구하는 거죠. 그러면 저희는 힘이 없으니까 해줄 수가 없잖아요.

어떻게 보면 고객과의 관계보다는 회사와의 관계가 더 힘들어요. 고객의 이야기를 들어보고 무상으로 해줘야 되겠다고 생각해서 해줬는데 네가 뭔데 마음대로 해줬냐면서 징계를 때려요. 어떤 경우는 분명히 고객이 실수를 해서 무상으로 안 해주었는데 그 고객이 사무실로 찾아가 관리자 앞에서 책상을 들었다 놨다 하면 그냥 해주라고 하는 거죠. 우리는 입장이 난처하죠. 자신들이 규정을 정해서 하지 말라고 해놓고 불리하면 우리 잘못으로 돌려버리는 거죠. 이런 일이 일상적으로 있었어요. 하루에 한두 건씩이요. 어떤 때는 차량을 팔면 판 값 속에 이미 보증비가 들어 있잖아요. 2년에 몇 만키로요. 그 보증 기간에 사고가 나면 무상으로 해줘야 하는데 저희에게는 고객이 잘못했다고 거꾸로 지시하고 그랬어요. 저희는 그 사이에 끼여 정신적으로 스트레스를 많이 받는 거죠.

한 가지 좋은 점은 단순 조립과정이 아니니까 우리들이 움직이는 폭이 자유로웠어요. 컨베이어 시스템이면 그 속도에 따라 움직여야 하잖아요. 우리는 그렇게 하지 않아도 됐어요. 일이 힘들면 쉬었다

하고요. 일 조절이 편했는데 문제는 하루에, 주에, 월에 얼마를 벌어야 한다는, 이런 게 있어요. 그것을 벌지 못하면 월급을 조금밖에 안 주는 거죠. 연말에 평가를 해서 하위 고과를 매겨버려요. 저희 일이라는 게 기본적으로 고객이 와야 돈을 버는 거잖아요. 차가 항상 대기하고 있지는 않잖아요. 일이 전혀 없을 수도 있고 엄청 많을 수도 있잖아요. 차가 100대 들어오든 1,000대 들어오든 똑같은 차로 들어오는 것은 하나도 없다는 거죠. 수리하는 내용이 다 달라요. 내가 골라서 100원짜리만 해야지, 만 원짜리만 해야지 할 수가 없어요. 이런데도 나에 대한 점수를 그런 걸로 매기고, 관리자가 마음에 드는 사람은 편한 일 계속 골라주고, 돈이 되고 점수가 올라가는 것을 몰아주는 거죠. 일거리가 있는데 일을 안 하는 것과 일이 없어서 못하는 것은 차이가 있죠. 정비공장에서는 매출을 생각하면서 하면 안 되죠. 차를 팔아먹을 때 이미 보증금이 들어가 있는 건데 당연히 무상으로 고쳐줘야 하는 거잖아요. 보증이 끝나서 들어오는 고객들에게 또다시 우리 차를 사게 하려면 서비스를 새롭게 해야 되는 거죠. 단체협상을 할 때 우리가 회사에 따지죠. 왜 정비공장에서 매출을 따지고 지랄을 하냐? 서비스가 잘돼야 고객들이 차를 다시 살 것 아니냐? 우리끼리 사기 쳐서 돈을 만들라는 거냐? 회사 경영자, 관리자들은 돈을 우선으로 아는 거죠. A/S는 실제 고객이 불편해하는 것을 해소시켜주는 건데 '야, 우리 밥줄 온다' 그래놓고 고객 감동 서비스를 하자, 이런 이중적인 태도를 보이는 거죠.

저는 지금도 마찬가지지만 특히 자동차 지정정비사업소는 당연히 늘려야 한다고 생각해요. 왜냐하면 매번 여성 운전자들에게 바가

지를 엄청 씌워요. 3~4년 전만 해도 카센터만 그런 게 아니고 정비업체에서도 그랬어요. 그러면 안 되잖아요. 정비하는 개인이 매출을 책임져야 하는 상황이니까 자그마한 것을 고치러 왔는데 크게 뜯어서 고치는 거예요. 주변까지 다 뜯어서. 언젠가는 수리해야 할 것이지만 지금 당장 할 건 아닌데요. 서비스가 제대로 안 되는데 차를 억수로 많이 생산해봤자 뭐해요. 안 팔리면 '헛빵'인 거죠. 다량으로 만들어 싸게 판다고 해도 고객이 외면하면 그게 다 '헛빵'이잖아요. 지정정비업소를 늘려 서비스 질을 높여줘야 하는 거죠.

지정정비소를 늘리기는커녕 있던 정비소마저도 지금은 다 외주화되었어요. 직영 서비스공장인 구로정비소 하나만 남기고요. 77일 파업 기간에 외주화시키지 않기로 회사가 약속을 했는데 그걸 다 어기고 외주화시킨 거죠. 그래서 제가 지금 구로에 와서 싸우고 있는 거예요. 평택이 아니라요. 양산정비소가 지금도 있었다면 거기 가서 복직투쟁을 했겠죠.

기업이 왜 이렇게 엉망으로 운영될까

2004년에 저희 회사가 중국 상하이자동차에 넘어갔어요. 저희들은 기술 유출 문제도 있고 하니 아무렇게나 외국기업에 매각을 하지 말고 공기업화를 하는 게 어떤가, 그 당시 노무현 참여정부에 제안했죠. 그 제안은 거부당했어요. 결국 쌍차는 기술적으로 후진 상하이차에 넘어가고 말았어요. 상하이차가 쌍차를 인수할 때 약속한 게 있었어요. 대규모 투자와 신차 개발, 완전한 고용 승계요. 그러나 그 어느 것 하나 지켜지지 않았습니다. 빼먹을 것은 다 빼먹고 회사가 부실하다면서 2009년 구조조정을 단행하려고 했어요. 그것을 눈치 챈 정비공장 전 조합원들이 하나둘 평택으로 집결했어요. 전국에 흩어져 있던 조합원들이 거의 모인 거죠. 평택에만 공장이 있는 게 아니고 창원에도 공장이 있고 광주, 대전, 양산, 부산, 강릉 등 많은 곳에 있었어요. 정비 쪽은 부품 파트도 있기 때문에 다 함께 올라왔어요. 당연히 정리해고 대상자들은 다 오는 거고 대상자가 아니더라도 그동안 10년, 20년 함께 일했던 동료들을 정리해고로 떠나보낼 수 없다며 해고 당사자가 아닌 동료들도 평택으로 올라왔어요. 회사에서 구조조정을 할 거라고 생각은 했지만 그렇게 큰 규모일 거라고는 예상을 못했죠.

걱정도 그렇게 크게 하지 않았어요. 왜냐하면 2007년도에 정리해고를 한 번 시행하려 했지만 저희가 평택에 옥쇄파업을 들어가서 보름 만에 무효화시킨 일이 있었거든요. 이번에도 하기는 하되 규모가 그리 크지는 않을 것이라고 생각했는데 의외로 엄청난 정리해고를 한 거죠. 저는 2008년 12월 정비지회 지회장으로 당선되어 서울에 올라와 있는 상태였어요. 지회장에 출마한 이유가 중국 상하이가 쌍용을 인수하면서 기술 유출 문제가 심각하게 벌어질 거고 '먹튀'로 전환할 거라는 것을 미리 알았기 때문입니다. 그러면 당연히 쌍용자동차의 운명이 어떻게 바뀔지 모르는 상황이었고 우리들의 삶도 보장받을 수 없기 때문이었습니다. 만약 제가 지역에 있었다면, 물론 그래도 정리해고 대상이 될 수도 있었겠지만, 지역에만 있었으면 안

대한민국 나쁜 기업 보고서

될 수도 있었고 구속도 안 되었겠죠.

2009년 초부터 회사와 수차례 교섭을 했어요. 쌍차가 본격적인 법정관리 신청에 들어가면서 2,646명을 정리해고 하겠다고 그러더라고요. 전체 노동자의 37%나 됐어요. 우리는 정리해고는 받아들일 수 없다, 납득할 수 있는 내용도 알려주지 않는 상태에서 정리해고 한다는 것은 맞지 않다, 일방적이라며 반대했죠. 우리가 2,646명을 정리해고 하지 않고 회사를 운영하는 데 필요한 게 뭐냐고 회사 관리자들에게 물었어요. 그랬더니 긴급 자금 1,000억 원이 없어서 문제라고 그러더라고요. 저희가 산업은행에 가서 긴급 자금을 달라고 면담을 했어요. 우리 퇴직금을 담보로 해서 1,000억을 빌리겠다, 어떻게든 1,000억을 만들 테니까 해고만 하지 마라. 그렇게 절실히 요구했어요.

그리고 저희가 회사에 다섯 가지를 제시했어요. 상여금 200%를 다 반납하겠다고 했어요. 회사에서 저희에게 안 준 체불임금도 있었어요. 그것도 다 반납하겠다. 근무시간도 다섯 시간으로 줄여서 동료들과 나눠 근무를 하겠다. 비정규직으로 일하는 동료들의 임금도 우리가 책임지겠다고 했어요. 그 당시 쌍용 노동자들이 갖고 있는 고용기금 12억 원이 있었거든요. 그걸 비정규직 임금으로 사용하겠다고 한 거죠. 저희들은 동료들을 해고 안 시키려고 정말 할 수 있는 일이면 다 하려고 했던 거죠. 머리에서 마지막 한 방울의 생각까지 다 짜내려고 발버둥을 쳤어요. 더 이상 우리 노동자들이 무얼 어떻게 더 할 수 있었을까요. 그랬는데도 회사 관리자들은 쌍차는 이미 자기들의 손을 벗어난 문제라고 하면서 받아들일 수 없다고 하더라고요.

　회사 측 대표는 박영태 회장하고 이유일 사장이었어요. 이유일은 현대자동차에서 근무했던 외부인이고 박영태는 법정관리 들어가기 전에 재무 담당 상무였던 사람인데 그 둘이 공동관리인이었어요. 둘 다 중국 상하이차 한국인 관리자들이었던 거죠. 하지만 이유일 사장은 협상 장소에 한 번도 나타나지 않았어요. 마지막 합의서를 쓸 때나 얼굴을 비쳤어요. 박영태 회장과 류재완이라는 노무 담당 상무가 협상 과정에 들어왔어요. 들어와서 하는 이야기가 그거였죠. 오로지 구조조정만이 살길이다, 이미 자기들이 이 문제를 해결할 수 있는 능력이 없다, 자기들의 손을 벗어났다고 그러더라고요. 자기들 손을 벗어났다는 말을 앵무새처럼 계속 반복했어요. 우리는 한시가 급한데 협상은 진척이 안 되고 얼마나 답답했는지 몰라요.

　그래서 우리가 "너희 손을 벗어났다면 그럼 누가 너희들에게 지시하나? 그걸 밝혀라" 그랬더니 말할 수 없다고 그러더라고요. 높은 쪽에 있는 사람이라고만 했어요. 그럼 높은 데가 어디냐고 물으니 구체적인 답을 하지 않더라고요. 협상 중간에 청와대 관료가 직접적으로 개입했다는 이야기가 계속 흘러나왔어요. 그 관료를 구체적으로 말하지 않더라도 우리는 정황상 다 짐작할 수 있었어요. 어차피 법정관리에 들어가면 정부가 운영하는 거잖아요. 정부가 관리인을 선임하는 거고 그 관리인을 통제하는 게 법원이죠. 법원 판사가 어떤 판단을 독자적으로 내리는 것은 힘들다는 거 다 알잖아요.

　중국 상하이차가 4년 동안 매년 3,000억 원씩 1조 2,000억 원을 투자해 신차를 개발하겠다고 공언을 계속 해왔지만 실제로는 돈을 한 푼도 투자하지 않고 기술만 빼가는 형태이고 막판에 철수하겠다고 할 때는 돈이 없다면서 운영 자금으로 국책은행인 산업은행에 3,000억 원을 공식적으로 요청했어요. 말이 돼요? 한다는 투자는 안 하고 국민들 세금을 또 빼내려 한 거잖아요. 그것이 거부당하자, 그럼 우리는 철수하겠다고 하면서 갔던 것이죠. 기술을 유출하고 먹고 튄 거죠.

정부 개입은 거의 확실하죠. 그때 당시 금속노조위원장인 정갑득도 직접 정부 쪽에 있는 사람을 만나 이러저러한 안을 만들어왔어요. 장기간 무급휴직이나 일정 정도 정리해고를 받아들이는 안이었어요. 하지만 우리는 그 안을 받아들일 수가 없었죠. 동료들 중에 누구는 해고하고 누구는 해고 안 하고. 그럼 우리가 그렇게 힘들여서 싸울 필요가 없는 거죠. 저희는 다 같이 사는 법을 찾으려 했던 거죠. 그런 정황을 볼 때 이명박 정권이 본격적으로 개입했다고 판단할 수밖에 없죠. 우리의 요구조건은 정리해고는 받아들일 수 없다는 것이었습니다. 우리가 회사에서 정리해고를 하지 않아도 얼마든지 해결할 수 있는 방법을 제시했기 때문에 철회를 하든지 유보를 하되 몇 년간 정리해고를 안 할 것이라는 전제가 있어야 파업을 풀 수 있다고 말했어요. 우리는 어떻게든 문제를 해결해보려고 새롭게 계속 대안을 만들어 회사 쪽에 제시했어요. 근데 회사에서는 협상 결렬을 선언했어요.

근래에 확인되고 있는 것은 그때 당시에 회사가 불법적으로 회계를 조작해서 기업을 부실 회사로 만들어서 그걸로 법정관리를 했다고 하더라고요. 이건 엄청난 일이죠. 부실을 부풀려 법정관리를 신청하는 것은 범죄행위죠. 쌍차가 그 당시 부채율이 150%면 건전한 회사인 건데 안진이라는 회계법인을 통해 500% 이상 부채율로 만들어버렸다고 하더라고요. 부채율을 빌미로 법정관리를 쌍용자동차 본인이 신청하게 됩니다. 쌍용차는 적자도 아니고 도산은 더더욱 아닌 겁니다. 안진 등 3대 회계법인이 담합해서 쌍차를 헐값으로 매각하기 위해 노동자를 죽인 사건이죠.

아, 우리가 이렇게 희생하고 해결의 방법을 찾으려고 그렇게 노력했는데 회사에서 끝까지 거부한 이유가 무엇인지 알게 된 거죠. 이 회사와 정부 관리 간의 어떠한 금전적 거래가 있었는지, 그것도 밝혀져야 하는 거죠. 어떻게 기업이 이렇게 개판으로 운영되는지 노동자들인 저희로서는 놀라울 뿐이죠. 이런 상황에서 현 정부는 저희 얼굴에 테이저건이라는 총까지 쏘면서 평화적 해결을 원하는 마음들을 폭력으로 진압했죠. 진압 후에 삼성자동차가 노사협의회 대표들 모아놓고 교육시킬 때 그랬답니다. "너희들, 쌍차처럼 될래?" 자본가들이 쌍차 가지고 교육시키면서 노동자들에게 협박을 하는 거죠. 그 기초를 정부가 제공해주었고요.

이런 개 같은 자본주의가 어디 있어요?

77일 동안 있을 거라고 생각한 사람은 아무도 없었죠. 나 또한 마찬가지였어요. 역대 쌍용자동차의 파업 양상을 봤을 때 그렇게 오래한 적이 한 번도 없었거든요. 아무리 길게 해도 한 달 반 이상을 파업한 적이 없었어요. 회사가 양보를 하든, 저희가 양보를 하든 항상 교섭을 통해 문제를 처리했거든요. 무엇보다 우리들이 내놓은 안들이 너무 많이 내려놓은 희생안이었기 때문에 한 달 반 이상은 상상도 못했죠. 우리가 내놓은 안으로도 충분히 해결 가능할 거라고 생각한 거예요. 앞에서도 이야기했다시피 이번에는 이상하게 다른 때와는 다르게 교섭 자체가 이루어지지 않았어요. 회사에서 계속 파토를 놓은 거예요. 자연히 마지막으로 문제를 해결하기 위해 저희들이 회사 안으로 들어갈 수밖에 없었던 거죠. 도장 공장에 1,200명 정도의 조합원이 들어갔어요. 조합원은 5,000명 정도였는데 회사에서 공장 안으로 들어가면 정리해고 대상자로 집어넣겠다고 협박을 하는 바람에 많은 노동자들이 들어오지 못한 거예요. 회사에 들어가서 농성을 시작하자 다 아시다시피 헬기가 끊임없이 최루액을 부어대고 2만 볼트 전기가 흐르는 테이저건, 총을 쏴서 노동자들이 쓰러지고 했어요. 그 총에 맞으면 거의 기절을 하거든요. 어떤 사람은 얼굴에 맞기도 했어요. 나중에는 단전단수까지 되었어요. 전쟁포로에게도 이렇게까지는 하지 않죠. 용역들이 폭력을 휘둘러 다친 사람들이 나가고, 이 고통을 뛰어넘지 못한 조합원들도 나가고 해서 최종적으로는 600~700명이 남았어요.

정부에서 극단적으로 나오니까 암담했죠. 지도부인 저희들도 그런 마음이 드는데 일반 조합원들은 얼마나 많이 힘들었겠어요. 7월부터 매일같이 전투를 벌이는데 교섭은 안 해주고 교섭이 열린다고 하더라도 별 내용이 없으니까 하루하루가 불안한 거죠. 경찰은 새벽까지 헬기를 띄워서 위협하는 상황이 계속되다보니 조합원들이 두려움을 많이 느꼈어요. 회사 관리자들은 시간이 지나면 지날수록 언론을 통해서 우리를 폭도로 매도했어요. 이 문제를 풀기 위한 방안들은 민주노총과 금속노조와 정당들이 낼 수밖에 없었어요. 일개 노조인 우리 자체로는 불가능한 문제였어요. 어차피 정부가 나서서 해결해야 하는 문제였죠. 우리가 버티면 해결이 가능할 수도 있다고 생각은 했는데 정부에서 무자비하게 나오니까 우리는 고민을 할 수밖에 없었죠. 만에 하나 용산 같은 큰 참사가 나서 조합원들이 다치거나 목숨을 잃게 되면 그건 견딜 수 없는 일이잖아요.

그런 상황에서 회사 측에서 독대(완전 비공개 협상)를 요구했어요. 정상적인 집단교섭을 통해서 합의를 봐야 하는데 독대를 원하니까 처음에는 받아들일 수 없었죠. 하지만 계속 상황이 악화되고 힘들어하는 조합원들을 안심시켜야 했기 때문에 할 수 없이 독대를 받아들일 수밖에 없었어요. 회사 관리들과 노조 책임자들이 만나 협상을 했어요. 근데 독대로 인해서 내용이 변질되고 말았어요. 또 공권력의 무자비한 탄압으로 공포로 떨고 있는 상황이었기 때문에 시간을 끌면 큰일 날 거라는 생각에서 농성을 거둔 거죠. 싸움이 한 달 이상 길어지면서 고립되고 두려움에 떠는 상태에서 노동자들이 희망퇴직서를 많이 썼어요. 한 2,000여 명 되었어요. 그러면 회사에서 만족할 만도 한데 기어이 2,646명을 정리해고 시켜야겠다고 해서 마지막 합의했던 부분이 48%는 무급휴직으로 전환하고 나머지 52%는 정리하는 걸로 했어요. 희망퇴직 2,000여 명을 합하면 3,000여 명이 넘은 숫자가 정리해고로 나간 거죠. 그 숫자에는 관리직 사원이나 비정규직은 포함되지도 않았어요. 회사에서는 목표를 120% 달성한

거죠. 회사와의 합의서는 사실 공권력의 강요에 의해 작성된 항복문서와 같았지만 그것마저도 지켜지지 않았어요. 회사가 약속했던 무급휴직자 복직은 한 명도 이뤄지지 않았어요. 형사상 고소고발도 취하한다고 했지만 바로 그 말을 뒤집고 96명을 연행해버렸어요. 저도 8월 6일 합의가 끝난 후 구속되어 6개월 동안 감옥에서 살다가 나왔어요.

근데 정말 어처구니없었던 일은 노동자들이 몇 달간 월급을 못 받고 어렵게 생활하는 동안 박영태, 이유일 등 경영자들은 몇 천만 원 더 많은 월급을 가져갔다고 하더라고요. 세상에 어떻게 이런 일이 있을 수 있단 말인가요. 노동자들이 경영에 관여하도록 보장을 해달라고 하면 경영은 자본의 고유한 권한인데 너희들이 왜 그걸 달라고 하냐고 하면서 탄압을 하고, 이제 막상 문제가 터지니까 경영의 잘못을 우리들한테 다 떠넘긴다는 거죠. 우리가 뭘 잘못했나요. 우리는 일만 열심히 한 죄밖에 없잖아요. 회사가 어려운지, 안 어려운지 경영자들이 우리들에게 가르쳐준 적이 있냐고요. 왜 회사가 어려운지, 얼마만큼 어려운지 정확한 경영 상태를 보여준 적이 있냐고요. 재무제표 한 번 보여준 적이 없으면서 투명하게 공개해달라고 하면 그것은 너희들이 알 바 아니다, 딱 끊어버리고는 이제는 경영이 어렵다면서 다 나가라고 그러잖아요. 우리를 설득시키기 전에는 나갈 수 없다고 하면 그냥 두들겨 패고 협박하고, 이런 개 같은 자본주의가 어디 있냐고요. 최소한 경영에 관여할 수 있도록 경영 상태에 대해 보고를 받거나 공유가 이루어져야 우리 노동자들도 아, 회사가 어려우니까 월급을 덜 받아가야 되겠구나, 아니면 일을 더 많이 해야겠구나, 이런 준비와 고민을 할 것 아니에요. 그런 것은 전혀 없이 일만 시키고 문제가 있으면 너희들이 다 책임지라고 하는 거죠. 노동자들이 경영에 관여할 수 없으니까 한쪽에서는 해고되어 다 나가는데 또 다른 한쪽에서는 돈잔치가 벌어지는 거죠. 이런 불합리한 일이 어디 있어요.

우리나라보다 못사는 나라도 함부로 해고를 시키지 않아요. 더더군다나 집단적 해고는 별로 없어요. 외국의 자동차 등 큰 기업들은 기본적으로 사회보장이 잘 마련되어 있어요. 어느 정도 경영이 호전되면 해고한 사람들을 다시 쓰는 제도가 있는데 우리나라 기업주들은 그런 생각이 전혀 없는 거죠. 내 돈 10원짜리 하나라도 뺏기면 난리가 나는 걸로 알고 있어요. 그러니 도둑놈 자본주의라고 하지 않을 수 없어요.

상황이 이런데도 노동자들도 다 분류가 다르잖아요. 자기 스스로 중산층이라고 생각하는 사람들도 엄청 많을 뿐만 아니라 자기가 정규직인지 비정규지인지 구분하지 못하는 사람들도 많아요. 노동자들 스스로 단결을 해야 하는데 그렇지 못하고 있어요. 자본의 논리에 의해서 정치파업을 못하도록 되어 있다보니까 각자 자기 사업장 문제가 아니면 움직이려고 하지 않아요. 금속노조가 단일한 노조단체라고 하더라도 총파업 한 번 제대로 하지 못하잖아요. 각자 자기 사업장 문제가 아니기 때문에, 내 문제가 아니기 때문에 왜 내가 파업을 해야 하느냐, 이렇게 생각하는 거죠. 현대자동차, 기아자동차 등 대기업 노동자들은 이런 경향이 더 심하고요. 예전 쌍용자동차도 그런 모습이 있긴 했지만요. 1996년 노동법 날치기 통과할 때 쌍용자동차가 제일 먼저 파업을 해서 판을 키우긴 했지만 일정 정도 시간이 지나니까 제일 먼저 노동법을 받아들였어요. 한 달 반 정도 파업을 하다가 발을 뒤로 뺐어요. 정치적인 문제로 파업을 하려면 한 목소리를 내어 그 문제를 바꿀 수 있느냐가 중요한데 우리는 월급 잘 받고 있는데 무엇 때문에 파업을 해야 하느냐, 우리만 괜찮으면 된다는 사고를 가지니까 문제가 되는 거죠. 그러니 실질적인 총파업을 할 수 없는 거죠.

민주노총도 마찬가지예요. 한국노총을 어용이라고 말하면서도 한 번도 총파업을 때려본 적이 없어요. 각 산별들이 이러저러한 영향으로 김대중-노무현 신자유주의 정책을 다 동의해주고 받아들였잖아요. 10년 지나 이명박 정권에게 두들겨 맞으니까 이게 아니다, 한번 붙어보자고 하는데 이미 소 잃고 외양간 고치는 격이죠. 자본과 노동은 물과 기름이라고 했던 사람들이 현혹되어 넋 놓고 있다가 다 깨지는 거죠. 어떤 문제가 나오면 바로 그때 힘을 합해 문제를 바로 잡아야 되는데 세월이 흐른 다음에 떠들면 뭐하냐고요. 한국노총이 어용이다, 아니다 말할 필요도 없고 내 스스로 반성하지 않으면, 내 스스로 조직화하지 않으면 우리나라 노조 자체가 위기라고 할 수밖에 없죠. 벌써 위기인 것이고요.

위로 대신 가슴에 비수를 꽂는 이야기들

77일 파업을 겪으면서 가장 안 좋은 것은 그동안 함께 직장 생활을 했던 동료들, 동생들, 형님들이 다 흩어져버린 것이에요. 그게 가장 가슴이 아파요. 인간관계가 다 깨져버린 거잖아요. 77일 파업 기간 동안 임금은 아예 받지 못했고 워낙 지옥 같은 생활을 해왔기 때문에 많은 사람들의 가족관계가 파탄이 났어요. 이혼 문제도 많이 나와서 이혼하지 않으려고 퇴직서 쓰는 사람도 있었고요. 그렇게 노력했는데도 이혼하는 사람들이 많았어요. 이혼했다는 사실을 알리지 않고 조용히 지역을 벗어나는 동료들도 많았어요. 한참 후에 누구를 우연히 만났는데 이혼했다고 전해 들어요. 별거하는 사람들도 많았어요. 이혼만큼 별거하는 것도 문제가 많지요. 아이들에게 영향을 주니까요. 아이들을 제대로 키울 수가 없는 거죠. 대기업 다니면서 편차는 있지만 제가 표준연수로 계산해보면 15년차로 4,000만 원 정도 되는데 (물론 중소기업 다니는 분들에 비하면 그것도 많이 받았던 거죠) 4,000만 원 가지고 누렸던 생활이 어느 날 갑자기 150만 원 이하 수준으로 떨어지거나 아예 그것도 안 되는 삶을 살아야 되니까 아내들이 견디기 어렵고 애들이 어리면 어릴수록 더 견디기 어려운 거죠. 애들이 다 장성해서 대학도 졸업하고 군대도 갔다 와서 직장에 다닐 정도가 되면 괜찮은데 중학교, 고등학교에 다니는 경우는 아내가 맞벌이를 해야 하는 상황이었죠. 어떤 아내들은 남편이 투쟁하니까 돈도 벌어야 되고 아이들도 돌봐야 되는 이중의 고통을 겪었죠. 남편이 가정에 신경을 쓰다보면 투쟁에 소홀하게 되고 그렇다고 가정을 돌보지 않을 수도 없고, 부부간에 갈등을 많이 겪었죠.

골방에 갇히듯이 자기 집에서만 생활하는 동료들도 여럿 있어요. 낮에는 집 안에 있고 밤이 되면 올빼미처럼 돌아다니는 거죠. 주변

하고 연락을 끊는 사람들이 많이 있어요. 그분들이 겪는 가장 큰 고통 중 하나가 지인들과의 단절이거든요. 관계가 단절되는 것. 친인척 관계에서 겪었던 스트레스가 제일 크죠. 왜 아직까지 그런 생활을 하고 있느냐? 처자식을 위해 어디 가서 노가다라도 해야 하지 않겠냐? 그런 이야기를 막 하니까 친인척과도 멀어지고 점점 사이가 멀어지니까 소외감을 느끼고 움츠러드는 거죠. 사회나 친구나 가족들이 따뜻하게 감싸주고 위로해줘야 하는데 오히려 아픈 상처들을 자꾸 만들고 기억하게 하니까 사람들이 점점 더 갈등이 많아지고 이혼 내지 별거를 하는 거죠. 그런 게 무서워서 집에만 있는 사람들이 많아요. 동료들이 집에 갔다 오면 부부싸움하고 온 모습이 보여요. 본인은 감추려고 해도 어두운 표정에서 다 읽을 수 있는데 상처가 될까봐 알아도 물어보지 못하고 그렇다고 배려한다고 집에 가서 쉬라고 할 수 있는 상황도 아니고, 어려운 거죠.

저도 항상 해고는 일상이다, 이러면서 해고를 어느 정도 각오하고 있었는데 막상 당하고 보니까 웃으면서 받아들일 수가 없더라고요. 삶의 변화가 확 다가왔어요. 저도 괴로웠어요. 구속되고 나와보니까 처자식 먹여 살리는 문제서부터 시련이 닥치는 거예요. 아내는 지금 양산에서 아이들 때문에 직장은 못 다니고 아르바이트로 생활비를 벌고 있고 저는 서울에 와서 투쟁하고 있어요. 한 달에 한 번 정도 만나는데 아이들이 한창 사춘기 때인데도 아빠가 못 챙기고 있어요. 아이들도 저를 챙길 수 있는 여건이 아니고요. 서로서로 못 챙기고 있어요. 이게 해고 노동자의 삶이에요.

해고에 대해 편하게 마음먹고 이 회사 아니면 먹고살 때가 없냐?

이렇게 편하게 마음을 갖고 다른 회사에 취업하려고 해도 쌍용자동차에 다녔던 이력 때문에 받아주는 곳이 없어요. 그래도 저희 정비하는 동료들 같은 경우는 전문 종사자들이기 때문에 일반 카센터에 가려면 얼마든지 갈 수 있어요. 거기에 가면 그래도 150만 원에서 180만 원은 받을 수 있어요. 가족을 생각하면, 애들을 생각하면, 가족들 곁에서 풍족하지는 않겠지만 그거라도 벌어서 함께 살면 지금보다는 낫겠지 하는 생각을 하다가도 여기서 투쟁을 그만두면 억울해서 못 살 것 같아요. 쌍용자동차는 나의 숙명이고 어떻게 되든지 마무리를 해야죠. 아이 엄마도 말은 잘 안 하지만 마음이 얼마나 답답하겠어요. 그동안 남편이 열심히 일해서 가정을 이끌어왔는데 일하라고 말할 수도 없고 안 할 수도 없고, 그런 마음이겠죠. 저희도 별거 아닌 별거를 하고 있어요.

어머니가 계셔도 한 번도 내려가지 못했어요. 명절 때 얼굴이라도 비치고 싶지만, 지금도 당장 가고 싶지만 나를 보면 걱정을 하실까 봐 못 가는 거죠. 주말이 되면 멍하니 앉아 있어요. 그럴 때는 어머니 집에 가서 어머니랑 이런저런 이야기도 하고 나면 마음이 편할 것 같은데 나 편하자고 걱정을 끼쳐드릴 수 없으니 참는 거죠. 여든 살 넘은 노인이 쉰 살 넘은 아들의 앞일을 걱정해야 하니까 안 가는 거죠. 명절 때 가서 친인척들이 모이면 아직도 너는 그런 일 하고 있냐고, 그 사람이 가지고 있는 고통이나 조건은 전혀 무시하고 아무 생각 없이 내뱉는 말들이 당사자들에게는 비수가 되죠. 한두 번 겪는 것이 아니기 때문에 아예 안 가고 싶은 거죠.

코오롱은 8년째 싸우는데 우리는 이제 시작이죠

우리의 싸움이 오늘(2012년 3월 7일)로 1,000일 하고 16일이 지났어요. 우리는 아무것도 아니죠. 우리보다 오래 싸운 곳이 많아요. 시청에 있는 재능교육 학습지 본사 앞에는 재능교육 노동자들이 천막을 치고 1,537일차 농성을 하고 있어요. 콜트 콜텍은 1,500일이 넘었어요. 구미의 코오롱 회사는 횟수로 8년째 접어드니까 2,000일이 넘어가고요. 저희들보다 오래 싸운 곳이 워낙 많아요. 그 회사들보다 쌍용자동차가 부각되는 것은 대량 해고와 그것으로 인한 죽음 때문이에요. 벌써 21명이 죽었잖아요.(인터뷰 이후 희생자가 더 늘어 현재 쌍용자동차 희생자는 23명이다.) 시간이 잠깐 사이에 1,000일이 훌쩍 지나버렸어요. 어떻게 보면 엄청나게 긴 시간이기도 하지만 다른 투쟁 사업장에 비하면 이제 시작이라는 마음으로 하고 있는 거죠. 이제까지는 완만한 형태의 복직투쟁을 했다면 지금부터는 파고를 높이는 투쟁을 해야 될 것 같아요.

역삼동에 쌍용자동차 서울사무소가 있어요. 2011년 상하이차에서 인도 회사인 마힌드라로 쌍용자동차가 넘어갔거든요. 거기에 인도 마힌드라 부회장 사무실도 있어요. 사회 원로들과 재야 정치인들, 시민들이 함께 모여 재차 희망국회를 열었어요. 가자회견도 하고요. 시청 앞에도 희망광장을 만들어 농성을 하고 있어요. 저희가 농성하는 이유는 희망텐트가 평택에 있는데 평택은 지역이라서 고립된 형태로 싸움이 진행되기 때문에 서울로 옮긴 거예요. 토요일에 행사를 하지 않으면 저희가 투쟁하는지, 있는지 없는지도 모를 정도로 언론에 보도되지도 않고 사회문제로도 주목받지 못해요. 전국에 정리해고로 고통 받고 있는 노동자들을 다 모아서 같이 정리해고를 사회의제로 만들어 정리해고 법제도 개정을 촉구할 수 있어요. 그래서 서울광장에서 천막을 치고 농성을 하고 있어요.

어떻게든 올해 안으로 쌍용자동차 해고 노동자들의 문제를 마무리 지어야 하는데 마힌드라 회사는 이 문제를 잘 받아들이지 않고 있어요. 빠르면 2014년이나 2016년에 회사가 정상화되면 사람들을 받을 수 있다고 이야기는 흘리고 있는데 저희들과 생각의 차이가 너무 나니까 힘든 부분이 있어요. 그들의 말에 의하면 3년은 더 싸워야 한다는 말인데 많은 쌍용 해고 노동자들이 죽어가는 상황에서 힘든 이야기죠. 더군다나 그 약속이 지켜질지도 알 수 없고요. 왜 상하이차에서 저질렀던 일을 우리한테 수습하라고 하느냐고 이렇게 나올 수도 있잖아요. 저는 쌍용자동차 문제는 정부에서 벌인 일이기 때문에 궁극으로는 정부가 수습해야 한다고 생각합니다.

인터뷰하고 7개월이 흘렀다. 문기주 씨는 2012년 11월 21일 동료인 한상균, 복기성 씨와 함께 평택 쌍용자동차 공장 부근에 있는 송전탑에 올라가 있었다. 쌍용차 문제가 아직도 해결되지 않아 정리해고에 대한 국정조사를 요구하며 고공농성을 하고 있었다. 전화 통화를 하는 도중 그의 목소리 뒤편에서 차가운 바람소리가 윙윙거리며 위태롭게 들려왔다. 세상의 어려움으로부터 오랜 시간 단련된 그의 목소리는 담담했다. 그 담담한 목소리 사이로 수많은 색이 들어 있는 기주 씨의 검은 얼굴빛이 떠올랐다. 그 검은 빛은 세상에 대한 기주 씨의 마음의 깊이일 것이다. 그 깊이가 그 자신과 우리를 자유롭게 해줄 것이라 믿는다.

대한민국 나쁜 기업 보고서

기업이라고 부를 수조차 없는
곳에서 일하는 사람들

박혜영 • 공인노무사, 노동건강연대네트워크 팀장

1년 동안 밥과 김치만 먹어야 하는 이주노동자

젊은 친구들이 대학을 안 나오면 갈 수 있는 곳이 한정되어 있어요. 제조업 중에서도 육체 노동을 해야 하죠. 이번에 실업계 고등학생이 기아차 현장 실습하면서 사고가 났잖아요. 저희가 대책위를 하면서 실태를 들여다봤는데 되게 사각지대인 거예요. 그 애들은 학생으로도 대우받지 못하고 노동자로도 대우받지 못해요. 쓰러지니까 그 때서야 노동자냐, 아니냐? 산재냐, 아니냐? 이런 이야기를 하고 있더라고요. 1988년 원진레이온에서 일하다 숨진 당시 16세의 문송면이나 똑같아요. 20년이 지났는데 상황이 어찌 이렇게 똑같은지 몰라요.

현재 상황이 노동자들에게 너무 비극적이에요. 같은 노동자들이어도 하청 노동자들이 더 많이 죽어요. 조선소에서 가장 힘든 일은 하청 노동자에게 주는 거예요. 그러다보니까 자연히 하청 노동자들이 많이 죽지요. 특수고용 노동자들의 건강과 안전, 사내하청, 파견 도급, 간접고용 등등 많은 비정규직 노동자들의 삶이 힘들어요.

제 동생이 시화공단에 있는 한 기업에 취직을 하고 노동조합위원장한테 가서 근로계약서를 언제 쓰냐고 물어봤더니 "자네, 그런 걸 물어보면 안 돼!" 노조위원장이 온갖 거드름을 피우면서 그러더래요. 동생이 집에 와서 "야, 이거 너무 심한 것 아니야?" 그러더라고요. 알량한 권력을 가졌다고 그런 행동을 하더래요.

제가 주말마다 안산에 있는 '국경 없는 마을'에서 이주노동자를 대상으로 상담하는데 거기에 있으면 여러 기업에서 일하고 있는 사람들의 다양한 목소리를 들을 수 있어요. 다치거나 큰 재해를 당해서 오는 친구들을 보면 대부분 조그마한 공장에서 야근하는 이주노동자들이에요. 주로 혼자 아니면 둘이 일해요. 혼자 일하다 다치면 구해줄 사람이 없어 죽어요. 운이 좋게 살아나면 센트럴 병원에 가서 치료할 수 있어요. 그런 이야기들을 듣고 있으면 정말 '멘붕'이 와요.

제가 일하는 데가 '지구인의 정류장'이거든요. 그곳은 이주노동자들이 영화를 만드는 곳이에요. 가서 상담을 하다보면 참 웃기는 일이 되게 많죠. 일요일날 상담 끝나고 늘 음주 가무를 해요. 거기 찾아오는 친구들 중에는 농촌에서 일하는 친구들이 많아요. 이주노동자들의 일을 등급별로 나눠보면 평범한 사람들이 가장 열악한 일자리라고 생각하는 제조업에서 가장 많이 일해요. 도금업체 같은 데서 납, 아연을 들이마시면서 일을 하는데도 그게 상위 등급이에요. 제일 열악한 일자리는 어업이고 그 위가 농업인데 농업비자로 들어온 친구들은 농업 분야에만 취업할 수 있어요. 농업비자로 들어왔다가 제조업으로 들어가면 바로 추방돼요. 공단은 그래도 최저임금은 지켜지거든요.

어떤 친구는 3년 동안 이틀 쉬었대요. 입국하자마자 인천공항에서 바로 일하는 농장으로 간 거예요. 한국이라고 하면 떠오르는 기억이 그 공항하고 농장밖에 없어요. 그 농장에서 일하다 너무 힘드니까 도망쳐 나온 거예요. '지구인의 정류장'에 있는 친구들은 도망나온 친구들이거든요. 버스도 못 타고 지하철도 못 타고, 한국말도 못하니까 무조건 택시를 타고 왔대요. 농장에 있으니까 소주만 먹을 줄 알아요. 육체 노동하는 사람들에게 맨날 쌀하고 김치만 준대요. 고기를 달라고 싸웠는데 그래도 안 주니까 이 사람들이 투망으로 물고기를 잡아서 먹었대요. 육체 노동하는 사람들이 고기를 안 먹으면 무슨 힘으로 일을 하겠어요.

그 사람들의 이야기는 영화로도 만들어졌어요. 제목이 〈고기 주세요〉예요. 그 영상이 상영되었을 때 문화관광부에서 나온 관료도 함께 봤거든요. 근데 그 사람이 영화를 다 보고 나서 정말 심각하게 물어보더래요. 아니 고기를 꼭 줘야 하는 법이라도 있냐고요. 진짜 그 말을 꼭 녹음했어야 하는데 아깝게 놓쳤어요. 아니, 생각해보세요. 1년 동안 쌀이랑 김치만 먹고 하루 12시간씩 일을 하는데 고기가 안 필요하겠느냐고요. 버섯공장에서 일하는 친구들은 1년 동안 버섯만 먹고. 인삼밭에서 일한 4명의 친구들은 강진에서 무작정 올라왔어요. 그 친구들은 인삼밭에서 일한 거잖아요. 그래서 되게 건강해요. 인삼만 먹어서요. 농촌에서 일하던 친구들은 안산에 오자마자 고기뷔페부터 가요. 이런 이야기들이 너무 어이가 없다보니까 웃음이 나오는 거죠. 그런 이야기를 너무 많이 들었어요.

최저 기준만 지켜줘도 고마운 기업

양주에는 석유화학공장이 많아요. 어떤 사람들은 도금공장에서 일하는데 발진이 일어나고 토하고 코피가 나고 이러는데도 "우리는 그런 약품은 안 써요" 이렇게 말하는 기업도 있어요. 어떤 노동자는 산재를 입었는데 이 사람이 미등록인 거예요. 미등록인데 산재처리를 하면 추방당할 위험이 있어요. 병원비가 3,000만 원 정도 나왔어요. 크게 다쳐서 허벅지에 피부이식을 하고 그랬거든요. 회사에서 산재처리에 준하는 보상을 그 친구에게 해줬어요. 제가 이때까지 상담하면서 그렇게 나름 정성들여 산재 보상을 해준 회사가 없었기 때문에 감동을 받았어요. 그 회사 사람들이 그래요. "우리가 열심히 힘닿는 데까지 해줘서 좋은 선례를 남기겠다." 이렇게까지 이야기해주니까 정말 마음이 따뜻해지는 거예요. 그래서 제가 당신들을 믿겠다, 일주일에 한 번씩만 통화하자고 하고 헤어졌어요. 돌아와서 생각해보니까 그 회사가 처리해준 것이 많은 게 아니었거든요. 근로기준법의 최저 수준에 불과했어요. 그런데도 나는 왜 이렇게 감동을 받나? 최저도 지키지 않은 기업들이 너무 많으니까 최소한의 기준을 지키려고 노력하는 그 회사를 보고 마음이 뿌듯했던 거예요.

한편으로는 노동부에 화가 나기도 했어요. 최저 기준이라고 명시해놓은 법조차 안 지켜도 되게 만들어버린 장본인이 국가거든요. 화학용품 때문에 토하고 코피가 난 이주노동자가 노동부에 신고를 했어요. 이건 산업안전법 위반이다. 그럼 바로 가서 이런 약품을 사용하면 안 된다, 안전도구를 착용하라고 해야 되잖아요. 근데 2주 전에 회사에 전화해서 우리 언제 찾아가겠다고 해요. 그건 2주 동안 세팅을 잘 해놓으라는 말밖에 안 되잖아요. 걸려도 벌금이 200만 원, 500만 원밖에 안 돼요. 이런 수준이니까 기업 입장에서는 한 번 벌금을 내고 말지, 이러는 거예요. 최저 기준에 있는 노동자들을 보면 국가 제도랑 굉장히 밀접하게 관련이 있어요.

제가 있는 노동건강연대에서 '살인기업 선정식'을 하거든요. 일하는 데 제일 안 좋은 조건에 놓인 기업을 선정하는 거예요. 상징적인 행사거든요. 기업들이 일하는 사람들의 안전에 투자하지 않으니까 이런 상을 만들어 좀 경각심을 높이자는 의미죠. 살인기업 선정을 할 때 사망이나 사망에 준하는 중대 재해 같은 경우는 정부에 보고가 되니까 그걸 받아서 제재를 할 수 있잖아요. 그런데 그걸 하지 않아요.

이번에 선정된 살인기업들 중에서 현대건설 등 건설사들이 1위를 했어요. 건설업이나 제조업은 장소를 중심으로 취합을 하니까 원청이나 하청에 상관없이 발주처가 드러나는 거예요. 건설업체에 소속되어 있는 사람들뿐만이 아니라 하청 사람들까지 포함되어서 집계가 되는 거예요. 제조업과 건설업을 따로 집계하는데 건설업이 사망자 숫자가 압도적으로 많은 거죠. 특별상은 온라인 투표를 했어요. 쌍차, 삼성, KT, 철도 이렇게 4개 기업을 대상으로 투표했거든요. 1,000명이 좀 넘은 네티즌들이 투표를 했더라고요. 투표하는 네티즌 중에는 다 나쁜 기업인데 어떻게 투표를 하라는 거냐고 항의하는 사람들도 있었죠. 결국은 삼성이 됐어요.

사보험 시장을 줄이고 사회보험을 확대해야

그런데 사람들 감정이 삼성에는 매우 이중적이에요. 비난과 선망. 그 두 가지가 다 있어요. 우리나라 대기업에는 오랜 시간 광고나 대외 활동을 통해서 갈고닦은 이미지가 있어요. 그것에 아무리 손상을 가해도 관성적으로 되어버린 것 같아요. '걔네들 원래 그런 사람들이야. 근데 좋아.' 뭔가 알 수 없는 거예요. 그 기준의 정체를. 예를 들면 정말 친한 친구가 삼성에 대해서 욕을 하지만 갤럭시 노트북은 사는 거죠. 나랑 토론을 길게 한 적이 있는데 "이왕이면 좋은 제품을 오래 쓰면 좋지 않냐? 삼성만 그러냐? 대기업들이 다 똑같지" "그래도 어차피 응징할 사람들은 소비자밖에 없는데 제일 나쁜 기업 하나에게는 뭐라도 해야 하지 않냐? 우리가 삼성의 노예는 아니잖아" 이렇게 논쟁이 붙죠.

이번에 제주 강정마을에서 구럼비 바위를 폭파했을 때 삼성물산이 주 기업으로 드러나면서, 또 삼성전자 백혈병 문제가 터지면서 삼성 제품을 살까 말까 고민하는 사람들이 늘어난 건 확실한 것 같아요. 반올림 트위터를 관리하고 있는데 삼성 불매운동에 대한 공감대가 많이 형성된 것 같아요. 제가 삼성카드에서 일하는 사람들의 이야기를 들으니까 저번에 구럼비 바위가 터지고 삼성카드 해지 운동을 했잖아요. 그것이 실제로 실적에 많은 영향을 미쳤다고 하더라고요. 가끔 인터넷 쇼핑을 하는데 카드사 할인을 할 때가 있어요. 5% 정도요. 그 당시 삼성카드사에서 할인을 17%나 한다고 떠 있는 거예요. 제 눈을 의심했잖아요. 이제까지 17%나 할인해주는 카드사는 없었거든요. 아무리 그래도 카드사에서 어떻게 17%나 할인을 해 줘요. 아, 카드 해지 운동이 삼성에게 타격이 되었구나 하는 생각을 했어요. 그만큼 유인요인이 없으면 소비자가 안 하는 거잖아요. 삼성의 현금을 움직이는 핵심이 보험사와 카드사잖아요.

삼성이 대단한 게 이주노동자들을 상담하다가 알게 된 것인데, 이주노동자들이 한국에 들어올 때 꼭 들어야 하는 보험이 있어요. 그건 다 삼성화재 거예요. 필수적으로, 거의 강제적으로 들어야 하는 거예요. 그 많은 이주노동자들이 다 삼성화재에 가입되어 있어요. 다른 회사는 없어요. 제가 되게 충격을 받았어요. 그게 정부에서 규정하는 거예요. 고용에 관해 노동부에서 나온 매뉴얼이 있는데 저희 같은 상담하는 활동가들이 그 상담 매뉴얼을 펴놓고 상담을 하거든요. 거기에 모든 이주노동자들이 가져오는 통장을 보면 다 삼성화재가 찍혀 있는 거예요. 삼성이 얼마나 정부를 잘 주무르고 있으면 노다지다 싶으니까 길을 뚫어놓은 거죠. 누가 알았겠어요, 이주노동자들이 들어올 때 보험은 필수이고 그 회사가 삼성화재였다는 것을요. 볼 때마다 기가 막히죠.

더군다나 이주노동자들은 신분이 불안정하니까 얼마나 붕 뜨는 돈들이 많겠어요. 특히 이주노동자들이 들어가는 영세사업장들은 퇴직금을 보험으로 대신하는 경우가 많아서 보험을 의무적으로 가입하는 경우가 많거든요. 그걸 삼성화재가 대신하는 거죠. 사업주가 망하더라도 정액을 받을 수 있는 거예요. 다 받을 수 있는 건 아니고 200만 원이면 200만 원, 정해진 금액 일부만. 취지는 나쁘지 않은데 삼성으로 일원화됐다는 게 문제인 거예요. 무서운 거죠.

저는 산재를 많이 접하다보니까 그 실상을 알게 되었는데 산재가 나면 이게 산재라고 승인을 해주는 승인률이 있고, 아니라고 판단하는 불승인률이 있거든요. 근데 요즘 불승인률이 계속 올라가고 있어요. 여러 가지 이유로 보험사가 승인을 잘 안 해주는 거예요. 근로복지공단 흑자가 2조 원이에요. 그러니까 날이 갈수록 사보험 시장이 활개를 치는 거예요. 사회보험이 잘되어 있으면 사람들이 사보험을 굳이 안 들어도 되잖아요. 그 돈이 어마어마하게 사보험 시장으로 흘러갈 수밖에 없으니까 사회보험 확충 운동을 벌여야 되지 않겠나 하는 생각을 해요.

특히 고용구조가 다채로워질수록 산재 적용이 안 되는 사람이 많아지거든요. 산재법(산업재해보상보험법)도 그렇고 산학법(산업교육진흥 및 산학협력촉진에 관한 법률)도 그렇고 제조업 노동자 중심이잖아요. 이 틀에 들어오지 못하는 수많은 노동자들, 특수고용 노동자들이 사회적 보험에 들어오지 못하고 사보험으로 연명하면서 살고 있어요. 이게 삼성 등 사기업의 로비 덕분이 아닐까 하는 거죠. 사회적 보험을 더 확장하게 하지 못하게 하는 말 못할 구조가 분명히 존재한다는 생각이 들더라고요.

기업의 사회적 책임은 곧 정부의 책임

기업의 사회적 책임에 대한 이야기를 많이 하는데 유독 우리나라는 자기 회사에서 일하는 노동자들에 대한 사회적 책임은 이야기하지 않아요. 외국은 그게 굉장히 높거든요. 실제 그 회사에서 일하는 노동자들에게 행복을 줄 수 있는지, 책임은 다하고 있는지 등이 사회적 책임에 대한 기본적인 항목에 들어가 있어요. 근데 우리나라는 살인기업 1위로 뽑힌 현대건설이 사회적 책임을 다하는 기업으로 뽑히는 거예요. 기업의 사회적 책임은 담론으로 형성되는 것이지 누가 선정하고 말고 하는 게 아닌 거죠.

제가 구로에 있다가 시화공단으로 와서 다시 여기 노동건강연대로 왔어요. 사람들이 노조를 만들고 싶다고 상담을 하러 와요. 한번은 최저임금도 못 받고 일을 한 분이 찾아왔어요. 3년을 일했는데 제가 계산을 해보니까 1,500만 원을 덜 받은 거예요. 그분은 회사에서 그동안 다 준 줄 알았나 봐요. 되게 황당해하더라고요. 자신이 다닌 회사가 정말 좋은 회사인 줄 알았는데 제가 임금명세서를 보자고 해서 계산을 해보니까 그렇게 나왔더라고요. 각종 주유수당, 야근비 등을 전혀 못 받은 거예요. 그분이 이야기를 듣고 충격을 받아서 "내가 왜 몰랐나" 하며 막 울기 시작하더라고요. 며칠 지나서 똑같은 처지에 있는 노동자들을 데리고 와서 노조를 만들고 싶다고 그러더라고요. 근데 저희가 주춤했어요. 저희가 도와줘서 노조를 만들었는데 회사가 새벽에 통째로 이전해버린 적도 있어요. 심지어 거기는 사장들끼리 똘똘 뭉쳐 있기 때문에 노동자들이 좀 저항을 하면 직장폐쇄를 하거나 그 지역을 떠나 다른 지역으로 가버려요.

실제로 이분들이 오기 전에 사업장 하나가 노조를 만들자마자 공장을 시화로 옮겨버렸어요. 야간에 아무도 몰래요. 노조를 만든 다음날 회사를 가니 간판은 붙어 있는데 문이 안 열려요. 그렇게 해서 노조가 무산된 적이 있어요. 기업가들이 노동자와의 평등한 관계를 인정하지 않고 시키는 대로 하지 않으면 언제든지 버려버리겠다는 의식이 있는 거예요. 노동자들의 입장에서는 너무 불합리하니까 싸우는데 기업가들의 입장에서는 너희는 협상의 대상이 아니라고 외면해버리는 거예요. 노동자들은 더 나락으로 떨어지고 투쟁을 하면 할수록 무기력감만 생기고, 사용자는 사용자대로 임금에다가 가압류를 때려버리고. 회사에 들어오지 말라고 출입금지 가처분을 내려버리니 견딜 재간이 없는 거죠.

그런데 이분들이 노조를 만들겠다고 하니 가슴이 뜨끔한 거예요. 많이 망설여지는 부분이 있죠. 얼마나 힘들고 고통스러운 길인지 아니까요.

헌법보다 소유권, 경영권을 더 우대하는 사회

기업이 회사의 모든 것이 자신의 것이고 기업이 존재하는 유일한 이유는 수익 창출이라는 생각을 할 수는 있어요. 하지만 이런 생각이 현실에서 가능하도록 지탱해주는 것은 명확하게 사회 제도예요. 뉴코아 이랜드 투쟁을 할 때 '아, 어떻게 그렇게까지 하나' 싶었어요. 임금을 가압류시키고 정말 잔인했어요. 이런 것이 가능할 수 있는 게 보통은 노동3권이 헌법에 보장되었다고 하잖아요. 하지만 현실에서는 헌법보다 소유권이나 경영권이 더 우선시되는 판례가 너무 많아요. 경영권은 헌법에 없지만 노동3권은 헌법에 있잖아요. 노동3권이 노조법을 통해 보호받을 수 있게 해놓았는데 규정을 너무 까다롭게 만들어버린 거예요. 그 규정을 다 지켜야만 정당한 싸움이다, 이렇게 만들어놓은 거예요. 지킬 게 너무 많으니까 아무것도 못 지키게 되는 거예요. 파업을 하라고 하면 조정을 받으라고 하고, 신고하고 허락도 받으라고 해요. 노조가 뭐를 하려고 하면 영업방해로 신고해버려요. 그러면 경찰이 와서 노동자들을 체포해가요. 용역들을 마음대로 고용해서 노동자들에게 폭력을 사용해도 경찰은 와서 지켜만 보죠. 이런 모든 구조가 기업의 경영권만을 보호하게 되어 있는 것 같아요.

기업이 그렇게 기고만장한 이유는 사회 제도가 그렇게 만들어졌기 때문이에요. 재벌에게 혜택을 준다는 사실은 많이 알지만 얼마나 치밀하게 법과 제도가 탄탄하게 박혀 있는가는 많이 알려져 있지 않잖아요. 노조를 만들면 다 파괴해버리잖아요. 그러니까 조직 활동가들에게 노조를 만들라고 말을 못하는 거예요. 이게 얼마나 아이러니예요. 조직을 만들려고 온 사람들에게 정작 노조를 만들자는 말을 못하는 현실이 된 거예요.

간혹 가다가 감동적인 회사들이 있기는 해요. 제가 아는 친구는 시화공단에서 용접을 해요. 보호구를 잘 착용해야 한다고 하더라고요. 왜 그렇게 안전보호구를 착용해야 되는지 물어보니 딱 돌아온 대답이 불시에 노조에서 들이닥쳐서 안전보호구를 착용 안 한 사람은 체크해서 성과에 반영한대요. 야! 그런 데가 다 있구나. 그러는 곳이 없거든요. 너무 잘하는 거예요. 회사에서 노조 활동을 인정해주니까 가능한 일이잖아요.

기업 중에 가장 슬픈 곳 중 하나가 유성기업이에요. 유성기업은 현대자동차 1차 벤더예요. 자동차 부품회사요. 자동차업계에서 야간 노동 중단을 준비하고 있었어요. 협약까지 체결했잖아요. 주야교대를 하지 말고 주중 2교대로 하자. 대우차는 야간근무 작업을 없앴잖아요. 지금 시범운영하고 있는데 유성기업 노동자들은 아직까지 싸우고 있어요. 다른 기업에서 야간노동을 없애기 위해 실험하고 있다는 뉴스가 나오면 구역질이 나올 것 같아요. 이 문제를 이슈로 만들었던 유성기업은 폭력적으로 박살내놓고 그런 이야기를 하더라고요. 현대자동차 같은 대기업 노조에서 그것에 호응해서 한마디만 하면 좋은 영향을 끼칠 텐데. 농심에서 노조가 단체협약을 체결하면 그 밑에 있는 스프공장, 라면봉지공장이 다 영향을 받아서 임금이 올라가고 그러거든요. 심지어 하청인데도 그렇게 해주거든요. 유성기업은 노동자들이 잘 싸우고 못 싸우고를 떠나서 너무나 중요한 문제를 사회적 이슈로 던진 것이잖아요. 혜택을 가장 많이 받은 대기업 노동자들이 그렇게 무심하면 안 되는 거죠. 유성기업을 생각하면 눈물이 나요.

하청 구조가 우리나라에는 유독 많죠. 종류가 아주 다양해서 아주 극단적인 형태도 있어요. 동희오토가 그 대표적인 경우인데 모든 게 하청으로만 이루어진 자동차회사예요. 원청이란 게 없어요. 여기는 책임질 사람이 아무도 없는 거예요. 경영자들에게는 완전히 꿈의 공장이죠. 기아모닝으로 나가는 차인데 기아차는 원청이 아니므로 아무런 책임도 지지 않고 물건만 받아먹는 거죠. 아무런 책임은 지지 않는데 완성된 제품이 자신의 이름으로 팔리고 많은 돈을 벌 수 있으니 꿈의 공장이라고 불리는 것이죠. 동희오토가 꿈의 공장이라 불리니까 그와 유사한 형태의 공장이 우후죽순으로 생겨나는 거예요.

그런 기업들을 컨트롤할 수 있는 곳은 정부밖에 없어요. 어느 노조는 세고 어느 노조는 세지 못한 것도 정부의 제도 때문이기에 기업의 책임만 이야기할 수 없고, 그래서 정부의 대책이 아주 중요합니다. (2012년 5월)

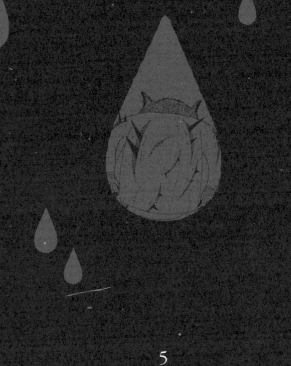

5

치유와 회복의 시간

좋은 기업이 왜 나쁜 기업이 되려고 하는 걸까?

김신태·SJM 생산기술부 노동자

컨택터스라는 일개 민간 기업이 아무런 무장도 하지 않은
노동자들에게 군사작전을 펼치듯 무기를 휘둘러 많이 다쳤다는
소식을 듣고 나는 시민의 한 사람으로서 반월공단으로 향했다.
SJM 회사 담벼락은 군사분계선처럼 새로운 철조망이 쳐져
있었다. 철조망에 박혀 있는 쇠날들이 날카롭게 빛났다.
그 날카로운 철조망을 보면서 이 회사는 남북관계처럼
정말 소통이 전혀 되지 않는 회사구나, 악랄한 기업이구나,
생각했다.
그러나 김신태 씨를 인터뷰하면서 이 생각은 곧 깨졌다. 노조
파괴 전문 컨설팅 회사가 개입하기 전에는 그 어떤 회사보다
좋은 회사였다. 노조에서 해달라고 하면 웬만하면 다 들어주는
편이었다. 다른 회사들이 부러워할 정도로 노사관계가 좋았다.
주간 연속 2교대 등 다른 회사에서 받아들이기 힘든 안도
받아주었다. 야간에 작업을 하지 않는다는 것, 그것은 일하는
사람들의 인간적인 생활을 인정해준다는 의미였다. 이런
회사가 어쩌다가 그렇게 망가졌을까?
"기업들이 서로 좋은 점을 본받아야 하잖아요. 근데 나쁜 것만
본받고 있어요. 다른 회사에서 용역들 갖고 조합을 깬다고
하니까 여기도 그런 짓을 한 거예요. 그게 더 이익이라고
착각을 한 거죠."
김신태 씨의 말대로 기업들은 서로 좋은 점을 배워야 하는데
나쁜 점만을 배우고 있었다. SJM은 한 개의 선한 기업이

중요한 것이 아니라 기업들이 성숙해질 수 있는 사회적인
여건이 중요하다는 것을 보여주고 있었다. 무엇보다
컨택터스라는 일개 민간 기업이 특수 군사무기까지 동원하여
아무 거리낌 없이 노동자들의 삶을 파괴하고 현장의
민주주의를 파괴한다는 것은 우리의 일터가 얼마나 심각한
위험에 놓여 있는지 보여주는 증거다. 많은 사람들에게
폭력을 휘두르는 게 당연한 돈벌이가 되어버린 것이다. 결국
용역컨설팅 회사에서 파견되어 노조를 파괴하려 했던 민흥기
이사는 구속되고 컨택터스 직원 5명도 구속되었다.
김용호 회장은 노동자들에게 폭력을 휘둘러 몸과 마음에
깊은 상처를 입힌 것을 공개적으로 사과했고 직장폐쇄로
쫓겨난 노동자들을 전부 받아들였다. 59일 만의 일이었다. 그
59일은 길면서도 아주 짧은 시간이었다. SJM 노동자들에게는
긴 시간이었겠지만 아직도 회사에서 쫓겨나 길거리에서
1,000일, 2,000일이 넘도록 싸우고 있는 노동자들에게는
너무나 짧은 시간이었다.
SJM 노동자들도 자신들은 행운아였다고 말했다. 하지만
그들도 마음에 깊은 상처를 받았을 것이다. 그걸 아는지
그들도 '2주간의 평화의 기간'을 선언했다. 그 상처를
치유하는 데는 많은 시간이 필요할 것이다. 그 상처들이 잘
아물기를 바란다. 이것은 회사가 그들에게 또 다른 아픔을
주지 않기를 바란다는 의미이기도 하다.

제가 SJM 회사에서 15년 8개월을 일했어요. 1997년도에 입사했어요. 그 전에는 지금은 없어진 범한통상이라는 볼링장 기계 만드는 회사와 큰 탱크 만드는 회사를 다녔어요. 저는 주로 가공하는 일을 했어요. 선반, 밀링 일이요. 지금도 그것을 하고 있어요. 우리 회사는 벨로우즈를 만들어요. 왜 자동차에 보면 엔진 밑에 떨림을 방지해주고 소음을 줄여주는 부품 있잖아요? 그것을 벨로우즈라고 해요. 저는 그것을 기억하기 쉽게 주름관이라고도 불러요. 쭈글쭈글 주름이 진 진공관으로 되어 있거든요. 우리 회사는 중국이나 남아공 같은 해외에도 공장이 있지만 시화와 반월공단에도 공장이 있어요. 저희가 일하고 있는 반월공장은 제1공장이라고 하고 시화에 있는 공장은 제3공장이라고 해요. 1공장은 자동차 전문 벨로우즈를 만들고 제3공장은 큰 배, LNG 선박에 들어가는 벨로우즈를 만들어요. 그것은 크기가 엄청 크죠. 저는 가공 전문 파트에서 일해요. 저희는 벨로우즈 만드는 기계를 다른 곳에서 사오는 게 아니라 자체에서 만드는데, 저는 그 기계를 만드는 일을 해요. 우리가 기계를 만들어서 주면 그 기계로 벨로우즈를 뽑는 거죠. 그 안에서 모든 것이 해결되는 완결 구조를 가지고 있어요.

모두가 부러워할 만큼 좋았던 노사관계

저희 반이 생산기술부인데 처음 들어갔을 때부터 일하는 조건이 굉장히 좋았어요. 신입사원들을 정말 반갑고 따뜻하게 맞이해줬어요. 들어와서 사람들과 굉장히 친하게 지냈어요. 회사 분위도 좋았어요. 일하는 것도 좋았고요. 컨베이어 시스템이 아니었기 때문에 자기가 하고 싶은 대로 할 수 있는 조건이 되었거든요. 여기 다니는 분이 이 회사를 소개해줬을 때는 좀 시큰둥했어요. 제가 그동안 다른 회사에 다닐 때 많이 힘들었거든요. 어떤 회사나 조건은 마찬가지지 나은 게 뭐 있겠나 싶었어요. 좀 쉬다가 천천히 들어가고 싶어서 두 달간 놀았어요. 들어와보니 복지라든지, 임금이라든지 모든 것이 잘되어 있는 회사여서 좀 놀랐어요. 회사 동료들 이야기를 들어보니 입사하기가 굉장히 어려운 회사더라고요. 저를 소개시켜준 사람이 "이 좋은 회사에 왜 안 들어오려고 버텼냐?" 그러면서 놀리더라고요. 나중에 알고 봤더니 1987년부터 민주노조가 생겨 활동이 탄탄한 곳이었어요.

SJM 소유주인 김용호 회장도 일하는 사람들을 굉장히 가족같이 대해줬다고 하더라고요. 지금은 아마 일흔 살이 넘었을 거예요. 저도 몇 번 뵈었는데 인상이 좋은 분이었어요. 노조에서 해달라고 하면 웬만하면 다 들어주는 편이었어요. 다른 회사들이 부러워할 정도로 노사관계가 좋은 회사였어요. 식당에서 일하는 아주머니들도 김용호 회장이 내려와서 식사를 하면 친아버지처럼 모셨다고 하더라고요. 일하는 사람들에게 편하게 대해주었어요.

회사가 얼마나 조합원들의 뜻을 존중해줬냐 하면 다른 회사는 거절했던 '주간 연속 2교대'도 받아주었어요. 현대자동차 부품업체인 유성기업에서는 주간 연속 2교대를 요구했다가 직장폐쇄까지 당했잖아요. 예전에는 주야 2교대로 주간 조는 아침 8시 반에 시작해서 5시 반에 끝났고, 야간 조는 9시에 시작해서 다음날 새벽 6시에 일이 끝났거든요. 밤에 일하니 건강도 많이 상하고 집안일도 잘 돌볼 수 없어서 조합원들이 힘들어했어요. 저는 주간 조에서 계속 일을 해서 그런 것을 잘 몰랐는데 야간 조에서 일하는 동료들의 이야기를 들어보니 많이 힘든 일이었어요. 밤에 제대로 잠을 못 자면 사람 수명도 반으로 줄어든다고 하더라고요. 그런 주야 2교대가 2011년 11월경인가부터 주간 연속 2교대로 바뀐 거예요. 주간 1조가 오전 7시 반에 시작해서 오후 3시 20분에 끝났고 주간 2조는 오후 3시 반에 시작해 밤 11시 50분에 끝났어요. 그러면서도 임금 조건은 예전과 똑같았어요. 모두 정말 좋아했죠.

주간 연속 2교대뿐만 아니라 다른 여건들도 많이 좋았어요. 저희 회사는 동아리가 많이 발전되어 있어요. 축구, 족구, 마라톤 등 9

개나 지원을 받을 수 있어요. 더 좋은 것은 토요일, 일요일 회사 오지 않는 날에 축구 동아리 회원들끼리 공을 차다가 다치잖아요. 그러면 다 보상 처리를 해줬어요. 출퇴근할 때도 혹시 사고가 나면 그것도 공상 처리를 다 해줘서 보상을 받았어요. 출퇴근 시간도 일하는 시간의 연장으로 본 거예요. 다른 회사에 다니는 사람들 이야기를 들어보면 출퇴근 시간에 사고가 나면 회사에서 "네가 알아서 해라" 그런다고 하더라고요. 대학에 다니는 자녀가 있으면 학자금도 대주었어요. 입학금은 전액이고 학기는 50%씩 대주었어요. 상여금도 750%이고 연말이면 성과급이 따로 나왔어요. 회사에서 저희가 열심히 일한 만큼 성과를 함께 나눈 거죠. 이런 좋은 조건에서 일하고 있어서 그런지 저희 회사의 벨로우즈로는 한국뿐만 아니라 세계에서도 2, 3위 하고 있어요.

사사건건 노조에 시비를 걸기 시작하다

3년 전 민흥기라는 노무관리 담당이 회사에 들어오면서부터 좋았던 노사관계가 안 좋아지기 시작했어요. 그 사람이 노조 파괴 전문 컨설팅 회사에서 일했던 사람인데 노조를 무력화시키려고 마음먹고 들어왔어요. 저는 회장의 허락 하에 들어왔다고 생각해요. 노조 파괴 전문 컨설팅 회사에서 제안을 했겠죠. 어느 정도 비용만 지불하면 노조를 없앨 수 있고 비용도 절감할 수 있다고요. 회장이 그 말을 듣고 받아들였겠죠. 저는 회장이 실수한 거라고 생각해요. 어떻게 보면 기업이 노조를 깨려는 모습은 우리 회사만이 아니라 전국적인 현상이라고 생각해요. 자본가들이 노조의 힘이 강화되니까 그것을 무력화시키려고 전국적으로 시도를 한 거죠. 개별적인 기업이 원하지 않는다 하더라도 전반적인 힘의 관계에서 받아들인 것이라고 봐야죠. 만도, KC, 유성 같은 회사들도 다 우리 회사와 같은 일을 당했어요.

민흥기가 들어오면서부터 조합원들과 사사건건, 일상적으로 부딪치기 시작했어요. 2011년 여름에 어떤 한 조합원이 지나가다가 우연히 중국 제품을 발견했어요. 법으로 중국에서 만든 제품은 한국에 들어오지 못하게 되어 있거든요. 한국에서 만든 제품만 국내에 납품하게 되어 있어요. 현대나 기아자동차에요. 그런데 중국에서 만든 제품이 저희 회사에 들어와 있었던 거죠. 제품을 생산하면 숫자가 붙는데 그 숫자마크가 조금 바뀌어 있었어요. 저희는 항상 제품을 보기 때문에 중국 제품인지, 한국 제품인지 다 구분을 해낼 수 있죠. 유심히 보니까 한 제품만 그런 게 아니었어요. 그 수가 많았어요. 회사에 어떻게 된 건지 항의를 했어요. 불법인데 왜 중국에서 제품을 들여오느냐?

사장이 강춘기라는 사람인데 일종의 바지사장이에요. 그 사람이 딱 한 번 사과하고 말더라고요. 실질적인 힘은 회장 겸 대표이사로 있는 김용호와 그의 아들인 김휘중인 거죠. 저희는 그런 형식적인 사과를 원한 게 아니었거든요. 실질적인 힘을 가지고 있는 사람들이 내려와 공식적으로 잘못했다고 사과하고 앞으로는 절대 바이백(역수입)을 하지 않겠다는 약속을 받아내는 게 중요했어요. 하지만 아무런 반응이 없었죠. 저희는 제품이 해외에서 들어오든 국내에서 나가든 그 경로를 알고 싶었어요. 그래서 회사에 서류를 요청했죠. 단체협상에서 합의한 사항에는 저희가 회사에 대해 뭔가를 알고 싶어 문서를 요구할 때는 언제나 보여주게 돼 있어요. 회사가 거부를 하더라고요. 조합원들이 피켓에 '문서 열람하라'는 문구를 적어가지고 2인 1조로 2시간씩 돌아가면서 하루 종일 민홍기 사무실 앞에서 시위를 했어요. 그 사람이 말을 엄청 잘하거든요. 둘러대기를 잘해요. 피켓에 써서 우리 뜻만 명확하게 전달한 거죠. 그 당시 그 사람이 경영지원팀장이었는데 피켓을 들고 시위를 하니까 스트레스를 좀 받았다고 하더라고요. 아침 7시부터 5시 반까지 계속 올라갔어요. 하루도 안 빠지고요. 그래도 문서를 주지 않았어요.

그 바이백 문제뿐만이 아니라 일상적인 문제를 많이 건드렸어요. 저희 회사는 식당 아주머니들도 조합원이거든요. 저희랑 똑같은 조합원이에요. 지금까지 같은 대우를 받으면서 일했어요. 전부 다 정규직이에요. 다른 곳은 비정규직이 많잖아요. 저희 회사는 비정규직이 없어요. 경비들만 빼고요. 경비들도 옛날에는 정규직이었는데 인력회사가 들어와서 일하고 있어요. 근데 민홍기가 그 식당 아주머니들을 건드리더라고요. 조합을 흔들어보려고요. 식당 아주머니들을 건드리면 노조가 어떤 행동을 하는지 보려고 했던 것 같아요. 여기 1공장에 있는 아주머니들 5명을 시화에 있는 3공장으로 보내고 3공장에 있는 아주머니들은 여기로 오게 했어요. 일을 굉장히 번거롭게 한 거예요.

아주머니들은 여기서 거의 다 20년이 넘게 일하신 분들이거든요.

식당 아주머니들도 조합원이니까 3공장으로 보낼 때는 노조와 합의를 해야 하는데 자기들 마음대로 한 거죠. 합당한 이유도 없이 그렇게 했어요. 3공장 같은 경우는 식당을 외주화시켜서 인력회사에서 식당 아주머니들을 들어오게 한 거예요. 이런 사소한 것들을 건드려서 조합원들을 많이 힘들게 했어요. 출퇴근 시간 체크하는 것도 자동화를 해서 카드로 검사하는 체크기를 설치했어요. 그것까지는 뭐라고 하지 않는데 그 체크기 옆에 지문인식기까지 만들어놓았어요. 처음에는 지문인식하라고 강요를 하더라고요. 조합원들이 대부분 그런 일을 엄청 싫어하죠. 체크카드로 하면 되지 지문인식까지 하라니 다들 황당해하는 거죠. 조합원들이 지문인식은 거의 하지 않았어요. 그런 게 낭비인 거죠. 출근체크기 보면 카메라가 달려 있어요. 출퇴근하는 것을 다 촬영하는 거예요. 조합원들이 다들 굉장히 부자연스러워했어요. 자유롭게 출퇴근해야 하는데 카메라 달아놓고 그러니까 부담스러운 거죠.

그뿐만 아니라 주간 연속 2교대로 바뀌기 전에 저희가 5시 반이 퇴근시간이면 항상 5시 10분쯤에 일을 마무리하거나 청소를 하고 그랬거든요. 근데 그 사람이 왜 5시 10분에 일 끝내고 청소하느냐? 5시 반까지 일하고 청소하라고 그러는 거예요. 저희는 30년 가까이 그런 식으로 일을 해왔는데 그것을 부정하니까 짜증이 나는 거예요. 청소하는 시간도 당연히 일하는 시간에 포함되는 거잖아요. 사소한 문제로 일하는 사람들의 감정을 상하게 하면 그게 회사에 도움이 되는 것도 아니잖아요. 또 저희가 휴식시간이 10분 있거든요. 거기에서 조금만 더 쉬면 왜 늦게 일을 시작하느냐고 사사건건 시비를 거

는 거예요. 이제까지 저희가 잘 알아서 일해왔고 능률을 올려 회사
도 발전을 했잖아요. 근데 그 짧은 휴식시간마저 감시하려 드는 거
예요. 숨이 막히잖아요. 정말 화가 많이 났어요. 노조는 자그마한 문
제니까 크게 대응을 안 하고 넘어갔어요. 현장에서 일하는 사람들은
그런 게 일상이기 때문에 크게 느끼는 거잖아요. 그래서 조합도 욕
을 좀 얻어먹었어요. 조합이 큰 문제라고 보지 않고 대응을 제대로
안 한 거죠.

제가 원래는 노조에 관심이 없었어요. 그런데 어쩌다 대의원을 맡
게 되었는데 활동을 하다보니 회사에 대해서 많이 알게 되었어요.
이래서는 안 되겠다 싶은 게 많더라고요. 그때가 2009년 민홍기가
들어온 시점이었어요. 그때부터 조직부장을 맡아 본격적으로 노조
활동을 시작했어요. 마음을 다잡고 간부 생활을 열심히 했어요. 간
부 임기가 2년이거든요. 2011년에 끝났어야 하는데 같이한 동료에
게 코가 꿰어가지고 또 하게 됐어요.(웃음) 회사가 점점 더 안 좋아지
니까 마음을 강하게 먹고 긴장하면서 간부 생활을 했어요.

회사에서 사소한 문제들을 많이 건드리고 그게 누적이 돼서 관계
가 많이 안 좋아졌어요. 2012년에 단협(단체협상)을 했는데 12차례나
만났어요. 회사 측에서는 사장이 안 나오고 민홍기가 계속 나왔어
요. 아무런 진전이 없었어요. 근데 그 사람이 회사 내에서 조합원들
의 권리를 포기하는 내용을 31가지나 들고 나온 거예요. 동아리 지
원비가 8,000원이 있는데 그것을 폐지하자고 하는 거예요. 그런 작
은 것들이요. 우리가 요구하는 것보다 훨씬 많은 것을 요구하는 거
예요. 어처구니가 없는 거죠. 이건 같이 살자는 게 아니잖아요. 이런

상태가 계속되다가 그날 새벽에 폭력사태가 일어난 거예요.

아, 진짜로 용역들이 들어오는구나!

2012년 7월 27일 밤늦게 조합원들이 일을 하고 있었어요. 서울 상
암경기장에 용역깡패 1,500명가량이 모이고 있다는 정보가 들어
왔어요. 저희 상집간부 18명이 긴급하게 모여 회의를 했어요. 솔직
히 우리 회사에는 안 올 줄 알았어요. 만도도 싸움을 하고 있었고 다
른 회사들도 일들이 많았기 때문에 거기로 갈 줄 알았거든요. 그래
도 혹시 모르니까 모여서 대책회의를 하고 있었던 거죠. 대비는 하
고 있어야겠다는 생각을 한 거죠. 중국 제품 반입 문제로 저희가 문
서 열람을 요청했다고 했잖아요. 그걸 안 해주고 31가지나 되는 후
퇴 안을 내걸면서 단협도 안 해주니까 조합원들이 돌아가면서 부분
파업을 하고 있었어요. 지회장은 용역이 들어오면 다칠 게 뻔하니까
쉽게 결정을 못 내리더라고요. 그래도 회사는 지켜야 하잖아요. 회
사에 아무도 없어 용역들이 점령해버리면 저희들은 출근도 못하고
일도 할 수 없게 되는 거잖아요. 밤 11시 50분에 일이 끝나는 조합
원들에게 용역들이 온다는 정보를 알려줬어요. 그랬더니 조합원들
이 회사를 지켜야 한다면서 퇴근을 하지 않았어요. 저는 선봉대장을
맡았어요. 선봉대가 57명이에요. 어떤 일이 생기면 조합원들을 보호
할 수 있어야 하고 솔선수범해서 조합원들의 어려운 일을 돕는 게
선봉대가 하는 일이었어요. 선봉대 전원에게 문자를 보냈어요. 회사

대한민국 나쁜 기업 보고서

로 들어오라고요. 그랬더니 모두 긴장하며 들어왔어요. 용역들이 올지, 안 올지 모르니까 조합원들은 휴게실에서 쉬고 선봉대원들은 반반씩 나눠서 정문과 후문을 지키고 있었어요. 그리고 혹시 모르니까 차량을 가지고 가서 고속도로 입구를 순찰하라고 했어요. 새벽에 버스가 움직이면 바로 연락을 하라고요.

서울에서 다른 사업장 금속노조 동료들이 상암경기장에 모인 버스 번호를 알려줬어요. 순찰 나간 동료들에게 버스가 오면 그 번호를 확인해보라고 했죠. 그 시간에 버스가 움직이면 우리 회사로 오는 것이 거의 확실했거든요. 새벽 3시 반이 넘으니까 상암경기장을 출발한 버스 6대가 안산으로 오고 있다는 연락이 왔어요. 그 버스들이 안산 화랑유원지에 모였어요. 경기도 미술관 주차장에요. 잠시후 순찰 나간 동료들이 버스가 우리 회사로 출발했다고 연락을 해왔어요. 아, 진짜로 오는구나! 저는 용역이 올 거라고 생각만 하고 있었지, 직접 오니까 두렵기도 하고 어떻게 해야 할지를 모르겠더라고요. 아, 이런 일이 우리한테도 일어나는구나! 용역들이 무자비한 사람들이잖아요? 그때부터 조합원들의 눈빛이 빛나기 시작하는 거예요. 김용호 회장한테 분노를 느끼기 시작한 거죠. 야, 정말 믿었던 사람인데 우리를 죽이려고 용역까지 불러서 정말로 쳐들어오는구나. 조합원들이 배신감을 강하게 느꼈어요.

용역들이 쳐들어와도 저희들은 무기가 하나도 없잖아요. 사실 지회장님이 저희들에게 무기를 준비하지 말라고 그러더라고요. "무기를 절대 준비하지 말고 몸으로 대처해주세요" 하고 부탁을 하더라고요. 지회장님은 우리가 무기를 안 들면 용역들도 무기를 휘두르지 않을 줄 알았나 봐요. 나중에 조합원들이 많이 다쳤을 때 지회장님이 많이 괴로워했어요. 저도 마찬가지였죠. 선봉대가 조합원들을 보호해야 하는데 못했으니까요. 맨몸으로 사수하다보니까 많이 다친 거죠. 만약 우리까지 무기를 들었으면 굉장히 큰 사고가 났을 것 같기도 해요. 지회장님이 판단은 잘한 것 같아요.

용역들이 쇠파이프를 들고 순식간에 정문과 후문을 치고 들어왔어요. 저희는 그들이 앞을 못 보게 소화기만 뿌리는 것 외에 할 수 있는 일이 없었죠. 정문이 금방 뚫려버렸어요. 용역들이 '우와!' 하면서 밀고 들어왔어요. 저희들은 계속 밀려서 2층으로 올라갔어요.

사무실에서 캐비닛을 갖다가 계단에 쌓아놨어요. 못 올라오게요. 현장 안에는 날카로운 물건(부품)들이 정말 많거든요. 다 무기가 되는 거예요. 쇳덩어리 같은 거요. 그것을 담아놓은 상자를 뒤집어엎더라고요. 벨로우즈는 끝이 굉장히 날카로워요. 칼날로 잘라놨기 때문에 스치기만 해도 피부가 찢어져요. 우리가 2층으로 쫓겨 갔는데도 용역들이 그것을 무자비하게 던지는 거예요. 맞으면 사람이 죽을 수도 있는데 전혀 개의치 않고 막 던지더라고요. 벨로우즈가 주름이 있어서 스프링 역할을 해요. 천정에 맞고 튕겨서 우리들 머리 위로 날아오는 거예요. 맞으면 몸이 찢어지는 거예요. 눈 다치고, 뺨 찢어지고, 살이 파였어요. 많은 사람들이 다쳤어요.

그렇게 막 던지다가 막아놓았던 계단도 뚫고 잡으러 오더라고요. 조합원들이 밀려 죽을 것 같으니까 2층에서 뛰어내린 사람들도 있었어요. 다리가 부러져서 지금도 치료받고 있어요. 중간 계단에서 대치하다가 맨 마지막으로 쫓겨날 때 용역들이 때리더라도 그냥 계단으로 내려왔으면 되었는데. 아주머니 몇 분이 계셨는데 그분들 보호하려고 급하게 사무실로 들어간 조합원들도 있었어요. 그 사무실 안에서 굉장히 많이 맞았어요. 아무도 보는 사람들이 없으니까 무자비하게 두들겨 팬 거예요. 우리는 밀려서 회사 밖으로 쫓겨난 상태에서 조합원들이 사무실에 있는 걸 알고 내려 보내라고 막 소리쳤어요. 할 수 없이 용역들이 내려 보내면서도 맞아서 잘 걷지도 못한 분들을 다시 막 두들겨 팼어요.

좋았던 회사가 왜 이렇게 되었을까

6시가 돼서 모든 상황이 종료되었어요. 저희들은 회사에서 다 쫓겨났어요. 나와서 부상자를 확인해보니까 34명이나 다친 거예요. 머리 깨지고, 팔 부러지고, 이 깨지고, 눈 다치고……. 차마 눈뜨고 볼 수가 없었어요. 정문에 사진 걸어놓았는데 보셨을 거예요. 정말 끔찍했어요. 저희 조합원들이 평균 근속연수가 19년이 돼요. 20년이란 시간 동안 생활을 함께해왔다면 가족이나 마찬가지예요. 그런 사람들에게 폭력을 휘두른 거예요. 식당에서 일하는 아주머니들도 새벽에 연락을 받고 다 나와 계시더라고요. 그분들도 대부분 20년이 넘었고 2~3년 있으면 정년퇴직하실 분들이에요. 그분들이 막 눈물을 흘리시더라고요. 김용호 회장을 아버님처럼 대했는데 하루아침에 돌변해가지고 우리를 죽이려 했다는 게 믿어지지 않는다면서 서러워하셨어요. 조합원들이 항상 12시에 식사를 하는데 김용호 회장은 20분 전에 먼저 내려와 식당에서 식사를 했대요. 그 식사를 20여 년 넘게 아주머니들이 챙겨준 거예요. 아주머니께서 우시면서 그 말씀을 하시는데 마음이 찡했어요. 회사에 대한 배신감보다는 서로 따뜻하게 신뢰를 보냈던 마음이 깨지는 게 정말 슬픈 거죠.

기업들이 서로 좋은 것을 본받아야 하잖아요. 근데 나쁜 것만 본받고 있어요. 다른 회사에서 용역을 써서 조합을 깬다고 하니까 여기에서도 그런 짓을 한 거예요. 우리를 깼던 용역회사가 컨택터스인데 나중에 알고 보니 그 회사가 독일산 살수차나 무인헬기 같은 군사 장비를 갖추고 있는 회사라 하더라고요. 그런 장비로 조합원들에게 폭력을 휘둘러온 거예요. 민간 군사기업이라고 할 수 있는 거죠. 저희 같은 회사 조합을 깨면서 엄청나게 돈도 많이 벌었다고 하더라고요. 그런 군사기업을 동원해서 폭력을 휘둘렀다는 게 저희로서는 정말 충격이었어요.

게다가 몇 년 전부터 회사에서 SJM홀딩스를 따로 만들어 회사 영업이익을 빼돌리기 시작했어요. 우리 회사가 SJM 본사거든요. 근데 SJM홀딩스를 만들어 그 회사가 모회사가 되고 우리 회사를 자회사로 만들어버렸어요. 홀딩스 직원이 다 합해서 3명밖에 안 된다고 하더라고요. 중국이나 남아공, 한국에서 버는 돈을 모두 그 홀딩스에서 관리를 하는 거예요. 우리 회사가 2011년에 영업이익을 129억 원 냈거든요. 근데 29억 원만 벌었다고 하더라고요. 나머지 이익은 다 빠져나간 거예요. 원래 영업이익이 35억 원이면 우리에게 보너스를 100% 주거든요. 35억 원 이상이면 더 많이 주고요. 2011년에 29억 원 벌었는데 100% 주면서, 자신들이 100% 안 줘야 되는 것을 준 거라면서 생색을 내더라고요. 저희들은 어이가 없었죠. 조합원들이 힘들게 일해서 번 이익을 혼자 독식하면 안 되는 거죠. 세금 많이 내서 국민들에게도 돌려주고 조합원들에게도 돌려줘야 하는 거죠. 나름 좋고 괜찮았던 회사가 이렇게 변해버린 거죠.

그래도 SJM 조합원들은 행운아들이에요

회사가 저희들 226명을 쫓아내고 직장폐쇄를 해버렸어요. 저희들이 아침마다 출근하듯이 회사 정문으로 갔어요. 지금이 44일째인데 조합원들이 흐트러짐이 없어요. 그만큼 한마음이라는 거죠. 이 회사가 회장의 회사이기도 하지만 우리 회사이기도 하잖아요. 어떻게 하루 아침에 저희들을 쫓아낼 수 있나요? 저희들은 받아들이기 힘들었어요. 아침마다 정문 앞으로 가서 다시 공장 문을 열고 복직시켜줄 것을 요구했어요. 저희들은 밖에서 피터지게 외치는데 회사는 직장폐쇄한 지 이틀 만에 해외에 있는 사람들을 불러다가 일을 시키고 있더라고요. 사무실 직원들을 현장으로 내려 보내서 일하게 하고, 사장까지 내려와 일을 했다고 하더라고요. 우리가 했던 일들을 대신하는 거죠.

직장폐쇄가 되면 대체 인력을 못 쓰게 되어 있어요. 회사 안에 있는 사람들은 괜찮은데 용역이나 외부 인력은 고용을 못하게 되어 있어요. 저희가 노동부에 가서 왜 해외 인력들에게 일을 시키느냐고 따졌어요. 10일 정도 있다가 나가더라고요. 지금은 순수한 SJM 사원들만 남아 있는 거죠. 기계가 자동으로 되어 있기 때문에 핵심적인 일만 해결해주면 일이 되는 시스템이에요. 이러려고 그랬나, 몇 년 전부터 부품은 부품대로, 벨로우즈는 벨로우즈대로 자동화를 해서 일이 간단해졌어요. 단순작업이어서 누구나 할 수 있게 만들어놓은 거죠. 공장을 돌아다니면서 노하우를 가진 사람들이 세팅만 해주면 나머지는 간단한 작업이니까 다른 사람들이 해도 되는 일이었어요.

회사에서 저희들을 내쫓고 자신들의 노조를 하나 세웠어요. 복귀자가 열아홉 명인가 돼요. 우리랑 함께 일했던 사람들인데 회사 측 노조에 들어갔어요. 회사는 굉장히 편리하죠. 자기들이 하라는 대로 하니까. 그 사람들이 남아 있는 조합원들에게 회사에 들어와서 일하라고 자꾸 문자를 보냈어요. 가족들에게 전화해서 남편을 설득하라고도 하고요. 집으로 통신문도 보냈어요. 사람들이 통신문을 뜯어보지도 않고 다시 회사로 돌려보냈어요. 심지어 회사 측 노조위원장이 술 먹고 밤늦게 전화해서 회사 나오라고 한 거예요. 짜증내면서 끊었는데 또 전화를 했다고 하더라고요. 정말 황당한 거죠. 조합원들이 대처를 잘하고 있어요.

어제 오래간 만에 생산기술부 동료들과 저희 집 옥상에 올라가 고기를 구워먹었어요. 많은 이야기를 나눴어요. 우리가 회사에 들어가게 될지, 안 될지 모르지만 끝까지 함께하자고 했어요. 한 친구가 그러더라고요. 우리는 혼자가 아니다. 이미 가족이 나를 바라보고 있고 동료들이 나를 바라보고 있다고요. 그러니 가족을 위해서도, 동료를 지키기 위해서라도 싸울 수밖에 없다고요. 저도 마찬가지이고 우리나라에 사는 가장들은 다 그런 마음을 가질 거예요. 우리들의 힘은 거기서 나오는 것 같아요.

다음 주 수요일 직장폐쇄 된 이후 처음으로 회사 측과 만나기로 했어요. 지금 사장은 바지사장이기 때문에 김용호 회장과 직접 만나야 일이 풀릴 것 같아요. 226명이 정말 열심히 싸우고 있는데 저희들의 마음은 하나같이 똑같아요. 직장폐쇄를 철회하고 저희들의 생활터전인 회사로 돌아가는 것이요. 많은 사람들이 연대도 해주고 물품도 지원해주고 있어요. 참 고마운 일이에요. 그분들 때문에 힘이 나요.

사실 저희 SJM 조합원들은 행운아들이에요. 언론에서도 우리 문제를 1면 기사로 크게 다뤄줬잖아요. 그러니까 이렇게 버틸 수 있는 것 같아요. 시그네틱스나 유성 등 다른 회사 동료들은 아예 싸우고 있는지조차 모르게 외로운 싸움을 하고 있잖아요.

오늘 처음으로 저희들이 월급을 받아요. 조합원들에게 갹출을 했어요. 2주 만에 2억이 모아졌어요. 저희들도 이렇게 많은 돈이 모아질지는 생각 못했어요. 마음이 찡했어요. 1인당 100만 원씩 월급을 받아요. 하지만 마냥 기쁘지만은 않아요. 회사에서 월급을 받아야 하는데 조합원들에게 받으니까 마음이 좀 짠하죠.

6

회사의 의미

회사는 정말 저의 전부인 것 같아요

김준서·반월공단 여성노동자

2012년 4월 25일 늦은 밤, 안산에서 김준서(26세) 씨를 만난 날은 비가 많이 왔다. 밤늦게 일을 마치고 들어서는 준서 씨 어깨 위로 잔뜩 물기를 머금은 어둠이 함께 몰려왔다. 나이에 비해 성숙한 얼굴이었고 조심스러운 듯 말을 더디게 했다. 말이 별로 없는 친구구나 하고 생각하고 있었는데 시간이 흐를수록 자신의 생각을 분명히 드러냈다. 준서 씨는 자신이 겪은 일상을 그냥 흘려 보내지 않고 붙잡아서 물음을 던지는 사람이었다. 그녀에게서 느껴지는 힘이 언어 속에서 살아 움직였다. 그 빛나는 힘이 대화를 조금은 경쾌하게 이끌었다.

준서 씨는 회사 생활을 많이 해본 적이 없는 젊은 친구였다. 4대보험, 상여금이란 말도 회사에 들어가서 처음 들었다. 그동안 편의점 점원, 전단지 붙이기, 타이핑 치기 등 아르바이트 생활만 하다가 기업에 들어갔기 때문이다. 정기적으로 들어오는 월급 덕분에 뭔가를 할 수 있는 꿈을 꿀 수 있게 되었다며 즐거워하기도 했다. 하지만 곧 눈을 감으면 커피믹스가 비처럼 내리는 극심한 노동에 비명을 지르며 도망치기도 했고, 라인이 통째로 없어져 해고를 당하기도 하면서 '기업의 바닥'을 경험했다. 준서 씨의 이야기를 듣다보니 어느새 그녀의 목소리가 인생을 오래 산 50대 아주머니의 목소리와 겹쳐졌다. 매일 아침 일찍부터 밤 8~9시까지 회사에서 일하는 준서 씨는 회사에서 보내는 시간이 자신에게 빛나는 시간이 되기를 바랐다. 욕 얻어먹고 모욕당하는 시간이 아니라 자신의 청춘만큼 빛나는 행복한 시간이 되기를 바라는 것이다.

"내가 인정받을 수 있는 곳이 회사밖에 없잖아요. 아침에 눈뜨자마자 가는 곳이 회사이고 회사 끝나고 집에 와서 집안일 좀 하다보면 하루가 다 끝나는 거잖아요. 회사는 진짜 저의 전부인 것 같아요. 인정받고 존중받아야 살맛이 나니까요. 야단이나 맞고 있고 박스로 머리나 맞고 있으면 우울하잖아요." 밤 12시가 가까워지는 시간, 인터뷰를 마치고 준서 씨랑 함께 걸었다. 회사가 전부라는 그녀의 말이 계속 마음에 남아 윙윙거렸다. 준서 씨같이 평범한 직장인들이 일상에서 행복해지는 것은 정말 요원한 일일까?

반월공단에는 2011년 1월부터 일했어요. 제가 온갖 아르바이트를 하다가 반월공단으로 온 거예요. 고등학교를 졸업했는데 할 수 있는 일이 없었어요. 편의점에서 알바도 하고 전단지도 붙이고 타이핑 알바도 하면서 지냈어요. 갈빗집에서 설거지도 하고 레스토랑에서 서빙도 했어요. 그렇게 일하면서도 앞으로 무얼 하면서 살아갈까, 상당히 고민을 많이 하면서 지냈어요. 제가 레스토랑에서 일했을 때는 정말 힘들었어요. 거기 다니는 친구들은 조금 다니다가 그만둘 거라는 말을 입에 달고 살았어요. 너무 일을 많이 하다보니까 직원들과 정들 틈이 없는 거예요. 함께 놀거나 깊은 이야기를 해본 적도 없어서 더 다니기가 힘들더라고요. 그래서 레스토랑을 그만두었어요. 일하다가 시간이 나면 친구가 하는 봉사활동 동우회가 있는데 거기 가입해서 봉사활동을 하곤 했어요. 수녀원에서도 봉사활동을 했어요.

할아버지, 할머니 기저귀 빨아주는 일. 빨래봉사예요. 거기는 세탁기가 있기는 한데 워낙 빨래가 많아서 그런지 손빨래를 하더라고요. 큰 빨래터가 있는데, 세 차례에 걸쳐 헹굼하면 빨래가 끝이 나요. 한 달에 한 번씩 그렇게 봉사활동을 했어요. 제가 사회복지사를 해보고 싶었거든요. 아이들과 함께 있는 거요. 왠지 그런 게 끌렸어요. 지금은 아무것도 못하고 일만 하고 있지만요. 그렇게 봉사활동하면서 한 언니를 만났어요. 마음이 비슷해서 친해진 것 같아요. 그 언니가 안산에 살았어요. 반월공단에 다니고 있었거든요. 어느 날 저에게 그러더라고요. 일할 것 없으면 와서 함께 일해보지 않겠느냐고. 집을 구할 필요도 없고 그냥 언니랑 함께 있으면 되는 거니까 안산으로 온 거예요. 생각보다는 괜찮았어요.

아, 나도 이제 인생 계획을 세울 수 있구나

처음에 들어간 회사는 캐논이었어요. 캐논 하면 사람들이 카메라 만드는 회사로 알잖아요. 제가 다닌 곳은 카메라가 아니라 복합기를 만드는 곳이었어요. 프린터기요. 캐논 정식 직원은 아니었고 협력업체를 통해 들어갔어요. 거기서 한 10개월 정도 일했어요. 캐논에서 일하면서 처음으로 통근버스라는 걸 타봤어요. 저희 복합기 회사까지 포함해서 캐논 직원이 한 500명쯤 되니까 통근버스만 8~9대가 있었어요. 점심도 주고 저녁도 주었어요. 저녁마다 일을 해야 하니까요. 아르바이트할 때는 차비 내고 생활비 하고 나면 돈이 어디로 새는지 모르게 다 사라졌어요. 적금 하나 못 부을 정도로 다 없어져버렸어요. 근데 여기 와서는 월급이 정기적으로 꼬박꼬박 들어오니까 정말 좋았어요. 처음으로 4대보험이라는 말도 들었어요. 4대보험이라는 게 있는 줄도 몰랐거든요. 4대보험에 가입되니까 제가 되게 어른이 된 느낌이 들었어요. 정말 직장인 같은 느낌 말이에요. 돈이 필요해서 직장 다니는 게 아니고 자신의 일을 하는 회사원 같은 느낌이요. '아, 적금도 들어볼까?' 이런 생각도 그때 처음으로 해봤어요. 월급이 정기적으로 들어오니까 경제적으로 어떻게 살면 좋을까, 계획을 세우게 되잖아요. 경제적인 계획을 세우게 되니 앞으로 내 꿈은 어떻게 하면 좋을까 하는 인생 계획을 세우게 되었어요. 생활이 안정되니까 뭔가 꿈을 꾸기 시작한 거예요. 그런 게 되게 좋더라고요. 그래서 할 만하다고 생각했어요.

저는 라인작업을 했어요. 캐논 회사가 너무 크니까 부품 하나하나가 다른 회사에서 만들어져 오더라고요. 그걸 조립해서 완제품으로 만들어 잘 작동되는지 검사하는 작업을 해요. 저는 조립을 하다가 검사하는 일을 맡았어요. 라인작업이어서 제가 일을 빨리 넘겨야 옆 사람이 일을 할 수 있어요. 작업을 늦게 하면 제 뒤에 복합기들이 막 쌓여요. 제 다음에 있는 아주머니가 일을 빨리 하라고 재촉하면 일을 못하는 것같이 여겨져서 손을 빨리 놀리게 돼요. 그러다보면 흘러내리는 머리를 귀 뒤로 넘길 시간조차 없어요. 그렇게 힘들게 일하는데 쉬는 시간은 오전에 8분, 오후 7분밖에 없어요. 점심시간 45분까지 합해 쉬는 시간이 딱 한 시간인 거예요. 쉬는 시간을 알리는 종이 울리면 8분 동안 할 수 있는 일이 별로 없어요. 직원들이 화장실로 한꺼번에 확 몰리니까 화장실 갔다 오면 쉬는 시간이 끝나버리는 거예요. 커피 한 잔 마실 수도 없어요. 휴게실에서 좀 쉬려고 해도 캐논 직원들만 앉아 있어요. 아줌마들은 정수기 옆에 박스 깔고 쭈그려 앉아 커피를 마시고 있고요. 그런 모습을 보면 되게 기분이 안 좋았어요. 내가 일하는 라인 앞에서 커피를 마시려고 하면 못 마시게 했어요. 프린터기에 이물질이 들어간다고요. 휴게실도 못 쓰고 라인에서 커피도 못 마시면 우리는 어디서 쉬라는 건지 모르겠더라고요. 아무튼 그런 식으로 쉬는 시간을 보냈어요.

캐논 직원 중에는 품질검사를 하거나 라인에서 불량이 나는 것을 수리해주는 사람들이 있어요. 혹시라도 우리가 불량을 내면 여러 명이 우르르 몰려와서 왜 이걸 못하느냐고 막 화를 내요. 우리 회사 손실이 얼마나 많은데 네가 책임질 거냐? 네 월급에서 깔 거냐? 하면서 소리를 질러요. 하루에도 몇 번이고 이런 일이 일어나요. 우는 사람들도 되게 많았어요. 그래도 저희가 협력회사인데 이사나 대리가 우리 편을 들어주지 못하는 거예요. 저희가 그 이사나 대리에게 물어보고 한 건데도, 잘못되면 어떤 조치를 취해줘야 하는데 우리를 보호해주지 못하고 함께 야단맞고 있어요. 캐논 대리보다 우리 이사의 위치가 더 낮다고 사람들이 수군거려요. 젊은 품질 검사원들이 버릇이 없어요. 나이 많은 아주머니들한테도 반말을 하면서 야단을 쳐요. 우리는 캐논 정직원들하고 말할 틈이 없고 기회도 없어요. 그 사람들은 우리랑 일하는 층이 달라 만날 일이 없었어요.

제가 캐논 들어오기 전에 워크넷 사이트랑 벼룩시장에서 회사들을 알아봤거든요. 화학공장이나 염색공장 같은 데는 가보니까 냄새도 심하고 눈도 아팠는데 캐논은 깔끔하더라고요. 회사 이름도 익숙하고 해서 좋은 줄 알고 들어왔는데 상여금도 없고 성과급도 없고 다른 수당도 없었어요. 조금 전에 말한 것처럼 제가 캐논에 다니면서 상여금이 어떤 건지 처음 알았거든요. 기본급, 성과급이란 말도요. 근데 완전히 최저시급에 그런 게 하나도 없는 거예요. 물론 캐논뿐만 아니라 이 공단의 많은 회사들이 최저시급 아닌 곳이 거의 없었어요. 일한 지 8~9개월이 되니까 눈이 뜨이더라고요. 아, 나도 상여금 받았으면 좋겠다 싶었어요.

근데 추석 때 보너스가 나왔는데 캐논 정직원들에게는 1등급에서 5등급까지 등급을 매겨서 1등급 50만 원, 2등급 30만 원……. 이렇게 성과급을 지급한 거예요. 거기에 도급 직원들도 있었거든요. 그 사람들까지 성과급을 주는데 우리는 안 주는 거예요. 솔직히 우리도 줄 줄 알았거든요. 아, 우리도 주면 좋겠다고 기대하고 있었는데 추석 전날이 돼도 사장이 아무 말도 안 하는 거예요. 아줌마들이 화가 많이 났어요. 아니 용역으로 들어온 도급들도 주는데 왜 우리는 안 주냐? 그때 라인이 처음으로 멈춰 섰어요. 이렇게 라인이 멈춘 것은 굉장히 이례적인 일이에요. 원래 라인이 돌 수 있도록 세팅을 다 해놓고 '땡' 치면 일하기 시작해 마지막 종이 울려야 멈추거든요. 일하는 시간에 라인이 멈춘 적은 없었어요. 아줌마들이 얼마나 화가 나면 그랬겠어요. 저도 화가 났었거든요. 안 주는 것은 사장 마음이라고 하지만 같은 공장에서 같은 일을 하는데 기분이 나빴어요. 받고 안 받고를 떠나서 자존심이 엄청 상하는 거예요. 차별을 한 거잖아요. 반장들이 모여서 사장한테 가서 달라고 하니까 여력이 안 돼

대한민국 나쁜 기업 보고서

서 못 준대요. 내년 설이 되면 노력해보겠다, 그러니 열심히 일해라, 그래요. 제일 오래 일하고 나이 많은 아주머니가 그 말을 듣고 우리도 줬으면 좋겠다고 하니까, 아줌마 나이에 어디서 일할 수 있는 데가 있는 줄 아냐고, 우리니까 쓰고 있는 거라고 막말을 하는 거예요. 우리는 아무 말하지 말고 일이나 하라는 거잖아요. 아주머니가 엄청 화나서 그냥 가버렸어요. 정말 나이 많은 아줌마들은 갈 데가 없어요. 도급들 연령 제한도 마흔 살인가 마흔다섯 살인가로 들었거든요. 아줌마들이 저에게 잘해주었는데 그런 대접을 당하니까 많이 속상했어요. 협력업체에서 못 주면 캐논 회사는 부자니까 거기서라도 줘야 하는데 안 준 거예요.

처음 안산에 왔을 때는 어떻게든 취직하고 싶어서 조건에 관계없이 캐논에 그냥 들어갔는데 젊은 사람들은 별로 없고 아주머니들이 많았어요. 제가 나이가 어리니까 잘해주셨어요. 2011년 3월에 지진이 났잖아요. 캐논이 일본 회사여서 핵심 부품이 일본에서 와요. 그 부품을 만드는 회사가 지진으로 피해를 입었는지 사장이랑 연락이 안 됐대요. 죽었는지 살았는지. 우리는 부품이 없으니까 일을 못하는 거예요. 회사가 술렁거리면서 쉬는 게 어떠냐는 말들이 오고갔어요. 결국 저희들은 4교대로 조를 짜서 돌아가면서 쉬기로 했어요. 라인별로요. 4일 일하고 3일 쉬고. 한 달 이상 그렇게 했어요. 쉬는 날은 라인 아주머니들이랑 놀러 다녔어요. 안산에 아는 사람들이 없었는데 아주머니들이랑 그렇게 다니니까 정말 좋았어요. 근데 아줌마들이 평일에 쉬어본 적이 없어서 뭘 해야 될지 모르겠대요. 집안일도 많고, 은행 볼일도 있고, 병원도 몰아서 가고. 할 일은 많은데 계

회사는 절말 저의 전부인 것 같아요

속 할 일이 없는 느낌인 거예요. 그래서 함께 등산 다니고 그랬어요. 수리산에 있는 수암봉을 처음 가 봤어요. 아줌마들이 산을 올라가는데 몸이 다 성치 않아서 잘 못 올라가는 거예요. 수암봉 왕복시간이 보통 2시간 반 걸린대요. 근데 저희는 아줌마들이랑 7시간 걸렸어요. 다리가 다 성치 않아서요. 아줌마들이 똑같은 일만 10년 이상 하니까 쓰는 근육만 쓰고 안 쓰는 근육은 안 쓰게 되는 거예요. 그러니까 무릎 크기도 다 짝짝이고, 어깨도 다 짝짝이고, 손목도 많이 쓰는 쪽이 부어서 정기적으로 물을 빼줘야 돼요. 프린터기가 꽤 무겁거든요. 그것을 들어서 넘기는 일을 계속 하니까 어깨 한쪽이 내려갔어요. 아침 8시에 시작해서 밤 8시 반에 끝나거든요. 계속 서서 일을 하니까 다리가 다 엉망인 거예요. 그래도 산에는 가고 싶었나 봐요. 날씨도 좋고, 그러니까 봄이었잖아요. 먹을 걸 많이 가져왔어요. 맛있는 것. 조금 올라가다가 돗자리 깔고 상을 차리는 거예요. 그렇게 올라갈 때 3번 내려올 때 3번 하니까 7시간이 걸렸어요.

눈을 감으면 커피믹스가 비처럼 내리고

캐논 다니다가 월급도 적고 상여금도 안 나오고 해서 그만뒀어요. 저도 상여금 나오는 곳에 다니고 싶더라고요. 근데 그런 회사가 없어요. 못 찾겠더라고요. 그런 데는 다들 어떻게 들어가나 모르겠어요. 보니까 대부분 소개로 들어가는 것 같았어요. 아는 사람들이 빈자리가 나면 소개를 해주는 것 같더라고요. 용역으로 들어갔는데 정직원이 되는 경우도 있었어요. 저도 그렇게 한번 해봐야겠다고 용역을 통해서 들어간 곳이 동서식품이에요. 커피믹스 만드는 회사 있죠? 그 회사예요.

거기는 시급이 몇 백 원 높았어요. 아, 근데 그 회사가 최고로 힘들었어요. 지금은 맥심커피도 안 먹어요. 커피믹스를 250개씩 포장하거든요. 컨베이어가 돌아가면 기계가 내 앞에 50개씩 뚝뚝 떨어뜨려놔요. 그러면 나는 한 칸에 앉아서 쌓인 박스를 꺼내 편 다음 50개씩 잡아서 딱딱 넣는 거예요. 다 포장한 믹스 박스를 오른쪽으로 보내면 다른 쪽에 있는 사람이 박스 덮개를 닫아서 보내는 일을 해요. 오른쪽으로 도는 컨베이어에서는 저만 일하는 거예요. 제가 박스에 넣고 있는 사이에 기계가 또 50개를 컨베이어에 놓는데 제가 못 잡아서 흘러가버리는 경우도 있어요. 그러면 커피믹스가 기계에 껴버려요. 여지없이 기계가 고장 나죠. 그러니 제가 어떤 일이 있더라도 그 50개 커피믹스를 꼭 잡아야 되는 거예요. 아! (한숨) 그래서 일이 되게 힘들었어요. 50개가 생각보다 분량이 많아서 잡는 게 쉽지가 않아요. 박스 열면 커피믹스가 일자로 얌전하게 놓여 있잖아요. 그런데 그렇게 안 되잖아요. 그러면 믹스가 세워져요. 다시 일자로 넣어야 하는데 시간이 안 되잖아요. 빨리빨리 오니까. 기계가 주어진 속도대로 척, 척, 척, 이렇게 놓거든요. 천천히 놓이게 해야 하는데 사람이 일하는 속도보다 빠르게 만든 거예요. 급하면 컨베이어를 멈출 수 있게 비상정지 버튼이 있어야 하는데 다른 곳은 다 있는데 그곳은 없었어요. 그런데다 오전에 쉬는 시간도 없었어요. 2교대 하는 회사였는데 교대할 때도 제 다음 사람이 오면 안녕하세요, 인사한 다

음 손에 든 믹스를 박스에 넣으면서 일어나야 해요. 서서 정식으로 인사할 시간도 없는 거예요. 화장실이 급하면 기계 봐주는 사람한테 부탁하고 가야 돼요. 그 사람이 계속 일을 하니까 화장실 가서도 빨리 와야 해요. 팔 근육도 뭉치고 팔목도 아프고. 거기가 최악이었어요. 다른 회사 다니다보니 그 회사에 다녔던 사람들이 많더라고요. 그 자리는 다 일주일 일하다가 그만둬요. 어떤 사람들은 한나절도 못 견디고 나온 사람들도 있더라고요. 며칠 일했던 거, 몇 시간 일했던 거 돈 안 받고 그냥 가버리는 거예요. 일단 출근하면 반드시 12시간을 일해야 하니까. 거기서 일하면서 기계가 고장 났으면 좋겠다는 생각을 늘 했어요. 기계는 정이 없잖아요.

그 회사에서 제가 일을 잘한다고 생각했나 봐요. 한 일주일 정도 일했는데 정직원 하겠냐고 물어보는 거예요. 제가 어디 가서 일 못한다는 소리 듣기 싫고, 혼나는 것도 싫고 해서 일을 열심히 하거든요. 안 한다고 했어요. 그 당시는 정직원이 중요한 게 아니라 '일이 힘들고 안 힘들고'가 중요했어요. 지금이라면 좀 생각해봤을 텐데 너무 힘드니까 그런 생각을 할 여유가 없었어요. 거기는 정직원이 되어도 상여금이 200%밖에 안 돼요. 400~600%는 돼야 상여금 받는 회사라고 할 수 있거든요.

거기서 한 달 일하고 나왔어요. 옛날 테트리스 게임 있잖아요. 벽돌이 내려오잖아요. 그 게임을 다하고 나서도 눈을 감으면 뭔가가 막 내려오잖아요. 그런 것처럼 집에 와서 잠을 자려고 눈을 감으면 커피믹스가 눈앞에서 비처럼 막 내려왔어요. 일하는 장면이 악몽이 돼서 꿈에 나타나기도 했어요. 믹스가 기계에 끼면 저까지 끼는 꿈이요. 그러니 제가 어떻게 그 커피를 먹겠어요.

그 회사는 정수기마다 불량 난 커피를 갖다놔요. 마음껏 먹으라고 하는 거예요. 저는 별로 먹고 싶지 않았어요. 화장실도 교대로 가는데 커피 먹을 시간이 없는 거예요. 그러면 아줌마들이 화장실에 가서 커피를 마셔요. 저보고도 먹으래요. 주니까 먹기는 했지만 화장실에서 커피 마시는 건 좀 심했어요. 동서식품 다닐 때는 정말 아침에 일어날 때마다 수명이 줄어드는 느낌이었어요. 너무 스트레스 받아서 정말 출근하기 싫은 거예요. 원래는 사람이 이백 살까지 살아야 되는데 이렇게 스트레스를 받아서 백 살까지만 사는 것은 아닐까 하는 생각까지 들 정도였어요.

내일부터 그냥 안 나오면 된대요

처음부터 발을 잘못 들여놨어요. 직장을 구하는 통로가 많지 않으니까 용역 업체를 통했잖아요. 한 번 그렇게 되니까 계속 용역으로 일하게 되는 거예요. 용역으로 두 번째 간 곳은 파세코라는 회사였어요. 냉장고, 난로, 변기, 비데 같은 것을 만드는 곳이었어요. 저는 난로 만드는 라인으로 들어갔어요. 그 회사는 정직원들의 상여금이 600%였어요. 시급도 나쁘지 않았던 것 같아요. 근데 제 라인에서 말을 걸어보니 다 조선족이나 중국인들이었어요. 저는 용접반이었어요. 왜 저를 용접반으로 넣었는지, 여자가 저밖에 없었던 것 같아요. ㄷ자 모양으로 두 라인이 붙어 있는데 한쪽 라인은 난로 아래에 있는 베이스를 만드는 곳이고 제가 있는 다른 쪽 라인은 통을 만드는 곳이었어요. 철판을 가져오면 둥글게 말아서 용접한 뒤에 모래를 붙인 다음 도장을 하는 거예요. 이 두 라인이 만나서 완제품이 완성되는 거죠. 용접이랑 도장이 함께 있는 곳이어서 작업장 공기가 정말 안 좋았어요. 샌딩 작업(도장을 하기 전에 표면에 이물질을 제거하는 작업)을 하는데 모래 가루가 엄청 날렸어요. 용접을 하니까 용접 불꽃이 팡팡 튀고요. 용접 자체는 어렵지 않았어요. 그래서 저를 시킨 것 같아요. 버튼만 누르면 되는 비교적 단순하고 간단한 용접이었어요. 그 간단한 것도 버튼 누르면 불꽃이 확 일어나니 위협적이잖아요. 안경도 끼고 방진마스크도 쓰라고 했지만 아무도 안 해요. 저 혼자 하면 이상하잖아요. 그래서 저도 안 했어요.

거기는 이상한 게 작업복을 안 줬어요. 사람들이 다 예전에 다녔던 회사 작업복을 입고 오는 거예요. 옷이 다 달랐어요. 저는 동서식품에 다닐 때도, 캐논에 다닐 때도 작업복을 다 반납하고 나왔거든요. 작업복이 없어서 그냥 평상복을 입었어요. 용접 불꽃이 튀어서 옷에 구멍이 나고 그랬죠. 하여튼 거기는 분위기가 살벌했어요.

회사가 희한했어요. 휴게실에 용역회사마다 사람들이 와서 쭉 앉아 있으면 파세코 직원이 와서 오늘 필요한 부서에 사람 수를 말해요. 도장반 3명! 용접반 2명! 조립라인 5명! 어디 용역에서 3명을 데려왔다고 하면 그 사람들은 도장반으로 보내지는 거예요. 저도 불러서 갔는데 용접 일을 그냥 하래요. 하다보면 된다고. 점심시간도 한

시간이나 됐어요. 처음으로 점심시간이 한 시간인 회사에 들어간 거
예요. 동서식품도 40분인가 45분인가 그랬어요. 한 시간이니까 시간
이 길고 좋았어요. 아는 사람도 없고 용접반은 다 아저씨들이고. 어
슬렁어슬렁 다니다가 젊은 여자애들이 있어서 말을 거니까 다 조선
족 친구들인 거예요. 처음에는 되게 낯설었는데 이야기를 많이 나누
다보니 괜찮은 사람들이더라고요. 저처럼 집 걱정도 하고 살림 걱정
도 하고 돈 걱정도 하고……. 한국말도 잘 못하는 사람들하고도 친
하게 지냈어요. 그 중 한족학교를 나온 언니가 있었는데 말이 잘 안
통해서 단어로만 이야기하고 그랬어요. 이 회사는 일이 그렇게 힘들
지 않아 오래 다니려고 생각했어요. 컨베이어 시스템이 아니어서 일
을 한꺼번에 확 하고 쉬어요. 쉬는 시간에 상관없이 아저씨들은 담
배 피우러 가고. 저는 담배를 안 피우니까 그냥 쉬는 거예요. 환경이
안 좋긴 했지만 일이 힘들지 않아 계속 다니려고 생각했죠.

　어느 날은 9시까지 잔업을 했어요. 한 달 좀 넘게 일을 했을 때였
어요. 9시에 일 끝나고 집에 가니까 10시가 조금 넘었어요. 용역회사
이사에게 전화가 온 거예요. "퇴근했냐?"고 물으니까 "퇴근했다"고
대답했어요. "네가 일하는 라인이 오늘 마지막이었어" 그러는 거예
요. "그러면 내일부터 다른 라인에서 일하는 거예요?" 하고 물어보
니까 "아니, 그게 아니고 안 나와도 될 것 같아" 그러는 거예요. "내
일부터 나오지 말라고요?" 황당한 거죠. 제가 다시 물었어요. "그냥
안 나가면 되는 거예요?" 그냥 안 나오면 된대요. 거기는 사물함도
없고 탈의실도 없어서 모래가 쌓인 지저분한 바닥에 가방이나 옷을
놓아두곤 했었어요. 먼지 묻으면 안 되는 물건은 비닐봉지에 싸서

한쪽 구석에 놓고. 그래서 그만두더라도 가져올 물건도 없었죠. 하지만 너무 황당하잖아요. 그래서 작업복도 안 주고 탈의실도 없었던 거예요. 이렇게 자르려고요. 같이 다니던 동생에게 전화했어요. "나, 지금 전화 받았는데 너도 받았니?" 하니까 자기도 왔대요. "너도 나오지 말라고 했니?" 했더니 그랬대요. 그 동생이랑 이야기하다보니 더 화가 나는 거예요. 함께 일했던 조선족 언니들에게도 전화해보니까 다 잘린 거예요. 그날 그 라인에 있던 정직원 5명만 빼고 30명이 다 잘린 거예요. 그 정직원 중에 용접반장 오빠에게 물어보니까 매번 라인이 없어질 때마다 용역을 다 자른다고 해요. 난로는 원래 안 만드는데 수출용으로 만들었대요. 그게 계절용 라인이었던 거예요. 한 계절 동안만 라인이 생겼다가 계절이 끝나면 없어지는.

여기는 특이한 게 한 공정의 라인이 되게 단순해요. 캐논에 있었을 때는 한 라인이 검사까지 하는 데 11명이 있었거든요. 근데 여기는 한 라인이 30명 정도 돼요. 한 사람이 할 일을 3명이서 하는 거예요. 그러니 일이 세분화돼서 엄청 단순한 거예요. 처음 오자마자 숙련된 사람처럼 바로 일을 할 수 있는 거죠. 한 사람이 빠져도 다른 사람이 그 일을 대신하는 데 5초도 안 걸려요. 그것도 이렇게 잠깐 쓰고 자르려고 그랬나 봐요.

조선족 언니들은 화를 안 내더라고요. 이런 경우가 많아서 그러려니 한대요. 그 언니 일하는 라인에 한국인 반장이 있었어요. 서른두세 살밖에 안 돼 보이는 사람이었는데 문제가 생기면 막 소리를 질러요. 그러면 조선족 언니들이 되게 무서워하는 거예요. 너무 떨려서 잘하던 일도 실수를 하고. 나 같으면 얼토당토 안 되게 화를 내면 저도 같이 화를 낼 것 같은데 언니들은 그저 무서워만 하는 거예요. 너무 힘들어서 중국으로 다시 돌아가는 언니들도 많았어요.

언젠가는 정직원이 될 수 있을까요

파세코에서 잘리고 일을 잠깐 쉬었어요. 몇 달 안 되었는데 정말 회사들의 속살을 본 거예요. 먹고사는 일, 세상 사는 일이 만만한 게 아니란 이야기를 많이 들었는데 이게 진짜 온몸으로 느껴지는 거예요. 점점 이리저리 떠도는 생활이 계속될까봐 겁도 나고 불안했어요.

이번에는 제대로 된 회사에 입사한 뒤 잘 버텨서 정직원이 돼야겠다고 생각했어요. 공단에서 떠도는 이야기가 그래도 제약회사가 여건이 괜찮다고 해요. 제약회사는 사원을 잘 안 뽑는데 운 좋게도 모 제약회사에 들어가게 됐어요. 들어가보니 상대적으로 시급이 높았어요. 용역도 돈을 많이 주고, 역시 제약회사라 좋구나 생각했어요. 근데 월급을 받아보니까 일주일 동안 일하면 하루는 유급휴가로 쳐주는 주휴수당이 없는 거예요. 아무리 나쁜 회사라도 주휴수당은 다 줬거든요. 그래서 제가 알아봤어요. 법적으로도 주휴수당은 꼭 주게 되어 있더라고요. 계산을 해보니까 시급은 저희보다 낮지만 주휴수당을 받는 회사보다 더 적게 나오는 거예요. 먼저 일하고 있던 용역 언니들에게 물어보니 다들 안 받았더라고요. 여기는 웃기는 데라고만 하면서요. 그러면서도 주휴수당을 달라는 말을 안 했나 봐요. 저는 은근히 열이 받더라고요. 전에도 느닷없이 잘려서 화가 났는데 또 이런 일이 있으니까. 그만둘까 하다가 같이 일하는 용역 언니하고 함께 가서 이야기해보기로 했어요. 저 혼자는 무섭고 떨리니까 함께 가기로 한 거예요. 제가 이야기하니까 회사에서는 "아, 뭐 내년부터는 올려줄 생각이었다"는 거예요. 내년부터 줄 건데 왜 올해부터는 안 되는 거냐? 빨리 줬으면 좋겠다고 했더니 제약회사랑 이야기해봐야 된대요. 어쨌든 달라고 했어요. 안 주는 것은 불법이라고. 그 다음 달부터 주휴수당을 받았어요. 완전 기분이 좋았어요. 기뻐서 우리끼리 파티를 했어요. 그런데 주휴수당을 받았으니 돈 좀 벌겠다고 생각했는데 주휴수당이 생기면서 시급이 최저로 떨어진 거예요. 치사한 거죠. 없는 것보다는 낫다고 위로하며 다녔어요. 근데 정직원은 기본급이 130만 원이고 상여금이 400%예요. 다른 제약회사보다 적은 편이지만 보너스 달에는 300만 원까지 받아요. 잔업을 많이 하니까요. 우리는 잔업을 많이 해도 140만 원 받거든요. 절반 차이가 나는 거예요. 똑같은 곳에서, 똑같은 일을 하는데 그렇게 차이가 나는 거예요. 짜증이 나더라고요.

제가 포장실에서 일하는데 정직원들이 약을 작은 상자에서 큰 상자로 옮겨 담고는 작은 상자를 뒤로 던지거든요. 그것을 정리하는 게 저희 용역들의 일이에요. 근데 정직원들이 바쁘니까 상자를 휙휙 아무렇게나 던져서 저희들 머리에 맞을 때도 있어요. 악의가 있는 건 아니어서 "어, 미안해" 그러면 "괜찮아요"라고 말해줘요. 하지만 정말 기분이 안 좋아요. 머리에 딱 맞으면 굉장히 불쾌하죠. '아, 이 회사를 나가버릴까' 하는 생각까지 들어요. 저만 그런 게 아니라 그 일을 하는 다른 언니들도 다 그런 생각을 했대요. 그러면서도 일을 계속하는 것은 언젠가는 정직원이 될 수 있다는 기대, 그 마음으로 버티는 거예요. 회사에서 1년에 두 번 회식을 하거든요. 그때 사장이나 이사장이 와요. 회식을 하면 사장 눈에 한 번이라도 띄어서 정직원이 되려고 아주머니들이 일부러 사장에게 술도 따라주고 그래요. 사장이 좀 변태 기질이 있어요. 성추행도 하고. 아주머니들은 그래도 가만히 있는 거예요. 말로는 조금만 더 다니면 정직원을 시켜주겠다고 그러죠. 아무 조건 없이 해줘야 하는데 하는 것 봐서 해주겠다고 하고. 정직원들 중에 회사를 그만둔 사람이 생겨서 자리가 나면 회사에서는 자기 마음에 드는 사람을 정직원으로 채용해요. 그러니까 서로 하려고 아주머니들끼리 경쟁이 붙는 거예요.

저희가 용역으로 근로계약서를 쓰고 들어가요. 계약 기간이 3개월이에요. 그리고 3개월을 더 연장할 수 있어요. 최장 6개월인데 6개월 일하고 갑자기 2주을 쉬라고 해요. 2주 있다가 가면 계약서를 새로 써요. 계약서를 쓰는 사람 중에 1년 이상짜리는 없는 거예요. 그런데도 아주머니들이 희망을 갖는 건 1년에 한두 명씩은 정직원이 되거든요. 그러니까 아주머니들이 일을 되게 열심히 하는 거예요. 언제 자리가 날지 모르고, 언제 잘 보여서 정직원이 될지 모르니까 늘 쉬지 않고 열심히 일하는 거예요. 정직원들은 여유를 갖고 쉬엄쉬엄 일하거든요. 무엇보다 마음이 좀 그랬던 건 얼마 전에 아는 언니가 정직원이 됐어요. 그러니까 사람들이 다 그 언니를 미워하는 거예요. 자기들도 열심히 일했는데 한 명만 되니까, 그 미움이 다 그 언니에게 가버리는 거예요. 정직원이 되려면 또 1년을 기다려야 되잖아요. 3년, 4년 계속 기다리는 거예요. 그분들 중에는 포기한 사람도 있지만 정직원 되려고 계속 노력하는 사람들은 참 힘들죠. 그렇게 기다리다 다른 사람이 돼버리면 마음이 괴로워서 회사를 그만두는 사람들도 생겨요. 어차피 1년 안에는 정직원이 될 기회가 없으니까 나가는 거예요. 그렇게 나가는 사람들이 많아요. 얼마 전에도 물같이가 됐어요.

내가 인정받을 수 있는 곳이 회사밖에 없잖아요

시간이 갈수록 먹고사는 게 쉬운 일이 아니라는 것을 절실히 깨달아요. 그런데 회사에서는 주문량이 많으면 일을 시켰다가 주문이 없으면 바로 잘라버려요. 하지만 먹고사는 일은 회사의 주문량처럼 있었다가 없었다가 하는 게 아니잖아요. 회사 물건이 안 팔려도 저녁밥은 먹어야 하는 거고 내일 아침밥도 먹어야 하는 거잖아요. 회사는 자기들 중심으로 생각하는 것 같고 그에 비해 일하는 사람들은 너무 회사를 사랑하는 것 같아요. 회사를 위해서 너무 열심히 일해요. 저도 그렇거든요. 일을 잘 못한다는 말을 듣기 싫은 것도 있고 성실하게 살고 싶은 마음도 있고……. 내가 인정받을 수 있는 곳이 회사밖에 없잖아요. 아침에 눈뜨자마자 가는 곳이 회사고 회사에서 일 끝나고 집에 와서 집안일 좀 하다보면 하루가 다 끝나는 거잖아요. 회사는 진짜 저의 전부인 것 같아요.

캐논에서 일할 때 제 옆자리 이모는 복사가 잘되는지 검사하는 일을 했어요. 저는 팩스가 잘 보내지는지 검사하는 일이었고요. 그 이모가 그러는 거예요. "아이고, 나는 복사만 하다 늙어죽겠네." 그 이모는 하루 12시간 동안 복사만 하는 거예요. 복사만 하다가 1년이 가고, 2년이 가고……. 그러다보니 어느새 예순 살이 돼버린 거예요. 그 말을 들으니까 약간 소름끼치면서 두려워졌어요. 나는 이제 스물여섯 살인데 제 미래를 보는 거 같았어요.

회사에서 이모들 보면 자기가 맡은 일에 되게 예민해요. 제가 있는 곳이 3공정인데, 3공정에서 이모들에게 무슨 잘못을 지적하면 "아, 그래요? 다음부터는 잘할게요"라고 하면 되는데 자기가 안 했다고 우겨요. 캐논에 있을 때는 품질 검사원들이 워낙 뭐라고 해대니까 더 그랬을 수도 있겠지만 대체로 다른 곳에서도 그렇게 반응해요. 여기 아줌마밖에 없는데 그럼 누가 했냐고 그래도 자기가 안 했다고 막 우기다 결국 울어요. 이모들이 엄청 예민하고 자존심이 세요. 처음에는 왜 그런지 이해를 못했는데 나중에 저도 그런 감정이 느껴지더라고요. 저희들은 단순히 회사에 돈만 벌려고 온 것이 아니거든요. 저를 나타내려 온 거예요. 내가 하는 일을 내가 잘해내지 못했다는 느낌이 들면 되게 기분이 안 좋아지고, 내 자신이 문제가 있는 것처럼 느껴져요. 그게 인생의 전부니까요. 인정받고, 존중받고 존중해줘야 살맛이 나니까. 그렇지 않으면 우울하잖아요. 야단이나 맞고, 박스로 머리나 맞고 있으면 우울하잖아요. 자연스럽게 열심히 일해서 존중받고 싶은 마음이 생기는 거죠. 제가 다른 어디에서 인정받을 곳이 없잖아요. 밥 먹고 하는 일이 회사에서 일하는 일밖에 없는데 나는 왜 그것조차 못할까 하는 마음이 생기면 마음이 많이 안 좋죠. 이런 이야기까지 하고 보니 힘이 빠지네요.

회사에서 제일 친한 애가 스무 살이에요. 고3인데 학교를 마치지 않고 취업을 나온 거예요. 일을 몇 개월 했어요. 근데 얼마 전에 수능이 끝나고 그 또래 아이들이 대학 입학하기 전에 잠시 아르바이트 하러 들어온 거예요. 또래니까 금방 친해졌죠. 근데 3월이 되니까 그 친구들이 대학 가야 한다고 회사를 그만둔 거예요. 그러니까 그 스무 살 친구가 우울해진 거죠. 자기는 대학을 안 다니고 회사에 들어 왔는데 이게 잘한 선택인지 모르겠다며 고민을 하더라고요. 저도 마음이 안 좋았어요. 그 아이 아빠는 집에 생활비를 보태주길 원하는데 그 부담이 싫대요. 다른 친구들은 다 대학을 다니는데 자신은 돈을 벌어야 되니까. 자꾸 부담 주는 아빠에게 아빠는 내가 공장에서 일하고 싶겠냐면서 싸웠대요. 그 아이는 여행도 하고 싶고 적금도 붓고 싶어 하는데. 이런저런 일을 겪으면서 회사에 대해 참 많은 생각을 하게 돼요.

스웨덴의
스카니아 공장 르포

정혁준 • 《한겨레》 기자

이 글은 《한겨레》에 실린 기사(2004년 2월 3일자)로 정혁준 기자의 허락을 받아 싣는다. 많은 시간이 흘렀지만 스웨덴의 노동 여건이 지금까지 감동을 준다는 사실이 놀랍다. 그만큼 우리나라 노동 현실이 조악하다는 의미일 것이다.

스웨덴의 수도 스톡홀름에서 차를 타고 40분쯤 남쪽으로 가면 세계적인 트럭 · 버스 · 엔진회사 스카니아의 공장이 있다. 지난달 30일 찾아간 이 공장은 하얀 눈을 소복이 머금은 침엽수림을 배경으로 113년의 역사를 자랑하고 있었다.

버스동체 생산라인에서 조립 일을 맡고 있는 테리에 안펠트(27세)는 지난해 8월 스웨덴왕립공대를 졸업한 뒤부터 이곳에서 일하고 있다. 스웨덴 최고 명문 공대를 졸업했지만, 그는 생산직을 택했다. 안펠트는 생산직과 사무직의 임금 차이가 별로 되지 않는데다 능력만 인정받으면 연구 · 개발 쪽으로 쉽게 옮길 수 있기 때문에 자신의 선택을 후회하지 않는다고 했다.

생산 공정에서 경영까지 노동자 참여 보장

조립 부문 팀장을 맡고 있는 마리아 올른드(54세)는 "공장의 대부분이 인체 공학적으로 설계돼 있어 같은 동작으로 힘든 작업은 거의 하지 않는다"고 말했다. 실제로 근무환경에 대한 회사의 섬세한 배려를 곳곳에서 엿볼 수 있었다. 주 38시간을 일하는 이곳 노동자들은 매일 3시간 일한 뒤 30분간 커피타임을 갖는다.

노동자들은 또 공장장의 지시를 받지 않는다. 노동자들이 각 라인마다 팀을 꾸려 일처리를 하고 있기 때문이다. 회사는 팀에 일정한 재량권을 줘 창의성을 살리도록 하고 있었다.

스카니아 노동자들은 기업 경영의 주요 부문에도 참여한다. 공장 이전과 작업장 변경 같은 사항에 대해 회사는 반드시 노조에 통보해야 하고, 노조와 협의를 한 뒤 결정하게 돼 있다. 노조는 생산직과 사무직을 대표해 2명의 노동자를 회사 이사진에 보내고 있다.

노동자들이 생산 공정에서 자율권을 갖고 기업 경영에 일정 부분 참가하는 것에 대해 스카니아 경영진은 당연하다고 말한다. 마그너스 한(56세) 스카니아 수석부사장은 "노동자는 기업의 가장 중요한 자산이며, 노동자를 우선시해야 회사의 이익이 따라오기 때문"이라고 그 이유를 설명했다.

노조 역시 회사에 대해 줄 것은 주고, 받을 것은 받는다는 타협적 노사관계를 유지하고 있다. 노조는 최근 회사에 비정규직 인원을 5명까지로 한정해야 한다는 요구를 철회했다. 노조는 공장 노동자(1

만 1,000명)의 20%까지 비정규직을 고용할 수 있도록 허용했다. 단, 비정규직을 고용하더라도 1년 이상을 고용하게 되면 정규직으로 전환시켜야 한다는 조건을 붙였다. 회사에는 비정규직 활용을 터준 대신 비정규직을 남용하지는 못하도록 막은 것이다. (스웨덴은 전체 노동자 중 비정규직 비율은 8% 정도다. 하지만 비정규직이라고 하더라도 '동일노동 동일임금'을 적용받고 연금과 의료 서비스를 받는 데 거의 차이가 없어 문제가 심각한 편은 아니다.)

쉘 발린(60세) 금속노조 스카니아 지부장은 "노사가 서로의 공동 관심사를 찾아 대화하다보면 회사의 어려운 점과 노조의 요구 사항에서 균형점을 찾을 수 있다"며 "이를 위해 노사는 자주 머리를 맞대고 앉아 최선의 방법을 찾으려 노력한다"고 말했다.

이런 식의 건강한 노사관계는 결국 기업 경쟁력으로 이어졌다. 스카니아의 2002년 매출액은 472억 8,500만 크로나(7조 1,360억 원)로, 2001년 246억 7,000만 크로나에 비해 크게 늘어났다. 순이익 역시 2002년 27억 3,900만 크로나(4,200억 원)에 달했다. 현재 이 회사는 버스와 트럭, 엔진 부분에서 14%의 세계시장점유율을 확보하고 있다.

노동의 인간화, 그리고 연대임금 제도

스카니아뿐만 아니라 에릭슨·일렉트로룩스·에이비비(ABB) 등 스웨덴 기업들이 고임금을 주면서 경쟁력을 유지하는 것은 건강한 노동이 바로 부가가치가 높은 제품 생산으로 이어지고 있기 때문이다.

이런 배경에는 스웨덴 노사가 전략적으로 취하고 있는 '노동의 인간화'가 밑바탕이 됐다. 이는 기계의 부속품으로 전락한 노동에 창의성을 불어넣어 '건강한 노동'을 만든다는 개념이다. 좁은 의미로 작업 조직을 개선해 노동자의 직무만족도를 높이는 것이지만, 넓은 의미로 노동자들의 경영 참여까지를 아우른다. 기업 역시 생산성과 효율성을 높일 수 있는 장점이 있다.

스웨덴만이 갖고 있는 독특한 연대임금 제도도 건강한 노동을 뒷받침하고 있다. 연대임금 제도는 대기업과 중소기업, 남성과 여성에 관계없이 '동일한 노동에는 동일한 임금을 지급한다'(동일노동 동일임금)는 원칙을 뼈대로 한다.

사용자 단체와 노조 단체가 중앙 차원에서 임금교섭을 할 때 이 원칙을 따르고 있다. 이를 통해 스웨덴에서는 대기업 노동자들의 임금 상승을 억제하고 중소기업 노동자의 임금을 높여 임금 격차를 줄일 수 있게 됐다. 하지만 임금 압박을 받는 중소기업은 부도 위험이 높아지며, 이는 실업률로 이어진다는 우려를 낳는다.

이에 대해 안나 닛젤리우스(37세) 스웨덴 산업노동통신부 노동 정책 담당관은 "대기업은 임금 부담이 줄어들어 고용을 오히려 늘이게 되며, 중소기업도 임금 인상을 감당할 수 있는 새로운 업종으로 사업 전환을 하게 된다"고 설명했다. 그는 "정부 역시 새롭게 업종을 전환하는 기업에 세금을 내려주고 일자리가 바뀌는 노동자들에게는 직업교육 등을 무료로 지원하고 있다"고 덧붙였다.

스웨덴이 1980년대 이래 국가적인 사업이었던 철강과 조선 산업을 한국 등에 내주면서 정보통신 산업으로 급속하게 전환할 수 있었던 데는 역시 연대임금 제도가 큰 구실을 했다는 것이다.

스웨덴의 촘촘한 사회안전망도 빼놓을 수 없다. 대기업 노동자들이 임금 인상 요구를 자제할 수 있는 것은 연금제도, 의료보험, 주택 보조금 등을 통해 사회적 간접임금으로 보충할 수 있었기 때문이다.

노동의 인간화를 바탕으로 한 스웨덴 모델이 모두 성공한 것은 아니다. 지난 1980년대 말 전 세계 사용자들을 경악하게 만들었고, 노동자들에게는 노동의 시대를 꿈꾸게 했던 볼보자동차의 우데발라 공장 실험은 실패했다.

당시 금속노조는 우데발라 공장 설계과정부터 개입해 노동의 기계화를 상징하는 포디즘의 상징인 컨베이어 벨트를 걷어치워버렸다. 직원도 여성과 고령자의 비율을 25% 이상 유지하도록 했고, 작업 조장도 민주적인 방법으로 노동자들이 스스로 뽑았다. 하지만 1990년대 초반 불어 닥친 스웨덴의 경제 위기로 볼보는 1994년 이 공장을 폐쇄한 데 이어, 역설적이게도 1999년에는 자동차 부문을 포드에 매각할 수밖에 없었다.

발린 지부장은 "우데발라의 실패는 노조의 너무 급진적인 측면과 경제 위기라는 외부적인 요인이 맞물리면서 실패했다"며 "하지만 우데발라의 실험은 스웨덴 노사가 서로의 이익을 추구하면서 건강한 노동을 찾아가는 데 교훈이 됐다"고 말했다.

노동의 인간화를 내걸고 건강한 노동을 찾고 있는 스웨덴의 노사는 기업 경쟁력을 불러왔다. 이는 일방적인 한쪽의 희생만으로 가능하지는 않았다.

기업들은 노동자를 작업장 환경부터 경영 참여까지 배려하고 노조 역시 원칙에 맞는 요구를 통해 노동자의 이익을 높였고, 정부는 튼실한 사회복지 정책으로 건강한 노사관계를 뒷받침했다. 이런 노·사·정의 삼각관계가 맞물려 건강한 노동을 만들어내고 있었다.

7

기업의 이면

대기업들이 안 무너지는 게 신기해요

임미수 · 컴퓨터 프로그래머

늦은 시간 신도림역 D큐브에서 프로그래머로 일하고
있는 임미수 씨를 만났다. 미수 씨는 피곤이 쌓여서인지
얼굴빛이 약간 어두웠다. 하지만 무척 배려심이 깊고 따뜻한
사람이었다. 함께 늦은 저녁을 먹고 한 커피숍에서 인터뷰를
시작했다. 미수 씨는 15년 넘게 대기업이나 중소기업과
인연을 맺으며 IT 분야 일을 해왔다. 많은 기업들을 경험한
만큼 누구보다도 기업세계에 대해 세밀하게 그려내고
있었다. 그 실체에 대해서도 가공하지 않은 날것으로
이야기를 해주었다.

"제가 국내 대표적인 대기업들과 일을 하면서 모골이
송연하다는 느낌을 받았어요. 우리나라 기업 질서가
기업도 갉아먹고, 개인도 갉아먹고, 국가도 갉아먹는
형태예요. 사정이 이런데도 대부분의 사람들이 대기업에
전적으로 의지하며 살고 있어요. 기업들의 알맹이를 보면
형편없거든요. 도대체 어찌 되려고 나라 전체가 이 기업들에
기대고 있는지 모르겠어요. 한방에 맛이 갈 수도 있거든요.
지금과 같은 국가와 기업에서 우리 아이들을 키운다는 것
자체가 공포죠. 그럼에도 기업이 돌아가는 건 거기서 일하는
사람들이 정말 부지런하기 때문이에요."

미수 씨는 자신의 생각을 감추지 않고 솔직하게 말했다.
여러 기업들을 겪은 만큼 자신 또한 바닥을 기는 인생을
살아왔다고 했다. 그의 말은 나지막하지만 정당하며

정의롭기까지 했다. 정신이 매우 건강한 젊은이였다. 만약
우리나라 경제가 다시 세워진다면 이런 젊은 사람들의
목소리가 반드시 반영이 되었으면 좋겠다는 생각이 들었다.
고통스런 현실이고 희망이 멀기만 한 사회이지만 그런
현실에 매몰되지 않고 자신을 지켜내는 미수 씨 같은
사람들이 내가 가장 존경하는 분들이다.

지금 하고 있는 일은 컴퓨터 프로그램을 짜는 거예요. 프로그램도 여러 가지가 있는데 다양하게 해봤어요. 요즘 유행하는 스마트폰 앱 개발부터 미들웨어, 솔루션, 인터넷 프로그램 등등이요. 제 커리어 (경력)가 좀 특이해요. 저는 원래 국문과 출신으로 글을 쓰고 싶어 했지만 글로 돈벌이를 하고 싶지는 않았어요. 아실 거예요. 글을 못 쓰니까 자기 합리화하는 거요.(웃음) 어쨌든 밥벌이는 해야 하는 상황이었어요. 제가 운이 좋게도 군대에 가서 전산실에서 일하게 되었어요. 거기서 많은 것을 배워서 IT업계에 들어오게 된 거죠.

지금은 대기업인 S전자에서 프리랜서로 개발 일을 하고 있는데 기업 웹서비스 개발을 하고 있어요. 그 대기업에서 제공되는 동영상, 콘텐츠, 모바일 관련 서비스, 웹 서비스 등등의 기능들이 제공되는 서비스 서버 개발이에요. 전체 직원이 200여 명쯤 되는데 이 프로젝트에 결합한 사람이 12명에서 20명 정도 되고 저랑 같은 파트에서 일하는 사람은 지금 4명이죠. 전에 같이 일하던 사람들 중 어떤 이들은 일하다가 갑자기 안 나타나요. 전화를 하면 너무 힘들어서 못하겠다고 해요. 솔직히 그 사람들을 욕할 수 없어요. 일이 너무 힘들다는 걸 다 알기 때문이죠. 근데 그렇게 갑자기 일을 그만두면 나머지 사람들이 고달파요. 고스란히 그 일을 뒤집어써야 하니까요. 새로 사람을 뽑으려고 하지만 사람 뽑는 기간이 있잖아요. 잘 안 들어와요. 악순환인 거죠. IT업계가 다 그래요. 잘 아실지 모르겠지만 컴퓨터 개발자들이 야근과 잔업을 참 많이 해요. 주말 근무도 있고요. 당연히 수당은 안 나오죠. 개발자들에게는 그런 게 전혀 없어요.

회사 그만두고 날아온 의료보험 체불 고지서

제가 다녔던 IT 기업들에 대해 이야기해드리면 우리나라 기업 형태들을 거의 다 알게 될 거예요. 제가 기업의 맨 밑바닥에서 일해왔기 때문에 기업의 맨얼굴을 적나라하게 들여다볼 수 있었어요.

　제가 처음으로 회사에 취직을 한 게 IMF 바로 직전인 1997년이에요. 프로그램을 개발하는 회사였는데 ERP(Enterprise Resource Planning, 전사적 자원관리)나 기업형 솔루션, 데이터베이스 등을 만들어주는 곳이었어요. 흔히들 SI 업체(System Integration-시스템 통합)라고 해요. 조그마한 중소기업이었는데 주로 은행하고 병원을 상대했어요. 그 당시 개발자지만 최저임금 조금 넘는 저임금을 받고 일했어요.

상황이 열악했지만 IMF가 터진 때라 일을 할 수 있다는 것만으로도 감사하며 다녔어요. 하지만 계속 불안했죠. 내가 과연 직장을 다닐 수 있을까? 지금 청년들이 직업을 구하지 못해 불안한 것과 같은 심정이었어요.

일도 굉장히 험했어요. 새벽 6시에 일어나서 경기도 소도시의 허허벌판에 있는 작업장으로 가서 차 끊길 때까지 일하거나 밤샘을 했어요. 그러다 결국 그 회사도 문을 닫았어요. 재미있는 것은 다른 회사처럼 IMF에 직격탄을 맞고 문을 닫은 게 아니었어요. 협력 업체가 부도났는데 지레 겁을 먹고 사장이 문을 닫아버린 거예요. 그때가 의료 분업과 관련된 법이 제정된다는 이야기가 나올 때였거든요. 그 회사가 대형 약국에 관련된 솔루션을 개발하고 있는 중이었어요. 사장이 회사 문을 닫아놓고는 저희에게 7~8개월만 다른 곳에 가지 말고 기다려달라, 법이 통과되면 지금 만들고 있는 솔루션을 팔자고 그러더라고요. 근데 저희 입장에서는 7~8개월 동안 먹고살아야 할 것 아니에요. 그런 이야기는 전혀 없이 자기를 위해 기다려달라고만 하는 거예요. 직장연금, 고용보험 타봤자 3~4개월 오래 다녀야 6개월밖에 안 되잖아요. 8개월을 기다려달라는 게 말이 안 되는 요구죠. 기업하는 사람의 마인드가 자기중심적인 거죠. 저희 입장에서는 황당한 일이고요.

게다가 마지막 월급도 안 줬어요. 회사가 돈이 없어서 문을 닫는 게 아니라는 걸 저희들도 다 아는데 그 월급을 떼먹으려고 한 거죠. 직원들이 월급을 안 주면 노동부에 고발을 하겠다고 하니까 사장이 한다는 말이 "할 테면 해봐라, 문 닫아버리면 그만"이라고 하더라고요. 아시다시피 법인이 문을 닫으면 사장은 책임이 없어요. 참 웃기는 일이죠. 임금이 체불되더라도 법인이 없어지면 돈을 못 받아요. 그 법인에 사장이 어느 정도 지분을 갖고 있는데도 법인과 사장의 재산은 전혀 별개니까요. 그래서 우리가 고민하다가 쓰던 컴퓨터라도 들고 나가자. 그래서 짐을 챙기고 있는데 사장이 그때서야 월급을 줄 테니 장비를 돌려달라, 그 대신 월급의 70%만 주겠다고 그래요. 저희도 어차피 중고 컴퓨터를 팔아봤자 얼마 나오지도 않고 해서 타협을 보았어요. 근데 나중에 알고 보니 사장이 회사 문 닫기 3개월 전부터 의료보험과 국민연금을 안 낸 거예요. 나중에 회사를 그만두고 지역 의료보험이 되었는데 체불액이 저희에게 날아온 거예요. 보험료를 두 배로 물어야 하는 상황이 돼버렸어요. 그렇게 제 첫 직장은 끝이 났어요.

피해는 고스란히 개발자들에게로

다행히 바로 취직이 됐어요. IMF 때 이름만 들어도 다 아는 D기업이 망했잖아요. 그 D기업의 IT 계열사 내에 금융권과 관계되는 사람들이 나와서 차린 회사가 제 두 번째 직장이었어요. 거기서 Y카드사 인터넷 기반의 연체관리 같은 특정 업무를 처리할 수 있는 시스템을 개발하는 프로젝트를 했어요. 저희 말로 '레퍼런스(참고사이트)를 삼는다'는 말이 있어요. 어떤 사이트 하나를 잘 만든 뒤에 다른 데 가서 우리가 이런 것을 구축했으니 참고해서 일을 맡겨달라고 하는 거죠. 이 레퍼런스로 삼는 사이트는 돈도 별로 안 받고 만들어줘요. 그러니까 들어가게만 해달라고 해서 들어가는데 그 피해가 고스란히 우리들에게 돌아오죠. 기간도 말도 안 되게 짧고 프로그램의 설계도 엉망이에요. 컴퓨터 프로그램은 막 짜는 게 아니라 어떤 시스템 상에서 필요한 게 무엇이고 업무 프로세서가 어떻게 흘러가는지, 요구 분석이 정확하게 되고 협의가 잘 이뤄져야만 그것을 기반으로 일정을 잡는 것이거든요. 그런데 거꾸로 정해진 일정에 프로그램을 짜 맞추는 식으로 일을 하게 된 거죠. 지금은 인터넷이 많이 활성화됐지만 1999년, 2000년 초까지만 해도 인터넷이 활성화되지 않아 기업에서 인터넷 환경에 기반을 둔 기업용 업무 시스템을 구축한다는 것 자체가 처음 해보는 일이었어요. 그러니까 경험도 없고 선례도 없는 어려운 작업이었던 거죠.

그런데 애초에 설계가 잘못되어 있었어요. 인터넷 기반의 설계가 아닌 옛날 C/S(Client/Server) 방식으로 설계도가 되어 있었어요. 저희가 개발하면서 설계가 뒤집혔고 다시 설계하면서 개발을 했어요. 기간이 1년 몇 개월로 연장되었죠. 계약은 6개월 만에 해주겠다고 했는데 그보다 훨씬 길어지니까 돈을 물어주면서 일을 하게 되었어요. 처음부터 다시 해야 되니까 개발자들은 밤샘을 해야 하는 거죠. 심지어는 서울 방배동에 있는 Y카드 본사 앞에 여관을 잡아놓고 퇴근도 없이 거기서 잠을 재우는 거예요. 거의 새벽 3시, 4시까지 작업했어요. 정말 힘들었죠. 여관에서 잠깐 눈을 붙이다가 끌려 나와서 일하고……. 어떤 여자 개발자는 하혈도 하고 그랬어요. 프로젝트가 새로운 시스템이었고 처음이었으니까.

이 바닥은 프로그램 개발 환경이나 인프라 등 시스템이 매우 빠르게 발전해요. 일종의 단계가 있어요. 이전 단계에 익숙한 사람들은 새롭게 바뀐 프로그램을 잘 관리하지 못해요. 그래서 Y카드에서 이 프로그램을 관리할 사람이 하나 필요했어요. 프로젝트가 끝났을 때 회사에서 제게 "네가 들어가라, 다 처리됐고 사인까지 했고 간단한 절차만 진행하면 된다"고 그러더라고요. 제가 일하던 회사가 예전 D기업 IT 계열사의 일부분이었고 거기서 예전부터 Y카드사와 거래했던 사람들이 있어요. D기업 IT 계열사의 영업 방식이 이런 식이었나 봐요. 자기 직원을 거래하는 회사에 심고, 그 사람이 이 업체와 지속적인 영업 관계를 유지하도록 만들어주는 거예요. 그런 메커니즘으로 흘러가고 있었어요. 그래서 저한테 들어가라고 하더라고요. Y카드가 대기업이잖아요. 제가 있는 곳은 대기업 출신들이 만들기는 했지만 중소기업이고.

그래서 고민을 많이 했어요. 대기업에 가서 안정적인 생활을 할 것인가, 아니면 그냥 중소기업에 남을 것인가. 당시에 저는 프로그램을 좀 더 잘 만들고 싶은 욕심이 있었어요. 하지만 Y카드에 가면 개발자가 아니라 그냥 전산실 직원이 되는 거예요. 하는 일이 유지, 보수니까 제 기술을 발전시키는 데는 한계가 있어요. 뿐만 아니라 프로젝트를 하면서 Y카드에 다니는 사람들에게 실망을 많이 했어요. 카드사라는 곳이 관료적일 뿐만 아니라 회사에서 생활을 하는 모습이 별로 보기 좋지 않았어요. 오후 3시까지 주식하고 있다가 3시부터 업무 좀 하고, 저녁 늦게는 카드 치고. 나도 저렇게 되겠구나. 그렇지만 대기업이라는 안정된 직장은 만만치 않은 매력이죠. 첫 직장부터 불안했고 내 기술력이 과연 돈벌이를 할 수 있을 정도의 수준인가 의구심도 있었고. 고민을 하다가 결국 안 갔어요.

아내가 그것 가지고 뭐라고 했어요. "아니, 왜 그런 곳에 안 가고 고생하느냐?"고 그러더라고요. 아내도 마음고생이 많았죠. 나중에 아내가 그래요. 첫 직장에서 받은 첫 월급을 집어던지고 싶었대요. 너무 적은 돈이니까. 최저생계비 안팎이었어요. 생활비도 안 되는 수준이었거든요. 두 번째 직장도 100만 원 조금 넘게 받았으니 얼마나 힘들었겠어요. 그런데 뭐가 잘나서 대기업을 안 가나 싶은 마음이었겠죠. 하지만 안 가길 잘한 거죠. 알다시피 Y카드가 L 국제투기자본에게 넘어갔잖아요. 그리고 Y은행과 Y카드 전산실이 통합되면서 Y카드 직원들은 거의 다 해고됐대요. 그때 막 파업하고 그랬잖아요. 들어갔더라면 저도 해고됐겠죠. 대기업의 전산 직원은 다른 데 가면 경력을 인정 못 받아요. 개발 능력이 부족하니까요.

새로운 기업문화를 만들 수 있겠다는 환상

세 번째 직장은 학교 선배가 만든 벤처기업이었어요. 직장 생활을 하던 학교 선배들이 회사를 그만두고 IT회사를 차린 거예요. 경험도 없이 차렸기 때문에 제게 와달라고 하더라고요. 개발자와 엔지니어가 없으니까. 그때가 2000년 전반기가 끝날 때쯤이었어요. 김대중 정부가 들어섰을 때였고 IMF가 의외로 빨리 정리됐어요. 갑자기 벤처붐이 일어났죠. 눈먼 돈들이 많았어요. 벤처붐을 타고 여기저기 돈을 투자하는 엔젤그룹(Angel Group, 기술은 있으나 자금이 부족한 신생 벤처기업에 투자하는 개인 투자가들의 모임)들도 많았죠. 미국의 벤처붐을 쫓아서 허파에 바람이 들어간 사람들이 많이 생긴 거죠. 직장 선배들도 그들 중 하나였고요.

저도 벤처기업에 대한 환상이 있었어요. 대박을 치겠다는 환상이 아니라 또 다른 환상, 새로운 기업문화를 만들 수 있겠다는 생각을 가졌어요. 너무 안 좋은 기업만 봐왔으니까 인간적이고 좋은 회사를 만들어보자는 생각을 한 거죠. 제가 수서에 있는 삼성병원 ERP 작업도 했거든요. 실제로 보니까 정말 심각했죠. 이런 기업, 기업문화가 우리나라를 말아먹겠다는 생각을 한 적도 있어요. 반면에 벤처가 새로운 기업문화, 대안적인 기업, 롤 모델이 될 수 있을 거라고 생각했죠. 일하는 사람들이 모여서 권위적이고 상명하달의 질서가 아닌 자유롭게 아이디어를 내고 협업하면서 좋은 제품을 만들어 많은 사람들을 이롭게 하자, 뭐 이런 거였죠. 꿈보다 해몽이 좋았던 거죠.

그래서 선배 3명이 하는 벤처기업에 들어갔는데 외국 업체와 기술협약을 하고 그 업체에서 가지고 들어온 솔루션이 있었어요. 그걸 제가 국산 환경에 맞게 재개발해서 국내에서 서비스가 가능토록 개발했죠. 나중에는 직원이 20여 명까지 늘었어요. 독자적인 인터넷 솔루션도 만들었죠. 선배들은 기술보다는 투자를 받는 데 능력이 있었던 것 같아요. 여기저기, 부산 같은데 내려가서 엔젤그룹에게 투자를 받아왔어요. 그 당시 상당수 벤처기업들은 투자를 받아서 그 돈으로 기술을 개발하고 회사를 성장시키는 데 사용하는 게 아니라 돈을 펑펑 쓰면서 허세를 부리고 다녔어요. 그만큼 벤처기업에 돈이

대기업들이 안 무너지는 게 신기해요

많이 흘러 들어왔어요.

저희 회사가 서울 강남 쪽에 있었는데 벤처기업 대부분이 그곳에 몰려 있었어요. 강남 뒷골목에 바와 룸들이 빽빽하게 들어섰어요. 우리 회사가 그랬다는 게 아니라 그 당시 세태가 그랬다는 거예요. 그만큼 사람들이 돈을 헤프게 쓴 거예요. 벤처기업에 투자되는 돈들을 눈먼 돈이라고 했어요. 어차피 사업은 도박이다, 실패하면 원래 그런 것이지, 하는 분위기가 있었어요. 당시 저는 돈을 이렇게 써도 되나 하는 자책감이랄까, 부담감이 들더라고요. 회사에서 제가 오너는 아니지만 창립 멤버라는 지위가 있었기 때문에 밑에서 열심히 개발하는 사람들에게 미안했어요. '아, 이렇게 해도 되나?' 의문이 들었어요. 만약 회사가 잘못되면 그들에게 피해를 주는 거잖아요.

그때 처음으로 IT업계에 들어온 것을 후회했어요. 당시 벤처기업들 70~80%는 그런 모양새였어요. 진짜 거품이 많았죠. 저는 그게 보였거든요. 벤처붐이 생긴 게 새롬이라는 회사가 인터넷폰을 만들면서부터였어요. 재미있는 건 그때 새롬의 원천기술이 지금 미국의 구글한테 가 있어요. 우리나라가 개발했는데 미국이 사용하고 있는 거예요. 벤처기업 주식이 하늘 높은 줄 모르고 올라가다가 확 꺼지긴 했지만 밑바닥에서 열심히 한 기술자들이 있었기 때문에 기술력이 높았던 것이죠. 그 기술들이 잠자고 있다가 미국으로 건너간 거죠. 구글이 그 기술을 갖게 된 것도 그 기술을 개발한 엔지니어가 구글로 갔기 때문이라고 알고 있어요. 구글이 아직도 그 기술로 서비스를 하고 있어요. 물론 지금은 기술이 훨씬 진일보했겠죠. 하지만 기반 기술은 새롬에서 나왔다고 봐야죠. 아이러니하죠. 거품이 꺼진

기업 중에 진짜 좋은 기술을 가진 기업도 있었거든요. 가치 있는 기업들과 능력 있는 개발자들도 있었어요. 단지, 옥석을 가려내고 장기적인 관점에서 제대로 투자하는 분위기가 아니었던 게 문제였죠. 제가 그런 기업들을 많이 봤거든요. 그런데 실제로 기술력에 비해 훨씬 많은 돈을 갖고 있는 기업이 있는가 하면 반대인 기업도 있는데 망할 때는 한꺼번에 망한다는 거죠.

저는 벤처기업을 차릴 때 사장보다는 개발자가 되고 싶었어요. 우리나라에서는 아직 그런 경우를 못 봤는데 외국에는 하얀 수염을 기른 개발자들이 많아요. 미국 개발자들을 보면 엔지니어들 중에 고급 아키텍처(architecture, 컴퓨터 하드웨어와 소프트웨어를 포함한 시스템 전체를 설계하는 것) 개발자들이 많아요. 제가 지금 아키텍처를 하고 있는데 미국에서는 50~60세 개발자들도 그런 일을 해요. 너무 부러운 거죠. 저도 나이가 들어서도 엔지니어 개발 일을 하고 싶은데 우리나라는 40세가 넘으면 못한다는 게 일반적인 인식이에요. 30대 중반만 되어도 수명이 다했다고 해요. 빨리 승부를 봐야 하는 분위기죠.

회사가 어느 정도 안정이 됐지만 거품이 꺼지기 시작하자 선배들이 싸우기 시작했어요. 코엑스에서 전시를 할 때가 있어요. 우리 소프트웨어를 전시하면 외국 바이어들과 다른 기업들이 둘러보고 사는데, 그 전시를 위해 제가 몇 개월 동안 밤을 샜어요. 몇 개월 동안 집에 들어가지 않고 소프트웨어 개발을 한 거예요. 책임감도 있었고 의욕도 있었어요. 저는 중간 오너니까 그렇다지만 직원들이 무슨 죄가 있어요. 직원들도 맨날 밤새고 회사에서 먹고 자고 하면서 꼴이 말이 아니었죠. 그 와중에 사장이라는 선배가 회사 카드를 가지고 코엑스 전시장에서 안내하는 아가씨를 데리고 해외여행을 갔다 온 거예요. 모터쇼에 가보면 자동차 옆에 서 있는 모델들처럼 소프트웨어 전시장에도 모델을 세우거든요. 우리는 밤새 일하고 있는데 사장이라는 사람이 전시장 모델을 데리고, 그것도 개인 돈이 아니라 법인카드를 가지고 갔다 온 거죠. 우연히 발견했어요. 황당하죠. 이 사람이 원래 그런 사람이 아니었어요. 대학 선배인데 성실한 사람이었어요. 그 당시 벤처문화가 사람을 그렇게 만드는 면이 있었어요. 우연하게 돈 쓴 내역을 확인하다 발견해서 따지고, 거기에 주식 문제가 터지고, 주주총회에서 그 사장이 잘리고 그랬어요. 나머지 선배들이 또 주식을 가지고 싸우더라고요. 그게 너무 싫었어요. 그때 직장을 그만두었죠. 회사에서 나오면서 선배들에게 그랬어요. 저는 개발만 하렵니다. 대학 때 좋아했던 분들인데 회사를 하면서 안 좋은 모습을 보고 지내려니 너무 힘겨웠어요. 술 먹고 화도 많이 냈어요. 정말 속상했죠. 좋아했던 선배들인데 기업이란 공간에서 그런 모습을 보게 되니 많은 회의가 밀려왔어요.

제가 전시하느라 몇 개월 동안 집에 안 들어가고 일했다고 했잖아요. 그 작업 들어가기 일주일 전에 아내가 아기를 낳았어요. 첫 아이였죠. 엄마라도 첫 애는 더 힘들잖아요. 당시 아내가 우울증이 있었어요. 아내가 아기를 3년 만에 가졌거든요. 임신이 안 돼 불임치료로 유명했던 차병원을 갔더니 부모 모두 문제가 있다고 했어요. 시험관 아기를 해야 된다고 하더라고요. 그 당시 아내 몸이 안 좋았고 정신적으로도 지쳐 있어서 나중을 기약하고 시험관 아기를 하지 않았는데 몇 개월 후에 갑자기 아기가 덜컥 들어섰어요. 이미 아내는 불임 진단으로 우울증에 시달린 후였거든요. 그런 와중에 아기를 낳았으니 아내가 혼자 얼마나 힘들었겠어요. 그날도 밤새 일 하다가 서버실에 매트리스 깔고 잠깐 눈 붙이고 있었는데 팀원이 나를 깨우더라고요. 밖에 누가 찾아왔다고요. 나가보니 아기를 업고 아내가 회사에 온 거예요. 선배들이 같은 학교 출신이기 때문에 다 알아요. 선배들이 미안해서 책상 밑에 숨고 도망가고 그랬죠. 아내가 저를 보더니 눈물을 흘리더군요. 저도 너무 미안하고 어찌할 바를 모르겠더라고요. 지금도 싸울 때면 그때 이야기를 해요. 얼마나 잘살려고 내가 이렇게 가정과 나를 돌보지 못했나, 하는 후회가 밀려왔어요. 시간이 지나 아내가 둘째를 낳았어요. 첫째 낳을 때는 지은 죄가 많았잖아요. 둘째 산후조리는 꼭 내가 해주어야겠다고 마음먹고 있었고 여러 일도 있고 해서 해서 그 회사를 그만두었어요.

술 취한 사람처럼 넋이 나가고

둘째를 돌보다가 저도 가족들 생계를 책임져야 하는 가장이니까 다시 회사에 들어갔어요. E라는 회사였어요. 화학, 전자, 기계, 자동차 등등의 공장에서 설비나 시스템을 점검·관리하는 프로그램을 만드는 솔루션 업체였어요. 전 세계 1위 하는 솔루션 업체와 경쟁하는 중소 벤처기업이었어요. 작은 업체지만 경쟁력이 있었어요. 그곳에서 연구소 성격을 갖는 모바일 파트에 들어가 기술 지원과 새로운 기술 개발을 했어요. 나름 자부심을 갖고 일할 수 있는 회사였어요. 근데 이 회사의 특징은 공장을 상대로 하다보니까 출장이 많아요. 구미, 창원, 여수, 거제 이런 지역으로 출장을 많이 갔고 한 번 가면 3개월에서 1년까지 걸렸어요. 주말에만 올라오고 평일에는 여관에서 지냈는데 일이 오래 걸릴 때는 전세방을 얻어서 지내기도 했어요. 공단 주변 지역은 3개월, 6개월 단위로 전세를 얻을 수 있어요. 출장을 가면 어차피 집으로 퇴근해야 하는 것도 아니니까 회사에서는 잠을 안 재우고 일을 시켜요. 야근도 많죠. 시스템을 구축하는 데 짧게는 3개월에서 길게는 1년이 걸리는데 여러 사람이 나눠서 일을 하기보다는 한 사람이 쭉 하는 게 돈이 덜 드니까 그렇게 하기를 바라죠. 제가 3년을 그렇게 생활했어요. 몸이 너무 힘들었어요.

이 회사가 돈을 잘 벌게 되자 중국에 100억 원을 투자했어요. 중국 1위 업체를 따라잡고 싶었나 봐요. 사장이 포부가 컸던 거죠. 그러다 실패해서 그 돈을 다 날려버렸어요. 직원이 80여 명 있었는데 반 이상을 해고시키더라고요. 해고하는 과정이 굉장히 폭력적이었어요. 당장 내일부터 나오지 말라고 그랬어요. 우는 아가씨들도 있고. 매달 첫째 주 토요일에 전체 모임이 있어요. 그날 낮부터 모여서 새벽 3시까지 술을 먹어요. 일하는 스타일이 거칠죠. 대량 해고 사건 직후 회사 전체 모임 때 사장하고 대판 싸웠어요. 저는 사장이 저를 자를 줄 알고 덤볐는데 자르진 않더라고요. 기존에는 회사가 제조업 쪽만 상대했는데 제가 유통 쪽으로 새로운 비즈니스 모델을 만들었거든요. 그래서 그랬는지 쉽게 자르지는 않더라고요.

회사들이 대체로 돈을 쓰는 게 보수적이잖아요. 기계나 설비에 매번 돈을 투자하는 게 아니고 한 번 투자하면 더 이상의 투자는 없잖아요. 그러니까 뭔가 새로운 비즈니스 모델을 뚫어야 되는 상황인데 마침 제가 모바일 유통을 만들어냈어요. 들고 다니면서 매장 관리하고 배송 관리하는 솔루션이에요. 전에는 없던 분야를 만든 거죠. 개발자들이 개척한 거예요. 이 프로그램을 하면서 정말 힘들었어요. 어떤 친구들은 잠을 제대로 못 자니까 가위에 여러 번 눌리고 귀신 봤다는 친구들도 있었어요. 저 같은 경우는 어떤 일도 있었냐 하면, 장인어른 생신날 큰 실수를 했어요. 매일 밤새는 날들이지만 장인 생신이니까 가봐야 되잖아요. 처갓집을 찾아가려고 전철을 탔어요. 회사에서 나와서 전철을 타고 가는데 깜박 잠이 든 거예요. 막차 끊기고 나서 역무원이 저를 깨워서 일어났어요. 세 바퀴를 뼁뼁 돈 거예요. 집에서는 온다는 사람이 안 오니까 난리가 났고. 생일상 차려 놓고 기다리는데 사위가 안 오니까 사고가 난 줄 알고, 전화도 안 받으니까 엄청 걱정을 했던 거죠. 그 뒤로 전철에서 뻗어 있는 사람을 보면 '저 사람 혹시 개발자 아니야?' 하는 생각까지 들어요. 술을 먹지 않았는데도 술 취한 사람처럼 넋이 나가는 거예요.

그런데 어느 날 회사에서 짧게는 8개월에서 길게는 1년은 걸려야 하는 프로젝트를 3개월 일정으로 잡아서 온 거예요. 8개월 동안 해야 할 일을 3개월에 하려니 얼마나 빡세겠어요. 이사님한테 저 이거 못한다고 그랬더니 이사는 나 좀 살려달라고 하소연을 하죠. 결국은 5개월로 늘어났어요. 국내 대표적인 유통 업체였는데 기술이 좀 필요했어요. 일반적인 기술이 아니었기 때문에 발주를 한 그 유통 업체에서도 이번 기회에 배워보자고 하면서 개발자 3명을 붙여주었어요. 저희가 개발할 때 옆에서 보면서 배우겠다고. 근데 3명이 모두

나가버렸어요. 너무 힘들었던 거예요. 어느 날 갑자기 전산팀장이 부르는 거예요. 또 뭐라고 야단치려고 그러나, 일정 안 지킨다고 그러나, 에이 그러든지 말든지 하고 갔는데 저한테 일정을 늘릴 테니 밤새서 힘들게 하지 말라는 거예요. "왜 그러세요?" 그랬더니 너무 무섭다는 거예요. 사람 잡겠다는 생각이 들었대요. 일을 주문한 계약 당사자(갑)가 그런 말을 했어요. 원래 계약 당사자들은 그런 이야기를 안 하거든요. 자기들이 봐도 너무 심하다 싶으니까 그런 소리를 한 거예요. 쉬운 4세대 개발언어로 개발된 PC에서 돌아가던 프로그램을 모바일에 적합한 C++로우레벨 개발 언어로 다 옮기는 작업인데 보통 골치 아픈 게 아니었어요. 내내 그런 식으로 일했어요.

회사가 중국에 투자했다가 망하고 나서부터 월급이 밀리기 시작했어요. 6개월까지 밀린 적이 있어요. 생활이 말이 아니었죠. 내가 지금 누구를 위해서 일을 하고 있나. 어차피 내 아이와 아내를 위해서 일하고 있는 건데

대한민국 나쁜 기업 보고서

돈도 안 받아가면서 뭐 하러 일하나, 그런 생각이 들더라고요. 그래서 회사를 그만두었어요. 퇴사를 하면 밀린 월급을 줘야 할 것 아니에요. 나올 때 저하고 약속하기를 1개월 있다가 주겠다고. 제가 하소연을 했어요. 지금 경제적으로 어렵다. 월급을 안 주니까 은행대출을 받았어요. 그 돈으로 생활비를 했는데 이자가 불어나는 상황이었어요. 이런 상황도 솔직히 다 이야기했어요. 그랬더니 사장이 알았다고 하더라고요. 그래도 돈을 안 주는 거예요. 그래서 다른 동료들에게 물어봤어요. 회사 사정이 안 좋아서 제가 나갈 때 같이 나갔던 동료들이었거든요. 다 못 받았대요. 야, 그럼 우리 노동부에 신고하자. 더 이상 기다릴 수가 없다, 그런 이야기를 주고받았는데 누군가가 그 말을 사장한테 했나 봐요. 사장이란 사람에게 전화가 왔어요. 대뜸 욕부터 하는 거예요. 개××, 십××, 너 이 바닥에서 사장시켜 버리겠다, 발도 못 붙이게 하겠다, 그러면서 소리치더라고요. 그 말을 듣는 순간 너무 열이 받는 거예요. 제가 새로운 비즈니스 영역까지 만들어준 사람이잖아요. 그 기간에 사장이란 사람은 얼굴 한 번 내밀지도 않고 수고했다는 말도 제대로 하지 않은 인간이었어요. 그래, 나 이 바닥에서 떠날게. 너 거기 가만히 있어. 내가 갈 테니까. 오늘 끝장내자. 그리고 전화를 끊었어요. 전화를 끊고 나서 택시를 타고 그 회사로 갔어요. 그런데 가는 중에 회사에서 전화가 왔어요. 통장으로 돈을 바로 넣었다고요. 그래서 저는

3개월 치 밀린 월급과 퇴직금을 받았습니다. 다른 동료들은 결국 밀린 월급과 퇴직금 모두 못 받았어요.

또 한 번 기업에 환멸을 느끼다

정규직으로 마지막에 다녔던 회사는 좀 큰 회사였어요. G그룹 안에 있는 G텔레콤이었는데 코스닥 등록 업체였고 CDM의 모듈을 만드는 회사였어요. 우리나라는 땅이 좁으니까 랜선이 다 깔려 있지만 미국이나 중국은 땅이 넓기 때문에 랜선을 다 깔 수 없어서 네트워크로 무선모뎀을 사용해요. 한마디로 무선모뎀 모듈을 제공하는 회사였죠. 미국에서 한국의 SK나 KT 역할을 하는 회사와 계약을 맺어 일을 했어요. 저는 연구소에서 일했고요. 직원들의 결속력이 되게 강했어요. 그런데 그렇게 잘나가던 회사가 제가 들어간 지 4년 만에 망했어요. 전년도 매출액이 350억 원이었던 회사였거든요. 회장이 회계사 출신인데 G그룹 안에 회계와 재정을 담당하는 지주회사를 세워놓고 그걸 이용해서 미국에 있는 지사로 돈을 빼돌린 거예요. 더 웃긴 것은 자기가 주식을 제일 많이 가지고 있었는데 그 주식을 담보로 사채업자들한테 돈까지 빌린 거예요. 그러고는 미국으로 날라버렸어요. 사채업체들이 회장과 연락이 안 되니까 꽤 높은 가격에 상장되어 있던 주식을 낮은 가격으로 팔아버린 거죠. 잘나가던 회사가 하루아침에 주식이 폭락을 한 거예요. 결국 금융거래위원회에서 거래 정지당하고 코스닥에서 퇴출되었어요. 그 사람 아직도 수배 중이에요. 은행 부채와 세금 안 낸 게 규모가 굉장히 크다고 하더라고요. 저희 직원들은 회사가 이 지경인 줄 몰랐어요. 언론에 실린 것 보고 알았어요. 정말 황당했죠. 저희들은 정말 열심히 일했거든요.

이미 미리 준비되어 있었던 것 같아요. 망하기 전에 부사장이라는 사람이 들어왔어요. 이 사람이 서류상으로만 존재하는 페이퍼컴퍼니를 만든 거예요. 페이퍼컴퍼니를 만들면 은행 부채나 세금을 지연시킬 수 있다고 하더라고요. 그것을 악용한 거예요. 그러면서 저희 직원들을 모두 해고하려고 했어요. 왜 창조나 컨택터스처럼 전문적으로 노조 파괴하는 업체 있잖아요. 그것처럼 전문적으로 회사를 먹으려고 들어온 사람이었던 거예요. 페이퍼컴퍼니 전문꾼이었던 거죠. 팀장이나 직원들이 그 사실을 알아가지고 대책위를 만들었어요. 저희들은 못 나가겠다, 그랬죠. 근데 주식이 폭락하니까 그것을 주당 10원인가에 대량으로 사들이는 사람이 있었어요. 그 사람이 대주주가 됐고 새로 경영권을 갖겠다고 나타난 거예요. 그러고는 원래 경영권을 가지고 있던 부사장을 쫓아내려고 했어요. 우리가 경영권을 가질 테니 너희는 나가, 그런 거죠. 그러니까 부사장은 회계장부도 안 보여주고 면담을 요청해도 못 들어오게 문을 잠가버린 거예요. 되게 골 때리는 분위기였어요.

저희 직원들은 사실 이 회사에 애정이 많았어요. 이 회사 창립 멤버들이 다 있었어요. 어떻게 키운 회사인데 망하게 둘 수 없어 함께 뭉쳐 대책위를 꾸렸어요. 그 새 대주주가 저희들에게 연락을 해왔어요. 들어갈 수 있게 도와달라고 하더라고요. 전체 직원들이 다 모여 있는 곳에 와서 이 사람들이 약속을 했어요. 이 회사가 기술력이 있고 경쟁력이 있는 줄 안다, 그걸 알기 때문에 이 회사에 들어오려고 하는 것이다, 회사를 정상화시키겠다, 좋은 기업으로 성장시키겠다, 그러더라고요. 얼마나 좋아요. 회사를 살리겠다는데. 그래 좋다, 그럼 우리가 도와주겠다, 그 대신 우리를 해고하지 말고 현 직급과 임금은 보장해달라, 그랬어요. 그랬더니 반드시 약속을 지키겠다, 그러더라고요.

이 사람이 들어오고 몇 달간은 우리가 월급도 안 받고 일했어요. 상황이 어떻게 될지 모르니까 자금을 묶어놔야겠다고 하더라고요. 믿었죠. 그 사람들이 회사를 새로 만들자고 그러더라고요. 사람이나 기술이나 장비나 라이선스를 모두 그 사람들이 가져갔어요. 이름도 새로 바꾸고 이사도 했어요. 양재동으로. 양재동으로 이사를 하자마자 이 사람은 뒤로 물러나고 새로운 경영진들을 전면에 내세우더니 어느 날 갑자기 폭탄선언을 하는 거예요. 임금 협상, 직급 조정 다시 하고 일부는 해고하겠다. 저희는 황당했죠. 약속을 지키라고 했더니 힘이 약한 부서부터 개별 면담에 들어간 거예요. 임금이 다 깎여서 나왔어요. 사람들이 너무 놀라서 다 울고 그랬어요. 다시 대책회의를 했어요. 이 회사는 우리가 키운 회사이기 때문에 나갈 수 없다, 이제 노조를 만들어서 대응하자, 그런 거예요. 원래는 실제 회사에서 영향력을 발휘하고 있는 부장이나 차장급들이 노조위원장을 해야 하는데 내가 IT노조에 가입되어 있으니 나보고 하라고 했어요. 제가 지난번에 일했던 솔루션 회사에서 어이없게 나온 뒤에 인터넷 뒤지다가 노조가 있기에 가입했거든요. 자기들은 뒤로 빠지고 제 등을 민 거예요. 저는 고민을 하다가 상황이 급박해서 그 자리를 받아들이게 된 거죠. 마음의 준비가 안 된 상태였어요.

노조위원장 자격으로 사장을 찾아갔어요. 임금 조정 다시 하고 해고 철회해달라고 그러니까 막 화를 내면서 회사 문을 닫겠다고 하더라고요. 근데 나를 밀었던 팀장들이 나보고 밥이나 같이 먹자고 그러더라고요. 팀장은 임원이기 때문에 이미 회사와 관계가 돈독했어요. 너무 나가는 것 아니냐면서 저를 은근히 협박하더라고요. 그래서 제가 당신들을 못 믿겠다, 당신들은 힘 있고 권력 있는 사람들이지만 밑에 있는 직원들은 회사에 당하는 약자들이다, 나는 노조위원장이고 그들 편에 설 수밖에 없다, 그랬어요. 내가 강하게 나가니까 팀장들이 사장을 설득했나 봐요. 다음날 사장이 협상을 하자고 하더라고요. 다시 원상회복하겠대요. 직원들이 그 소식을 듣고 환호성을 지르고 난리가 났어요. 그동안 스트레스 쌓이고 답답했던 게 터진 거죠. 밀렸던 월급도 다 받았어요.

근데 노조는 만들기는 쉬워도 지키기는 어려워요. 사장이 그 후부터 사사건건 파괴 공작을 하는 거예요. 새로 들어온 사원들이 노조에 가입하면 불러서 탈퇴하라고 그러면서. 그런 일이 반복되니까 제가 사장에게 그 사원들한테 사과하라고 편지를 썼어요. 말로 하면 싸우게 되니까요. 노조 가입 건으로 뭐라고 하는 건 부당 노동행위잖아요. 다음날 팀장들이 나보고 사장에게 무슨 짓을 했냐, 그러더라고요. 사장이 회사 문을 닫겠다고 했대요. 그러면서 사장에게 사과를 하래요. 울컥 올라왔어요. 말이 안 되는 소리잖아요. 노조 총회를 열라고 그러더라고요. 그래, 총회는 받아들일 수 있다, 했는데 총회에서 제 공식 사과와 노조 해체를 안건에 올려 통과시킨 거예

대기업들이 안 무너지는 게 신기해요

요. 이미 회사에서 그런 작업을 하고 있었던 거죠. 너무 어처구니없는 일로 노조가 해체되어버렸어요. 그 뒤로 제가 회사에 찍힌 인물이 되었기 때문에 직원들이 제 옆에 오지 않으려고 했어요. 회사에서 왕따가 되어버린 거죠. 자기들이 위원장 하라고 등을 떠밀어놓고는 내 등에 칼을 꽂은 거예요.

그 후로 회사의 폭압이 더 심해졌어요. 어느 날 담배 피우고 있는데 후배가 와서 그러더라고요. 형, 나 스트레스 받아 미치겠어요. 지금 정신병원에 다니고 있어요. 너라도 나가라, 이 회사는 비전이 없다, 그랬더니 나보고 미안하다고 그러더라고요. 그 친구가 나갔는데 회사에서 퇴직금을 안 줬어요. 그렇게 1년이 지났어요. 회사에 직원이 많이 늘어났어요. 저는 회사가 많이 컸구나, 했죠. 근데 미국 프로젝트가 하나 있었는데 그게 깨진 거예요. 회사에서는 직원들이 잘못해서 그렇게 됐다고 난리를 피운 거죠. 상황을 보니 좀 이상했어요. 계약이 깨지면 위약금을 물어야 하는데 그런 게 없었어요. 나중에 알고 봤더니 미국 내 시장이 변해서 미국 기업에서 자체적으로 정리를 한 거였어요. 회사는 이미 받을 돈은 다 받았고요. 그랬는데 이번 일로 직급 깎고 월급 깎겠다고 메일을 보낸 거예요. 직원들이 메일을 보고 말도 안 나오는 거죠. 회사에 환멸을 느꼈어요. 이제까지 회사를 만들어왔던 사람들이 다 나가버렸어요. 회사에서 나가도록 계획을 짠 거죠. 직원들이 나갔는데 이미 대체 인력들이 다 준비되어 있었어요. 직원 수가 늘어난 게 대체 인력들이었던 거예요. 이미 기술인수를 다 받아놓고요. 제가 나가는 직원들을 설득했어요. 너무 아깝지 않냐, 그래도 설득이 안 됐어요. 저는 안 나갔어요. 본능적으

대한민국 나쁜 기업 보고서

로 여기서 나가면 안 되겠다 싶더라고요. 그랬더니 너는 왜 안 나가냐, 그러더라고요.

어느 날 메일을 보니 너, 해고다, 나가라 그렇게 쓰여 있더라고요. 많은 생각이 스쳐갔어요. 아, 안 되겠다, 싶어서 1인 시위를 시작했어요. 지방노동위, 중앙노동위에서 8개월에 걸려 해고무효소송을 했어요. 제가 이겼어요. 복직을 하려고 했는데 회사에서 복직이 부당하다고 노동부를 상대로 행정소송을 건 거예요. 이게 대법원까지 3년 걸렸어요. 그것도 승리했어요. 복직 판정이 내려 회사에 갔는데 이미 회사는 실체가 없어졌더라고요. 복직이 되면 해고 기간의 임금을 다 줘야 돼요. 그게 1억 4,000만 원이 넘었어요. 나중에 조사해보니 회사가 자본금을 빼서 다른 회사를 인수 합병하는 데 썼더라고요. 회사를 다른 곳에 네 군데나 차렸어요. 그 회장이 유명한 '네오리소스'라는 회사를 차렸더라고요. 언론에도 크게 나왔어요. 아주 전망이 유망한 기업주라면서요. 기겁을 했죠. 이 사람이 4개 업체에서 체불된 임금만 40억 원이 넘었어요. 그 직원 가족까지 합하면 이건 살인죄예요.

다른 회사에 들어가 일을 해야 하는데 일을 할 수가 없었어요. 마음이 안정이 안 됐어요. 내가 또 기업이란 데를 들어가야 하나. 그래서 소송과정에서 밥벌이로 해오던 프리랜서 일을 계속하기로 했어요. 프리랜서란 출퇴근이 없고, 업무 지시도 없고, 성과에 책임을 묻지 않아야 진정한 프리랜서인데 우리는 사실 그 모든 걸 다 하니까 계약직이나 마찬가지죠. 기간제 계약직이요. 6년 동안 프리랜서를 했어요. 대부분 하청구조에서 일을 했어요. 저는 '진'급(7차 하청)에서도 일해본 적이 있어요. 아주 열악한 상황이에요.

SI사업은 대기업 중심의 하도급 시스템에 기반하고 있다. 대기업의 대표적인 SI업체는 삼성 SDS, LG CNS, SK CNC 등이다. 그 아래 단계가 대우정보통신, 쌍용정보통신, 현대BS&C, KCC정보통신, 핸디소프트, 효성노털리스 등 10개 안팎의 중견 SI업체가 있다. 중견이라고 하지만 사실은 대기업 계열사다. 요즘은 IBM이나 후지쯔 같은 외국계 중견 SI업체가 영역을 넓히고 있고 영향력도 커지고 있다. 나머지는 중소영세 SI업체들로 구성된다. 소프트웨어 산업에서의 하청 또는 하도급 관계는 소프트웨어 관련 프로젝트의 발주자가 갑(원청), 대기업 SI업체가 을이 되므로 하청 또는 하도급 관계는 대기업 SI업체인 을과 중소 소프트웨어 업체인 병 또는 정, 혹은 그 이하 기업 간의 관계를 의미한다. 속칭 갑을병정무기진 등으로 하청이 내려간다. 2004년 IT노조에서 교수들과 실태 조사를 했는데, 조사 결과 전체 SI에서 대기업이 차지하는 비중은 1.5%도 안 됐다. 지금도 크게 달라진 바가 없다고 본다. 그러니까 대략 최대한 늘려줘도 95% 이상은 대부분 중소 영세업체가 차지한다. 그런데 매출액 비중은 대기업이 거의 80% 이상을 가져간다. 나머지 95%가 10% 이익을 두고 피 말리는 경쟁을 하는 셈이다.

대한민국 나쁜 기업 보고서

저열한 대기업의 맨얼굴

제가 국내 대표적인 대기업들과 일을 하면서 모골이 송연하다는 느낌을 받았어요. 우리나라 기업 질서는 기업도 갉아먹고, 개인도 갉아먹고, 국가도 갉아먹는 형태예요. 사정이 이런데도 대부분의 사람들이 대기업에 전적으로 의지하며 살고 있어요. 기업들의 알맹이를 보면 형편없거든요. 도대체 어찌 되려고 나라 전체가 이 기업들에 기대고 있는지 모르겠어요. 한방에 맛이 갈 수도 있거든요. 지금과 같은 국가와 기업에서 우리 아이들을 키운다는 것 자체가 공포죠. 그럼에도 기업이 돌아가는 건 거기서 일하는 사람들이 정말 부지런 하기 때문이에요.

제가 예전에 홈플러스에서 시스템을 개발할 때였어요. 홈플러스 POS시스템의 보안 시스템을 만드는 일이었어요. 카드번호나 주민 번호를 바로 저장을 못하고 암호화를 해야만 저장할 수 있어요. 그 게 개인정보보호법에 의해 3~4년 전에 갑자기 바뀌었어요. 보안 암 호화를 적용하기 위한 프로그램을 개발했는데 RSA라는 보안 알고 리즘이 있어요. 그 보안 알고리즘을 하는 업체가 참여해서 미국 엔 지니어들이 같이 왔어요. 솔루션을 들여와서 쓰는데 그 사람들이 설 치해주고 가이드도 해줬죠. 한참 열심히 일하고 있는데 5시 45분이 되니까 그 사람들이 일을 하다 말고 갑자기 벌떡 일어서더니 "와, 퇴 근할 시간이다" 그러면서 가방을 챙기는 거예요. 그 말을 들은 옆에 있던 우리 개발자들이 "Good job!" 그러면서 박수를 막 치는 거예 요. 그게 맞는 거거든요. 우리나라는 "너희들, 이러면 재미없다"고 하거든요. 그런 모습이 너무 부러운 거죠. 노키아도 그럴 거예요. 요 즘은 맛이 많이 갔지만.

대안이 되는 기업문화가 뭔지 모르겠어요. 중요한 것은 사람들이 창의적으로 참여할 수 있는 사회가 되었으면 좋겠어요. 상식 안에서 일하는 사람이 밤새서 열심히 일했는데 다른 사람들보다 100분의 1, 10분의 1도 대우를 못 받으니 일할 맛이 나겠느냐는 거죠. 어차피 현실이 그런 건지.

중소기업, 벤처기업에 있을 때도 솔루션을 만들어 대기업에 가져다주면 자기네 것인 양 써요. 나중에 소스까지 달라는 경우도 있고 법적인 제소를 하는 경우도 많아요. 예를 들면 내가 개발했는데 나중에 보니까 S그룹 등 대기업 제품이 되어 있어요. 그걸 고발해도 법원에 가면 대부분 져요. 그런데 중소기업 사람들이 재판 한 번 걸면 목숨 걸고 해요. 집안 망할 생각을 해요. 가끔 가다가 그런 분이 튀어나오는 경우가 있어요. 정부에서 이런 걸 막기 위해 중소기업 소프트웨어 소스은행 제도(기술자료 임치제도, 중소기업의 핵심 기술정보—소프트웨어 소스파일, 실행파일, 시스템 설계도, 사양서, 유지보수 매뉴얼, 개발 보고서와 개발자 정보 등등—를 제3의 신뢰성 있는 기관인 대·중소기업협력재단에 맡겨둠으로써 기술 유출의 발생이나 대기업에 의해 그 권리가 침해당했을 경우 중소기업이 해당 기술을 보유하고 있음을 입증할 수 있도록 한 제도)를 했다는데 안 먹혀요. 의미가 없어요. 대기업의 모습이 되게 다양한데요. 대기업에 당하는 중소기업이 많아요. 모든 대기업에는 IT업체들이 깔려 있어요. 대표적으로 삼성은 삼성SDS가 있고 LG에는 LGCNC가 있고 SK는 SKCNC가 있어요.

예전에 다니던 E솔루션 업체에서 모 식품업체의 일을 한 적 있어요. 대기업 A의 일을 받아서요. 구미에 있는 그 식품업체의 공장에 프로그램을 설치하는 일이었어요. 라면이나 과자 만드는 각 생산 공정마다 문제가 발생하면 PDA로 알람을 보내주고 대처하고 관리할 수 있게 도와주는 프로그램이에요. 발주 식품업체가 '갑'이면 대기업 A가 '을'이고 우리 회사가 '병'이었어요. 그 식품업체에서 컨펌(확인)을 해야 남은 미수금을 받는 거예요. 거의 중도금이 없어요. 한꺼번에 주는 거니까요. 그 식품업체에서 일이 다 끝났다고 'OK' 했으니까 대기업 A도 사인을 해줘야 하잖아요. 안 해주는 거예요. 그러고는 제가 프로그램 매니저였는데 저보고 잠시 보재요. 갔더니 노트북을 사달라는 거예요. 그때 당시 노트북이 되게 고가였거든요. 처음에는 농담인 줄 알고 "에이, 뭔 소리예요?" 그랬는데 심각한 얼굴로 다시 말을 하는 거예요. 그건 제가 어떻게 할 수 없다고 했더니 그러면 자기네가 사인을 해줄 수 없대요. 열이 팍 받는 거예요. 정상적으로 일을 다 끝마쳤으면 사인해주는 게 당연한 거 아니에요. 그걸 안 해주겠다고 한 거예요. 노트북 사주는 건 내 권한이 아니니 회사에 가서 말을 해보겠다고 하고는 회사에 가서 화를 냈어요. 난 못한다고 그러니까 이사가 치사하다고 사줘버리라고 그러더라고요. 이런 일이 늘 일상으로 있어요. 저도 한두 번 겪은 게 아니에요.

한번은 LG실트론에서 모바일 관련 개발을 한 적이 있어요. 이 실트론 제조 과정이 정교하고 고급 기술이 필요하죠. 그 제품을 생산하는 생산 공정을 관리, 점검해주고 모니터링해주는 소프트웨어를 개발하는 거예요. 근데 그날이 무슨 날이었냐면 개발이 완성되어 시연을 해주는 날이었어요. 굉장히 중요한 날이었죠. 시연을 해서 결과가 좋으면 괜찮은데 그렇지 않으면 모든 걸 책임져야 할 상황이었기 때문에 모두 잔뜩 긴장하고 있었어요. 우리 회사 사람들도 다 와서 기다리고 있었어요. 그때 같이 일하던 과장님에게 전화 한 통이 걸려 온 거예요. 우리가 예전에 H기업에 해줬던 프로그램에 장애가 발생했다고, 소송을 걸겠다고 했나 봐요. 과장님이 큰일 났다며 헐

레벌떡 뛰어갔어요. 그 회사가 가까운 곳에 있었거든요.

어떻게 하겠어요. 중요한 시연이었지만 급한 일이 생겼다니 가보시라고 한 거죠. 근데 시연이 다 끝나고 밤 8시가 지나도 안 오시는 거예요. 저희는 걱정도 되고 화도 많이 났어요. 그런데 과장님이 9시 지나서 들어오는데 술에 취해 있는 거예요. 아니, 술까지 드시고 들어와? "과장님, 지금 뭐하시는 거예요?" 그랬더니 "아, 미안하다"고 하면서 아무 말도 안 하시는 거예요. 술이나 먹자고 그러더라고요. 술 먹으면서 하는 이야기가 H기업에서 난리가 났다고 해서 가봤더니 한다는 소리가 밥 좀 사달라고 하더래요. 자기 부서원들이 회를 먹고 싶어 하니 회 좀 사달라고 불렀다는 거예요. 회 사달라고 장애가 발생해서 소송 걸겠다고 뻥을 친 거예요. 함께 회 먹고 접대비로 200만 원 내고 온 거예요. 대기업에 일을 받으려면 이런 일을 당해도 어쩔 수 없는 거죠. 아주 저열해요, 대기업 문화가. 이게 단적인 예에 불과해요. 한두 가지가 아니에요.

국내 일류 기업인 S기업도 예전에 내가 일했던 때하고는 분위기가 많이 바뀌었어요. S전자 내부를 들여다보면 여기가 내 평생직장이라고 생각하는 사람들이 거의 없어요. 언제 나갈 것인가를 상당히 현실적으로 고민해요. 그 기업에서 사람들을 엄청 많이 뽑아요. 저한테도 들어오라고 해요. PC사업부가 만들어진다고. 스마트폰 하는 곳인데 그 당시에는 스마트폰이 안 나올 때였어요. 그런 사람들이 많았어요. 그런 사람들이 어느 순간이 되면 다 떨어져 나가는 거예요. 사람을 사람처럼 대하는 게 아니라는 거죠. 필요에 따라 고용했다가 불필요하면 잘라버리는 거죠. 어떤 일이 있나 하면 정직원으로, 공채로 들어온 친구들이 있어요. 지금 우리가 기술적인 용어를 써서 어려운 부분이긴 한데요. CBMA폰이라고 2G, 3G, 4G는 들어보셨죠? 3G인 WCGM까지는 그 S대기업이 대세로 밀고 나갔어요. 전 세계적으로 그 기업 상품이 많이 팔렸어요. 근데 어느 순간부터 무선인터넷 관련 기술이 여러 가지가 나왔어요. 와이브로, LTE, HADPA 등이요. 전 세계적으로 뭐가 선점할지 모르는 상황에서 와이브로 담당 팀을 만들고, HADPA 팀을 만들고, LTE 팀을 만드는 거예요. 어느 날 갑자기 와이브로가 죽고 LTE가 대세가 되니까 WCDA는 들어내버리는 거예요. 그곳에 있는 사람들은 일거리가 없으니까 다른 곳으로 배치될 것 같죠? 그대로 잘리거나 지방으로 쫓아버려요. 지방으로 안 가고 다른 데 가겠다고 하면 구차해지는 거죠. 나가야 되는 거예요. 대기업 조직이 그렇다는 거죠. 내가 일하는 자리도 없어요. 그냥 노트북 갖다가 선을 꽂으면 내 자리가 되는 거예요.

중소기업에서 일하느니 차라리 프리랜서

대기업 자체도 그런 상태인데 중소기업은 이루 말할 수 없죠. 중소기업에서 일하느니 차라리 프리랜서로 일하는 게 낫다고들 해요. 돈도 더 많이 받고요. 이런 상황에서 계약직 사람들이 얼마나 책임감을 가지고 일을 해주겠어요. 내 일이라고 생각하고 일하기 쉽지 않아요. 계약 기간만 채워주면 되는 거죠. 그러니까 소프트웨어의 퀄

리티(질)가 얼마나 떨어지겠어요. 끊임없이 외국 소프트웨어를 사들여 쓰는 거죠. 외국 기업만 좋은 일 시키는 거죠. 이게 우리나라 현실이라고요. 그런 대기업들을 믿고 나라 전체가 매달리고 있다는 것 자체가 등골이 서늘하다는 거죠.

또 다른 대표적인 대기업 L도 말이 아니죠. 기업 자체가 오래 못 갈 것 같다는 생각이 들 정도로 형편없어요. 거기 스마트폰이 다 실패하고 있잖아요. 안에 구성원들을 보면 그럴 수밖에 없는 구조예요. 개발자들 내에서 그 기업에 들어가지 말라는 이야기가 돌고 있어요. 농협, KT목동, LG가산디지털 단지는 블랙리스트에 올랐어요. 일이 들어와도 안 가요. 워낙 힘드니까. 일이 중구난방이어서 사람들이 죽어나요. 요즘은 워낙 사람들이 안 들어오니까 좀 바뀌었다고 하는데 그래도 악순환을 끊기 힘들죠. 회사 직원으로 있는 개발자들조차 근속연수가 1~2년밖에 안 되니 거의 계약직과 같고 그만큼 임금도 낮고.

물론 IT업계 중에 잘나가는 데도 있어요. 다음이나 네이버 같은 곳이요. 거기 직원들은 대우는 좋다고 해요. 속 안을 들여다보면 또 다르죠. 제 후배가 네이버에 들어갔다가 그만두었어요. 너무 힘들어서요. 임금이나 보상제도는 더 좋을지 모르지만 작업 환경은 다를 바가 없는 거죠. 심지어는 회사에서 일상적인 관리 업무까지 프리랜서를 쓰고 있어요. 유지 보수하고 관리하는 일은 회사 본연의 임무잖아요. 정규직의 일상 업무를 프리랜서가 하고 있어요. 얼마나 그 시스템의 퀄리티가 낮겠어요.

수탈에 가까운 하청 구조를
어찌할 것인가

문재훈 • 남부비정규직센터 소장

영세업자와 노동자를 수탈하는 원청-하청 구조

한번은 IT 소프트웨어 생산자들이 노조를 만든다고 하기에 만난 적이 있어요. 그런데 자기들끼리 이야기하는 게 난 무급이다, 난 기급이다 그래요. 그게 무슨 소리요? 그랬더니 갑, 을, 병, 정, 무, 기, 경, 신, 임, 계. 거기서의 '무'와 '기'인 거예요. 그러니까 보통 하청이라고 하면 2차, 3차로 생각하는데 5차, 6차까지 있다는 말이었어요. 그 말을 듣는데 머리가 떵하더라고요. 프리랜서가 1인 기업처럼 취급되면서 마지막 단계의 하청 노릇을 하는 거예요. 이 마지막 단계의 하청 노동자들은 구멍가게 주인처럼 온갖 일을 다 하면서도 노동법에 있는 권리는 하나도 보장받지 못해요. 이건 말이 안 되죠.

예전에는 하청이란 개념보다 부품 업체란 개념이 많았어요. 무슨 이야기냐 하면 부품 업체는 독자적인 기술을 갖고 기업에 납품하는

형태로 자립성과 독립성이 강했죠. 사내하청으로 출발한 하청 업체
는 기술적으로나 사업적으로 자립성과 독립성이 없는 형태였고 반
면에 부품 업체는 다른 형태였는데 IMF 전후로 개별 경제체제가 극
단화되면서 부품 업체조차 하청 업체가 되어버린 거예요. 지금은 오
히려 독립적인 부품 업체는 거의 없고 대부분 하청으로 변질이 되어
버렸죠. 1990년대 후반부터 시작해서 2000년에 들어서면서 그렇게
되었죠. 지금 싸우고 있는 유성기업도 그동안 부품 업체로 독자적인
기술과 사업을 갖고 있었지만 현대자동차에 하청화되면서 현대자동
차가 약속한 것을 어기니까 싸우게 된 것입니다. 이것이 IMF의 영
향이라고도 볼 수 있지만 대기업 중심, 재벌 중심의 경제가 강요하
는 필연적 결과라고 할 수도 있죠.

보통 하청의 형태를 보면 1차 하청은 대부분 규모도 있고 기술적
인 면이나 경영에서의 독립성도 있는데 문제가 되는 것은 2차, 3차
로 갈수록 독자적인 기술과 기술자가 필요 없는 형태가 된다는 거예
요. 예를 들어 대기업에서 금형을 가져다주고 그대로 부품을 만들게
한 뒤에 다시 그 금형을 회수하는 거죠. 그래서 하청 단계가 내려갈
수록 기술은 단순해지고 규모는 영세해지죠.

하청 구조가 결국은 임금 따먹기예요. 인간이 수용할 수 있는 가
장 낮은 단계의 노동 수준까지 내려가도록 만드는 체계가 하청 구조
입니다. 소프트웨어 쪽에서는 마지막 하청이 프리랜서인데 하루에
12시간씩 일을 해야 하죠. 일당 받는 노가다랑 똑같다고 보면 돼요.
달리 말하면 원청-하청 구조의 핵심은 영세업자와 노동자들을 일용
직 노동자로 만드는 구조적 완결체입니다.

이런 극악한 형태의 기업 구조는 장기적으로는 기술 축적을 저해하여 한국 경제에 많은 폐해를 끼치게 됩니다. 우리가 보통 산업 공동화라고 하잖아요. 미국이나 일본이 우리나라보다 경제 규모도 크고 기술도 발전되어 있지만 내수를 통한 경제 회복을 못하는 까닭은 모두 기술직 부문을 해외로 이전시켜버렸기 때문이거든요. 여기서 해외 이전을 우리식으로 말하자면 원청-하청 구조의 국제화라고 할 수 있겠죠. 어차피 저임금 따먹기이기 때문에 국내 노동자들과 해외 노동자들을 한꺼번에 쥐어짜는 구조가 된 거죠. 이대로 계속 가면 기술 자립력이 소진될 수밖에 없죠. 벌써 우리나라에 금형이나 선반이나 용접 분야에서 젊은 세대 노동자들이 없어요. 실제 기술자들 대부분이 30대 후반에서 40대예요. 그 밑은 이주노동자들이 채우고 있죠. 이주노동자들이 정규직 노동자들로 전환된다면 큰 문제가 없지만 그렇지 않으니 국가적 차원에서 기술의 전승이 단절되는 상황까지 가는 거죠.

지금 생각해보면 여기 구로 1공단의 써니전기, 3공단의 삼홍사가 처음으로 소사장제를 만들었어요. 라인별로 사장을 둔 거죠. 노조를 인정하지 않으려고 편법을 쓴 거예요. 우리나라는 기업별 노조 체계였으니까 한 회사의 노조를 나눠버리면 단결이 안 되잖아요. 써니나 삼홍사도 싸우다가 막판에는 위원장 하나 남은 노조가 되고 그랬거든요. 지금 생각해보면 그게 외주화, 아웃소싱의 시작이었던 것 같아요. 아웃소싱 사장들이 누구냐 하면 대부분 회사의 중간 관리자나 임원들, 친인척들이었거든요. 자기들끼리 부분, 부분 떼어 가지는 구조인 것이죠. 이런 기업은 독립적인 사업을 운영할 수 없고 수주가 끊어지면 바로 없어질 수밖에 없죠. 기업이 하루살이 형태밖에 안 되는 거죠.

요즘 현대자동차를 보면 그런 사내 하청들은 폐업도 쉬워요. 노동법 위반 문제로 싸우다 폐업해버리면 회사 자체가 없어져버리는 거 잖아요. 노동자들은 어쩔 수 없이 원청과 싸워야 되는 거죠. 사실 원청이 책임지는 것이 맞죠. 아주 값싼 것, 기술력이 필요 없는 것, 한시적인 것, 위험한 것, 더러운 것들은 전부 하청으로 돌려버렸으니. 그런 의미에서 중소영세 자본가들의 비정규직화가 바로 하청화라고 할 수도 있겠죠.

불공정 거래를 경제적 효율로 판단하는 공권력

어떻게 보면 하청 사장들도 비참하죠. 왜냐하면 독자성이 없으니까. 이게 우리 노동자들에게는 이중의 고통이죠. 우리가 임금을 올리면 다음에 원청으로부터 수주를 받을 수 없다, 이렇게 돼버리거든요. 이야기를 들어보면 분기별, 1년 단위로 원청에서 하청 관리를 한답니다. 노무관리는 잘되는지, 임금 단가는 적절한지. 원청 자신이 설정한 부분보다 높게 책정되어 있으면 "너희들, 배가 부르구나" 그러면서 단가를 깎는 게 다반사죠. 원청은 자기들 나름의 관리 매뉴얼을 가지고 있어요. 이런 게 명백한 불공정 거래거든요. 이걸 잡아낼 수 없는 거예요. 이런 걸 잡아내야 하는 게 원래 공권력의 역할인데 이놈의 나라는 이런 것을 불공정이 아니고 경제적 효율성이라고 생각하고, 경영을 잘하는 것이라고 생각하니까 잡아낼 의지가 없는 거죠.

관리 매뉴얼에 대한 이야기를 해보자면 가리봉동에 한국음향이라고 자동차 스피커를 만드는 회사가 있어요. 거기 노조가 없어졌는데 당시 부원장이었던 친구가 하는 말이에요. 한국음향이 현대자동차 1차 하청이거든요. 7%로 영업 이익을 보장받았는데 그 정도면 많지도 적지도 않은 거예요. 문제는 그 7%로 2차, 3차 하청이 모두 먹고살아야 한다는 거죠. 이렇게 되니까 단계가 내려갈수록 인건비밖에 줄일 게 없는 거죠. 원가를 수주 단가로 후려친다는 표현이 있거든요. 보통 감가상각이라고도 표현하는 거예요. 비용이란 게 재산 가치가 줄어드니까 2년이면 5%, 3년이면 3%로 줄어들죠. 새로운 게 들어와 7%가 되면 큰 문제가 없는데 감가상각 연도가 5년이면 실제로는 7~8년 하거든요. 그러면 그 시간 동안 더 쥐어짤 수밖에 없어요. 다음 수주를 위해 손해를 봐도 생산을 유지할 수밖에 없는 구조까지 갈 수밖에 없는 거죠.

이것과 직접적으로 연관이 되는지 모르겠지만 도요타 시스템이라고 있는데 물류비용을 없애는 시스템이에요. 본사는 물류비용이란 게 아예 없고 대신 그 비용을 하청에 넘기는 거예요. 하청 기업이 대기업 물류창고까지 대신해주는 거죠. 요즘은 산업이 엄청 빠르게 순환되잖아요. 어떤 물건을 쌓아놓고 있다가 단종이 되면 이걸 고스란히 하청이 떠안는 과정이거든요.

최근에 제가 가슴 아프게 지켜봤던 게 파주, 양주에 LG LCD부품 공장이 굉장히 많거든요. LG가 요즘 어렵잖아요. 그러니까 하청 업체들이 초토화돼버렸어요. 정상적으로 운영되는 기업이 거의 없다시피 해요. LG가 어렵다는 것은 그 밑의 하청은 6개월, 10개월 동안

휴업 중이라고 생각하면 돼요. 그러니까 드러나는 것은 빙산의 일
각인 거예요. 거기서 일하는 사람에게 연락이 왔어요. 전체 라인 중
에 3분의 2가 갑자기 6개월간 휴업을 해야 된다며 여러 라인을 합쳐
버렸다고 이야기하더라고요. 한마디로 파리 목숨인 거죠. 중소기업
이 우리나라 일자리의 85%를 차지하고 있어요. 대기업이 벌어들이
는 돈의 액수는 훨씬 많겠지만 일자리는 15%밖에 제공하고 있지 않
죠. 전체 중소기업 중에 삼성전자 등 대기업과 직접 관련이 있는 하
청 기업이 3분의 1 정도 될 겁니다.

은유나 비유가 아니라 실제로 노예관계

사실 저는 비정규직이나 하청이 착취구조라고 생각하지 않아요.
착취는 구조 속에서 쥐어짜는 건데 일제강점기에 일본이 한국 경제
를 수탈했듯이 착취가 아니라 수탈, 강제로 빼앗은 것에 가깝다고
보는 거죠.

조사에 의하면 왜 외주화를 하고 하도급 계약을 하는지 물으면
대부분의 사장들이 비용 절감이라고 말하고 있어요. 분업화, 기술력
강화가 아니라 임금 저하, 단가 저하만 노리는 거예요. 1980~1990
년대 산업구조가 그대로 연장되는 거죠. 두 번째 이유는 고용 조정
이 용이하다는 거예요. 세 번째는 위험하고 더러운 일이어서 외주화
한다는 것이고. 지난번에 공항철도에서 철로 수선원들이 한꺼번에
많이 죽고 세종중공업에서도 많이 죽었잖아요. 힘들고 더럽고 위험
한 일을 외주로 하면서 관리만 원청 기업들이 하는 거죠. 제가 항상
비정규직 이야기를 할 때마다 강조하는 건데, 원래 근대법은 권리와

의무가 같이 가야 하는 거예요. 한쪽은 권리만 다른 한쪽은 의무만 갖는다면 그건 노예관계예요. 원청-하청 구조에서 원청 사용자들은 권리만 있고 하청 노동자들이나 비정규직 노동자들은 의무만 있어 은유나 상징으로서의 노예관계가 아니라 관계 자체가 한쪽은 향유하고 한쪽은 부림만 당하는 실체적인 노예관계인 거죠.

대다수 국민들의 삶이 보장되지 않고 있는데 20대 재벌은 재산이 5년 사이에 두 배가 넘게 늘었다고 하더라고요. 재벌들이 잘나가면 우리 경제가 잘나가는 걸로 착각하는데 거꾸로 재벌이 잘나가는 것은 대부분의 국민들이 더 가난해졌다는 말이에요. 삼성이나 현대가 안으로 하청이나 비정규직을 쥐어짜서 이윤을 내는 것이니까요. 기준 이하로 쥐어짜는데도 중소기업이 그나마 살아남아 있는 가장 큰 이유가 나라에서 주는 중소기업 지원금 때문이에요. 이 돈이 엄청나죠. 그걸 믿고 재벌들이 단가 후려치기를 하는 거예요. 우리나라 재경부 예산의 절반이 중소기업으로 들어가거든요. 그게 들어오면 재벌들이 다시 쭉 끌어가는 거예요.

예전에 단병호 씨랑 함께 조사를 했는데 중소기업 지원금조차도 원청-하청 구조에 흡수되고 있더라고요. 재벌은 세금 끌어다 먹는 깔때기인 거죠. 우리나라 기업은 최소한의 자기들끼리의 윤리 규범이나 공정에 대한 기본 관점이 없거든요. 저는 개인적으로 우리나라에서 제일 낡은 게 자본가의 머릿속이라고 생각해요.

이 문제가 법적, 제도적으로 해결되어야 한다고 생각해요. 우리나라는 모든 게 최저 낙찰제예요. 이게 무한히 아래로의 경쟁을 부추기는 제도거든요. 최저 낙찰제가 아니라 최적 낙찰제가 되어야 합니다. 최소한 인건비는 이 정도이기 때문에 그 이하로 내려갈 수 없다는 부분에 어떤 기준이 있어야 합니다. 최저 낙찰제에서는 깎을 수 있는 게 인건비밖에 없어요. 이런 구조 안에서는 최대로 임금이 올라가봤자 최저임금이죠. 임금 인상 투쟁이 따로 필요 없이 최저임금이 임금 인상의 기준이 되는 거예요. 저는 개인적으로 정운찬 전 국무총리의 동반성장이 부분적으로 의미가 있다고 생각합니다. 중소기업이 재벌의 깔때기가 되면 안 되거든요. 그걸 막아내야 합니다. 재벌의 횡포, 특혜, 공정거래에 대한 엄격한 국가적 규제가 필요합니다.

중소기업 살리기만이 올바른 길은 아니다

그 대안으로 사회적 임금을 도입하거나 사회보장으로 우리 삶에서 인건비의 비중을 낮추자는 이야기들을 많이 해요. 유럽은 임금으로 사는 곳이 아니거든요. 출산, 육아, 교육, 병원, 주택, 노후 등의 문제는 GNP 5,000달러면 해결되거든요. 우리나라는 GNP 5만 달러인데 해결 못할 이유가 없거든요. 그러니까 우리는 임금으로 '땜빵'하는 거예요. 국가가 의무적으로 제공해야 할 것들을 개인적 임금으로 대신하고 있는 것이죠. 그렇게 때문에 우리가 매우 힘든 삶을 살고 있는 것이죠. 우리나라 임금이 단가로는 낮지 않아요. 저임금이 아니죠. 실질적인 복지가 없기 때문에 그게 턱없이 낮은 임금이 되는 거죠. 사회적 일자리와 사회적 임금을 높인다는 것은 복지적 관점에서 틀린 이야기는 아니에요. 근데 이게 잘못하면 최저임금이나 비정규직이나 인간 이하의 경영을 용인해주는, 개별적인 자본에게 관용을 베푸는 형태가 될 수 있죠. 저는 개인적으로 최저임금을 주고도 운영이 안 되는 기업은 없어지는 게 낫다고 봐요. 그런 게 왜 필요합니까? 인간 이하, 노예를 육성하는 기업이죠. 스웨덴은 기업 일자리와 사회적 일자리가 50대 50이 돼요. 우리나라는 70대 30입니다. 어떤 사회민주주의 이론에 따르면 일자리의 시장화 탈출 정도에 따라 사회의 복지 정도를 알 수 있다고 하거든요. 한국, 일본, 미국은 기형적이에요. 일자리가 지나치게 기업 중심으로 편중되어 있어요. 이런 부분의 균형을 맞춘다는 말은 틀린 이야기가 아니에요. 반드시 그렇게 돼야 하는데 그것이 자칫 개별 기업의 비인간적인 관행이나 악습이 용인되어야 한다는 의미로 받아들여서는 안 되는 거죠. 사회적으로 기업에 대한 도덕의식이 명확히 설정돼야 한다고 생각해요.

저는 중소기업가들도 자기반성을 해야 한다고 생각합니다. 임금이 올라가면 재생산이 어려워진다고 많이 말하는데 그것은 임금의 지배력을 장악하기 위한 것이에요. 제가 중소기업 사장들에게 노동자들을 적으로 돌리면서 탄압할 게 아니라 공정거래 확보를 위해 함께 싸워야 한다는 제안을 많이 했어요. 근데 그렇게 못하죠. 노동자들만 찍어 눌렀거든요. 이제 와서 중소기업들이 대기업에 자기들도 찍혀 눌리고 있는 거죠. 힘도 발휘 못하는데 새누리당 등 보수정치권의 커다란 지지 세력으로만 형성되어 있는 것이죠. 중소영세기업의 기업가들이 자기 운명을 보지 못하고 역행한 결과라고 봐요. 시장원리에 충실해야 한다는 말을 하는데 그 자체가 성립이 되지 않아요. 대기업과 중소기업 자체가 공정한 거래가 안 되는데 중소기업들은 이 불공정함을 노사관계의 불공정함으로 돌려갖고 '땜빵'을 하고 있는 거죠. 이건 완전히 허구고 난센스예요.

사실은 좋은 노조를 갖고 있는 노동자들은 자본주의 사회에서도 편한 생활을 할 수 있어요. 제일 힘든 부분은 자영업자들이에요. 구멍가게 하시는 분들의 근무시간은 아침 7시부터 밤 11시, 새벽 1시까지예요. 이게 무슨 근무시간이에요. 사장이 중간 관리자나 노동자 노릇까지 다 해야 돼요.

사실 복지제도가 잘 갖춰지면 중소영세기업의 숫자는 줄어들 겁니다. 스웨덴은 최고로 독점화된 사회예요. 기업들은 다 대기업이고 사회복지 영역은 전부 행정화되어 있죠. 스웨덴의 가장 큰 특징은 4대보험이 행정화되어 있다는 거예요. 우리식으로 말하면 동사무소나 구청에서 이 일을 하는 거예요. 복지가 나라의 가장 큰 행정이 되어야 하는 것이 맞죠. 그런데 우리는 복지기금을 따로 내죠. 사보험도 들고. 개별적으로 고생하는 영세사업자가 복지적 일자리로 대체되는 변화가 있어야 합니다. 하지만 우리나라는 IMF를 맞으면서 역행한 거예요. 골목마다 미용실이 4~5개씩 되잖아요. IMF가 터지면서 일자리가 없어지니까 차라리 창업을 해라, 창업한다고 기술을 가르쳐주고 그래서 공급이 과잉되었죠. 그래서 영세자영업자들만 죽어나는 거죠. 중소기업이 살아야 한국 경제가 산다고 민주당에서 그러는데 지금과 같은 재벌 구조를 혁파하지 않는 한 깔때기 구조에 불과한 거죠. 실제로 불공정거래를 막는 강력한 장치가 있다든가 아니면 노동자들의 힘이 세서 기업들이 노동자들을 짓밟지 못하고, 중소기업은 대기업과 공정한 거래를 통해 원하는 높은 단가를 얻어낼 수 있고, 이렇게 분배가 공정하게 되는 시스템으로 사회 전체가 전환이 되어야 해요. 저는 그렇게 될 거라고 봅니다. 왜냐하면 지금 자본의 위기가 불가피하게 이와 같은 양보를 강제하게 만들 가능성이 크다고 보는 거죠.

소련이 망하고 지금까지의 시간이 인류 역사상 가장 미친 시간이었죠. 인간이 사라지고 돈 중심의 세계, 그래서 전쟁도 많았던 시기였죠. 저는 이 신자유주의적인 세계가 역사적으로 평가받아야 하는, 자본주의 자체도 스스로 유지할 수 없게 만든 가장 미친 시간이었다고 봐요. 제가 이야기하는 게 먼 미래의 이야기가 아니고 자기들의 생존을 위해 불가피하게 전환될 수밖에 없는 가까운 시기의 이야기라고 보는 거죠. (2012년 2월)

8

또 다른 사회적 편견

공기업이라고 다 좋은 직장인가요

김성오 · 금융계 공기업 A회사 근무

서울 한 중심가에서 김성오 씨(27세)의 '사랑의 작대기'
이야기를 들었을 때 충격을 받았다. 2002~2003년 성오
씨가 다니는 공기업에서 인원 감축이 있었는데 1,000명
중 160명을 잘랐다. 정부에서 자른 것도 아니고, 회사
인사부에서 일방적으로 자른 것도 아니고, 같은 직원들이
'사랑의 작대기'를 만들어서 잘랐다. 이제까지 함께 일했던
사람들끼리 평가를 해서 성적이 안 좋은 사람을 내보낸
것이다. 학교 다닐 때 친구와 서로 마주보고 뺨을 때리는
벌을 받은 것처럼 직원들이 서로 상대방의 뺨을 때린
것이다. 공기업들도 형태는 다르지만 정리해고의 늪에서
벗어나지 못했던 것이다.
"저희 조건이 일반 중소기업보다는 괜찮아요. 하지만
저희들은 너무 할 말이 많은데 사람들이 '너희들은 좋은
조건에서 일하면서 뭐 그러느냐?'고 말하기 때문에
어디 가서 우리 이야기를 하지 못해요. 이런 이야기들을
같은 회사에 다닌 친구들에게만 말하고 말아버려요."
성오 씨의 이야기를 들으면서 우리는 너무 쉽게 서로를
구분해버린다는 것을 알았다. 공기업과 사기업, 정규직과
비정규직, 비정규직과 하청업자들. 그러나 고통은 항상
함께 오는 것이지 어느 한 편에게만 오지 않는다. 그것은
비정규직 노동자들뿐만 아니라 공기업과 대기업에 있는
사람들도 귀담아들어야 할 말이었다. 타인과 자신을

구분하며 자신만 안전지대에 있다고 생각하지만 그 문제들은 어떤 식으로든 자신에게 되돌아오는 것이다. 성오 씨의 생생한 말이 그것을 증명해주고 있었다.

저희 회사는 중소기업이 은행에서 자금을 대출을 받을 때 대신 보증을 서주는 기관이에요. 중소기업이 대출을 받으려면 집이나 공장을 담보로 해야 하는데 대기업이 아니라서 쉽지 않잖아요. 정부가 공신력이 있기 때문에 대신 보증을 서주고 은행에서 중소기업에게 대출을 해주는 거예요. 저희 회사의 업무가 보증팀, 평가팀, 관리팀으로 나뉘어 있어요. 저는 그 팀들을 왔다 갔다 하면서 일을 했어요. 저희는 모든 게 기술 평가가 들어가요. 막 창업한 중소기업은 경험도 없고 기술밖에 없잖아요. 그 기술의 잠재적인 미래가치를 보고 판단해서 보증을 서줘요. 저도 보증팀에서 오래 일했어요. 평가팀에서 일한 적도 있고요. 평가팀은 기술-평가팀이라고 불러도 될 정도로 기술 중심으로 평가를 해요. 거기는 박사님들이 많아요. 공학 박사, 삼성, 포스코, 회계사, 대기업 연구소, 변호사를 했던 분들도 많아요.

아무래도 대기업에서 임금을 많이 주지만 일찍 퇴직해야 하니까 여기로 온 것 같아요.

관리팀에도 있었는데 관리팀이 뭐하는 곳이냐 하면 중소기업에게 빌려준 돈을 돌려받는 일을 하는 곳이에요. 중소기업뿐만이 아니라 우리나라 기업들이 대부분 수명이 길지 않아요. 평균 5~6년밖에 안 돼요. 많이 망하는데 특히 경제 위기가 오면 부도 사태가 더 많이 일어나죠. 저희 회사에서 보증을 해준 회사가 이자를 못 낼 수도 있고 원금을 상환 못해서 사고가 날 수도 있잖아요. 그걸 '신용보증 사고'라고 하는데 일단 사고가 나면 우리 회사가 보증인이니까 은행에서 채무자가 돈을 못 갚으니 너희들이 갚으라고 해요. 우리가 대신 돈을 물어줄 수밖에 없는 거죠. 기업들이 잘못되면 우리 회사가 손해를 보니까 구상권이라는 법을 통해 보장을 받죠. 채무자에게 돈을 받을 수 있는 권리를 구상권이라고 하는데 관리팀은 구상권을 관리하는 곳이에요.

스트레스로 인한 불면증, 안구염, 두통

우리 회사에서 일하다보면 경제가 돌아가는 모습, 그 맨얼굴을 볼 수 있어요. 저희는 경제가 어려울 때 더 바빠요. 정부에서는 경제 위기가 오면 경제 활동이 위축되어 유동성이 줄어드니까 돈을 풀어요. 법적으로 저희가 가진 재원의 20배가량 보증해줄 수 있게 되어 있어요. 예를 들어 재원을 1억 원 만들었으면 보증은 20억 원을 해줄 수 있어요. 그러면 기업하는 사람들이 은행에서 20억 원이란 돈을 써서 우리나라에 돈이 돌게 되는 거죠.

2008년 금융 위기 때는 야근도 많았어요. 경제 위기가 지나면 돈이 많이 풀려서 회수하느라 또 바빠요. 2011년에도 야근을 많이 했어요. 1년 내내. 자야 할 시간을 넘겨서 자니까 몸이 항상 피곤했어요. 밤 11시에 일을 끝내고 집에 들어오면 12시가 넘는 거예요. 체력이 많이 딸렸어요. 일이 너무 많이 쌓여 있으니까 집에 와서도 스트레스가 풀리지 않는 거예요. 이번 달만 하면 나아지겠지 그랬는데 일은 해도 해도 또 생기는 거예요. 날이 가면 갈수록 더. 언제쯤 되면 괜찮아질 거야 하는 게 보이지 않으니 더 힘들었어요.

제가 하는 일은 타이밍이란 게 있어요. 기업들은 지금 당장 자금이 필요하잖아요. 돈이랑 관련되어 있으니 기업들은 민감할 수밖에 없고 빨리빨리 처리해주기를 바라죠. 평가를 하려면 기업 현장에 직접 나가야 해요. 일단 나갔다 오면 며칠 내로 처리해야 돼요. 그게 한 건씩이면 제 시간에 끝낼 수 있는데 동시에 여러 건이 들어와서 이달 말까지 한꺼번에 끝내야 하니까 힘들죠. 너무너무 일이 많아서 스트레스가 컸고 이러한 정신적 피로가 불면증으로 왔어요. 감기도 잘 걸리고, 체력이 약해져서 안구에 염증까지 생겼죠. 저만 그런 게 아니고 함께 들어왔던 입사 동기들이 다 그래요. 한의원에 다닌 친구들이 많았고요.

잠을 못 자니까 머리가 아파요. 잠이 안 와서 새벽 2~3시에 깨면 그 시간에 책을 읽든지 뭔가 유용하게 보내야 하는데 머리가 아프니까 아무것도 못하는 거예요. 잠을 못 자니 정신이 맑지 못해요. 사장님이 뭘 시키면 머리에 안 들어와요. 뭘 시켰지? 생각이 안 나는 거예요. 좀 지나니까 성격이 되게 예민해지고 까칠해졌어요. 몸도 마음도 힘드니까 남에게 친절을 베풀기가 쉽지 않더라고요. 엄마가 저희 집에 오셨을 때 힘들어서 그만두고 싶다고 말씀드렸어요. 그랬더니 "올해는 네가 운이 별로 안 좋은 해라고 그러더라. 이제 몇 개월 안 남았으니 버텨보라"고 하시더라고요.(웃음)

제가 일하는 속도가 늦은 편이 아니거든요. 그래도 일을 제대로 처리하지 못했어요. 10년 넘게 일해온 차장님도 일이 힘든지, '아, 힘들다'라며 자기도 모르게 한숨을 쉬더라고요. 아, 차장님도 힘들구나. 회사가 사람을 더 뽑아야 하는데 더 뽑지 않아요. 법적으로 인원이 정해져 있나 봐요. 정부에서 인건비를 줄이기 위해 1년에 몇 명을 뽑으라고 정하면 그 이상은 뽑지 못해요. 다 정부 지침으로 정해지기 때문에 회사가 자체적으로 할 수 있는 일이 별로 없어요.

임금 삭감, 복지 축소, 예고 없는 발령

처음 입사해서는 회사에 만족했어요. 근무 조건도 괜찮았고 월급도 괜찮았어요. 그때가 2007년 노무현 정부 때였어요. 경제가 안 좋아지기 시작한 때였고 취업난이 심했죠. 많은 사람들이 공기업을 선호했어요. 안정적이니까. 저희 금융 계통은 제조업에 비해 임금이 높아요. 돈 문제로 비리가 있으면 안 되니까 원래부터 금융은 다른 직종보다 임금이 높은 편이죠. 그런데 이명박 정부가 들어서면서부

터 조건이 많이 안 좋아졌어요. 저희 회사 이사장이 낙하산으로 내려왔어요. 들리는 말에 의하면 대통령 대선 캠프에 있었던 사람이라고 하더라고요. 대통령과 마인드가 같은 사람이 내려온 거죠. 현 정부 집권 초반에 공기업 직원들은 연봉만 높고, 하는 일도 없이 돈만 많이 받아간다, 놀고먹는다, 이런 언론플레이가 심했어요. 물론 저희 조건이 일반 중소기업보다는 괜찮았어요. 하지만 놀고먹지는 않거든요.(웃음) 사실 저희들은 너무 할 말이 많은데 사람들이 "너희들은 좋은 조건에서 일하면서 뭐 그러냐?"고 말하기 때문에 어디 가서 우리 이야기를 하지 못해요. 하지만 저희들도 힘들거든요. 이런 이야기들을 같은 회사에 다닌 친구들끼리만 하고 말아버려요. 우리들끼리 이야기하면 서로 위로가 되는데 다른 데에서 이야기했다가는 냉소만 당하니까요.

현 정부에서 작은 정부를 지향한다고 하면서 저희 월급을 20%나 삭감했어요. 20%면 100만 원 중에 20만 원이 깎이는 거잖아요. 엄청난 금액이죠. 입사했을 때 공기업 중에서 저희 회사 초봉이 상위 10% 안에 들었어요. 지금은 금융계 공기업 연봉 순위에서 저희 회사가 꼴찌예요. 다른 공기업도 2008~2009년 경제가 안 좋아지면서 국민과 고통을 분담한다는 차원에서 월급을 반납했어요. 반납이라고 하는 것은 경기가 다시 좋아지면 반납한 만큼 돌려받을 수 있거든요. 근데 저희는 아예 삭감을 했어요. 사내 복지는 제가 입사하고부터 점점 줄어들더니 지금은 거의 없어요. 복지는 복지대로 없어지고 임금은 임금대로 깎이고. 직원들을 적으로 만들다시피 복지를 줄였기 때문에 직원들이 경영진에게 등을 돌렸어요.

회사에서는 노동법으로 허용되는 만큼 휴가를 다 쓰라고 했어요. 그런데 일이 너무 많으니까 휴가를 쓸 수 없잖아요. 휴가 가면 당장 일에 차질이 생기니까요. 회사에서는 휴가를 가라고 하고 일은 해야 하니까 휴가를 내고 회사에서 일하는 경우도 많았어요. 돈은 돈대로 못 받고 일은 일대로 하는 분들이 많았죠. 회사에서 인건비를 줄이려고 억지로 휴가를 보내는 거예요. 저희 회사는 잔업수당이나 야근 수당이 없어요. 어쩔 수 없이 일이 많으니까 하는 거예요.

우리 회사는 2년마다 순환 근무를 해요. 담당하게 되는 특정 중소 기업 사람들과 오래 알고 지내다보면 비리가 생길 수 있으니 그렇게 한다고 하더라고요. 저도 입사 5년차인데 처음에는 여의도에서 근무하다가 1년 반 만에 갑자기 지방으로 발령이 났어요. 지방에 1년 반 있다가 또 갑자기 서울로 오게 되었어요. 원래 한 곳에서 근무하는 기간이 2년이라고 들어서 발령이 날 줄 몰랐거든요. 그때 밤새 이삿짐을 쌌어요. 지금은 미혼이라 발령이 나도 갈 수 있지만 결혼해서 아이가 생기면 고민이 많을 것 같아요. 남편은 어른이니까 자신이 알아서 어떻게 하겠지만 아이들은 돌봐주어야 하잖아요. 인사부에서 그런 걸 봐주지 않아요. 부모님이 아프다, 아이가 있다고 해도 다 개인적인 사정이라고 하니 저희들 입장에서는 힘들죠. 제 입사 동기 중 한 명은 아이가 두 살인데 갑자기 부산으로 발령이 난 거예요. 아이를 맡아줄 사람이 없잖아요. 계획을 세울 수 있게 미리 알려주는 게 아니니까. 다행히 부산에 부모님이 계셔서 평일에는 맡길 수 있는데 부산이라고 해도 거의 끝 부분 김해 쪽에 사셔서 힘들다고 하더라고요. 어떤 동기는 아이가 한 달밖에 안 됐는데 발령이 나기도 했어요. 근데 회사 입장에서는 자녀가 어리다고 봐줄 수 없다는 거죠. 어느 자리에 이 사람이 필요하다고 생각되면 발령을 내는 식이에요.

이렇게 순환 근무를 하기 때문에 집을 하나 얻어줘요. 자기가 원하지도 않았는데 갑자기 발령이 나면 가서 살 곳이 없잖아요. 그러니까 집을 제공해주는 거죠. 아파트나 일반 주택을 얻어주는데 일하는 동료들이랑 함께 살아요. 큰 방, 작은 방, 중간 방에서 각각 한 명씩 자는 거예요. 어떤 곳은 나이 드신 남자 사원들이 많이 모여 사는 데가 있어요. 예전에는 그분들을 위해 회사에서 청소하고 빨래하고 밥하는 아주머니를 보내주었는데 이제는 그것도 회사에서 없애버렸어요. 저희들은 그래도 참을 만한데 그분들은 좀 많이 힘들어 보였어요. 이게 다 경비 절감을 한다고 그렇게 한 거예요.

성과급제, 모든 관계가 파괴되다

사실 저희 본부장이 이래저래 직원들에게 스트레스를 많이 줘요. 어떤 친구는 본부장 바로 옆 자리에서 일하는데 예산 관리를 하거든요. 그런데 본부장이 비서처럼 계속 일을 시키는 거예요. 자기 일할 시간도 부족한데 비서 일까지 하려니 너무 힘들어했어요. 게다가 예산 감사까지 나오고. 이 친구가 결혼해서 아이가 생겼는데 회사에 그 말을 못했나 봐요. 결국 힘들게 일하다가 유산기가 있어 지금 병원에 입원 중이에요.

본부장이 예전에는 그런 사람이 아니었는데 좀 변했대요. 성과급 제로 조직이 개편되니까 더 그런 거예요. 내가 여기서 인정을 받아야 한다면서 직원들을 쪼는 거죠. 본부장이나 지점장의 생각에 따라서 분위기가 확 달라지거든요. 회사 분위기가 제가 입사할 당시와 많이 달라요. 지금은 좀 더 개인주의적으로, 나쁘게 말하면 자기중심적으로 변했다고 할까요. 성적은 상반기, 하반기 목표를 제시해서 얼마만큼 실적을 냈는지 점수로 표시해요. 그리고 잘하는 곳에 인센티브를 몰아서 주는 거예요. 성과를 3등분해서 하위팀에게 갈 것을 빼앗아 상위팀에게 주는 거예요. 그런데 하위팀이라고 해도 목표를 달성하지 못한 게 아니거든요. 목표 달성 여부와는 무관하게 경쟁을 시키는 거죠. 월급이랑 관련되니까 다들 열심히 했어요. 일도 열심히 했고 목표치도 채웠는데 월급은 깎아버리니, 치사한 거죠.

평가팀과 기술팀, 관리팀이 있다고 했잖아요. 성과가 노력하는 만큼 되는 게 아니라 운에 따라서 결정되는 거예요. 예를 들어 관리팀은 구상권이라고 기업으로부터 돈을 회수한다고 했잖아요. 그런데 이미 망한 기업에서 돈이 없으면 받을 수 없잖아요. 하지만 어떤 경우는 기업은 망했지만 기업주가 돈이 있을 수도 있어요. 돈이 있어도 갚을 마음이 있는지 없는지도 중요하죠. 운이 좋으면 기업주가 거액의 돈을 갚는 경우도 있는데 그러면 성과를 낸 것이 되고 월급을 더 받게 되는 거예요. 또 우리는 실적을 다 냈는데 우리 지점의 관리팀이 제대로 성과를 못 내면 월급이 깎여요. 지점장은 자신의 지점이 중요하고 팀장은 자기 팀이 중요하니까 서로 자신과 관련된 조직만 챙겨요. 그러니 옆에 있는 팀이 못했다고 도와줄 수가 없어요. 도와줄 시간도 없고. 예전에는 동료가 휴가를 간다고 하면 도와줄 수 있는 여유가 있었는데 지금은 휴가를 간다고 하면 "네 할 일은 다하고 가는 거냐?" 하는 식으로 나오는 거죠. 남을 도와줄 여유가 없어요. 각박해졌어요. 오죽하면 해야 할 목표가 본부에서 지점 단위로 내려오고, 지점에서 팀으로 나누는데, 업체들을 나눌 때 팀장들이 민감해져요. 업체를 많이 받으면 그만큼 일을 많이 해야 하잖아요. 지점에 따라서, 팀장의 성격에 따라서 큰소리가 오갈 때도 있고요. 일이 바쁘면 서로 직원들을 데려가려고 아귀다툼을 하고, 일을 못하면 배제하고. 휴, 평가제에 따라 월급이나 성적이 내려지고 그 성적에 따라 승진이 좌우되니까 힘들어지는 거죠.

IMF 때는 보증 지원을 많이 해줄 수밖에 없는 상황이었대요. 기업들이 너무 많이 망해서 저희 회사에서 은행에 돈을 많이 지불해줬어요. 그러다보니 회사에 재원이 부족해서 2002~2003년에 1,000명 중 160명을 잘랐대요. 정부에서 자른 게 아니고, 인사부에서 일방적으로 자른 것도 아니고, 같은 직원들이 '사랑의 작대기'를 만들어서 잘랐대요. 이제까지 함께 일했던 사람들끼리 다 평가를 해서 성적이 안 좋은 사람을 내보낸 거예요. 개인적으로 까칠하다거나 성격이 안 좋은 사람들이 나갔어요. 서로 뺨을 때리는 벌과 같잖아요. 다른 회사에 다니는 친구들은 일은 할 만한데 사람 때문에 힘들어서 못 다니겠다고 그러는데 우리는 그때 이상한 사람들은 다 걸러져서 나갔기 때문에 사람 때문에 힘들고 그런 것은 없어요. 근데 그때부터 동료 관계가 변했다고 하더라고요. 친한 사이끼리도 말을 함부로 못한대요. 상사들도 아랫사람이 하는 일이 마음에 안 들면 고치라고 할 수 있잖아요. 그런데 아랫사람 앞에서 나쁜 말을 안 한대요. 나중에 구조조정이 또 일어나면 자기한테 점수를 낮게 줄 수 있고 그러면 나가야 될지도 모르니까요.

여기에 오래 있으면서 성격도 변한 것 같아요

제가 예전에는 꿈도 있고 야망도 있었는데 이제는 다 없어진 것 같아요. 여기 공기업에서는 발전할 수 있는 여지가 많지 않아요. 제가 되게 놀랐던 게 지방에서 서울로 올라오면서 짐을 종류별로 분류하고 있는데 예전에 써놓았던 자기소개서가 눈에 띄는 거예요. 그걸 읽는데 '아, 내가 이렇게 패기만만한 사람이었나?' 하는 생각이 들더라고요. 입사 전까지만 해도 꿈이 컸던 거예요. 여기 오래 있으면서 성격이 많이 변한 것 같아요. 그때는 뭐든지 잘할 수 있을 것 같았는데……. 도전도 하고 새로운 일도 시도하고.

고등학교 때는 판사가 되고 싶었어요. 법 안에서 내 능력을 펼쳐 보이고 싶었어요. 어떤 때는 사업을 하고 싶기도 했어요. 저희 회사에 맨날 오는 사람들이 사장님들이잖아요. 저는 앉아서 재무제표나 신용표를 봐야 하고 자금력이나 기술투자 서류 속에서 살잖아요. 근데 사장님들은 다양한 일을 하니까 부러웠어요. 제가 지금 일하고 있는 지역이 문화의 거리여서 인기 업종이 많고 젊은 분들이 많더라고요. 제 나이 또래 사장은 이미 사업체를 몇 개씩 갖고 있고 연봉도 되게 많은 거예요. 부럽죠. 요즘은 망하는 것을 워낙 많이 보니까 역시 사업은 위험한 것이라고 하며 혼자 웃으며 자조하기도 해요. 사업이라는 게 워낙 들쑥날쑥하고 직원 관리도 해야 하고 세금도 내야 하지 않냐면서요. 회사일 자체가 힘든 일이잖아요. 하면 재미있을 것 같은데 위험하니까 엄두를 못 내죠.

제가 경영학을 전공해서 은행이나 증권회사에 다니는 친구들이 많아요. 거기는 영업에 대한 압박이 심하대요. 주위 사람들에게 카드 만들어달라고 부탁도 해야 되고. 실적 대비 인센티브가 있으니까 그래야 하나 봐요. 저도 만들어줬어요. 부탁을 하는데 안 된다고 말할 수는 없잖아요. 증권사에 다니는 선배들은 펀드 좀 들어달라고 해서 들어주고요. 예전에는 제 월급이 더 많았는데 지금은 친구들이 더 많아요. 저희는 입사 때부터 해마다 동결, 동결, 삭감, 동결이었잖아요. 작년 연말에 조금 올랐어요. 사기업은 지금 복지가 늘어나는 추세인 것 같았어요. 요즘은 친구들과 만나서 이야기해보면 상대적으로 박탈감 같은 게 느껴져요.

우리 회사는 금융계여서 관련 법률을 많이 알아야 하니까 연수나 시험이 되게 많아요. 저도 6월에 시험을 봐요. 이 시험이 끝나면 또 시험, 시험……. 민법, 상법 기초, 실무분석 기초 등 기본적인 과정을 다 공부해야 되는 거죠. 회사의 실무 규정이 맨날 바뀌어요. 정부 시책이나 정책이 바뀌면 그때마다 규정이 바뀌니까 시험을 맨날 봐야 해요. 5년차까지는 1년에 한 번씩 시험을 봐야 하고 직무나 외국어 사이버연수도 받아야 하고. 그 모든 것에서 벗어나고 싶은 마음도 있어요.

많은 입사 동기들이 이직을 하거나 회사를 그만뒀어요. 나도 이

대한민국 나쁜 기업 보고서

직을 하고 싶다는 생각을 할 때도 있죠. 하지만 제가 하는 일이 다른 회사에서는 하지 않는 일이기 때문에 이직의 기회도 그렇게 많지 않아요. 입사 동기들이 스펙이 좋아요. 카이스트 나온 사람도 있고. 그 사람들이 떠나는 걸 보니 우리 회사가 이 정도밖에 안 되나, 그렇게 별로인가, 그런 마음이 들 때도 있어요. 내 실력이면 좋은 곳에 갈 수 있는데 여기서 안주하고 있는 것은 아닌가 하는 생각이 들기도 하고요. 다른 기업을 가려면 어떤 회사가 좋은지 알아봐야 하잖아요. 그런데 작년에 하도 일이 많아서 주말에 일한 적도 많고 공휴일에 나올 때도 있었으니까 인터넷 취업 사이트나 이직 사이트를 들여다볼 틈이 없는 거예요. 그래서 아직도 여기에 남아 있게 된 거죠.(웃음)

9

불안한 선택

나는 왜 삼성 SDI 를 그만두었는가

이진혁 · 동부그룹 G 회사 근무

2012년 4월 16일, 5시 20분이 넘어가고 있었다. 5시에 이진혁 씨(36세)를 소개해주기로 했던 사람이 아직도 나타나지 않았다. 나는 인터뷰가 실패할까봐 초조했다. 대기업에서 일하는 사무직, 그것도 임직원에 가까운 사람을 인터뷰하기란 정말 어려운 일이었다. 다행히 저만치 소개해주기로 한 사람이 다른 동료와 함께 걸어오고 있었다. 강남에 있는 한 빌딩 지하 1층 휴게실에서 이진혁 씨를 만났다. 휴게실에는 차를 마시며 대화를 나누는 젊은 사무직원들로 붐볐다. 조용한 구석을 찾아 그와 마주 앉았다. 이진혁 씨는 행동이 빠르고 영리한 사람 같았다. 능력도 있어 보였다. 함께 온 분이 대학도 졸업하기 전에 삼성에 취직한 친구라고 칭찬을 했다. 진혁 씨는 물어보는 말에 자신이 할 수 있는 한 담백하면서도 솔직하게 대답을 해주었다. 나는 몇 가지 예민한 문제는 물어보지 못했다. 소개해준 사람과의 관계도 걸렸고 맨 정신으로 대답하기 어려운 질문도 있었다.

진혁 씨는 삼성 SDI에서 동부그룹으로 자리를 옮긴 건 자신을 책임져주는 기업이 필요해서라고 했다. 최소한 동부에서는 회사의 편리대로 사람을 자르지는 않을 것 같아서였다. 나는 그의 결정이 '불안한 선택'처럼 보였다. 우리나라 대기업의 여건들이 다 비슷해 보였기 때문이다. 불안한 선택일지 모르지만 그래도 그는 자신에게 더 나은 회사에 자신의 운명을 맡겼다. 진혁 씨의 이야기를 들으면서 '기업의 질과 품격'에 대해 생각하게 되었다. 우리나라는 질이 낮은 기업이 많았다. 골고루 기업의 질과 품격이 높은 수준으로 올라간다면 일하는 사람들도 불안해하지 않고, 쉽게 자리를 옮기지 않으면서 회사를 다닐 수 있을 것이다.

저는 IMF 직후부터 10여 년을 삼성 SDI를 다니다가 2007년 동부 그룹으로 전직을 하게 되었어요. 전직을 하게 된 이유 중 하나가 회사에 대한 실망감이었어요. 그 실망감은 크게 두 가지였어요. 하나는 제 개인적인 이유였고 또 하나는 회사의 분위기와 관련된 것이었어요. 2007년 초 제가 대리 3년차였을 때 상사가 우리 팀장에게 저를 해외 MBA를 한 번 보내주라고 지시했어요. 저는 그 말을 전해 듣고 영어 공부가 부족하다고 느껴 열심히 준비했어요. MBA를 갈 수 있는 영어 기준을 맞추기 위해 정말 없는 시간을 쪼개 힘들고 어렵게 그 성적을 얻어냈어요. 준비는 다 되어 있는데 어떻게 하다보니까 그 팀장이 나를 보내주지 않았어요. 제가 빠지면 일이 되지 않으니까 그렇게 한 것 같아요. 저는 잔뜩 기대를 하면서 기다리고 있었잖아요. 근데 그 기대가 실현되지 않으니까 의욕이 딱 꺾이면서 실망감이 몰려왔어요. 제 의지와는 상관없이 제 개인에게 영향을 준 거였어요.

두 번째는 삼성이란 기업이 급여 등 보상 체계는 좋은데 회사가 필요 없다고 여겨지면 바로 구조조정을 했어요. 그 당시 저는 정리 해고 대상자는 아니었지만 입사한 지 7년차가 되는 동료 대리들까 지 구조조정 대상이 되고 있는 것을 보니까 마음이 안 좋았어요. 그 렇잖아요. 이제 30대 초중반의 나이면 회사 일에 몰입해서 한창 일 할 때잖아요. 사람이 내는 성과라는 게 사이클을 탄다고 생각하거든 요. 잘하는 사람이라고 항상 잘하지는 않아요. 잘할 때도 있고 운이 안 맞아 못할 때도 있고 그렇죠. 근데 성과가 안 난다면서 30대 초중 반 직원들까지 희망퇴직이라는 이름을 붙여 구조조정 하는 것은 정 말 좋은 일이 아니잖아요. 그 모습을 보니까 지금은 인정받고 일하 고 있지만 언젠가는 나에게도 저 화살이 날아오겠구나 하는 생각이 들더라고요. 회사에 대한 충성도와 애정이 많이 사라지게 됐죠.

나를 책임질 회사구나 하는 믿음

그러던 참에 2007년 가을쯤 동부그룹에 있는 선배에게 연락이 왔 어요. 회사를 옮겨볼 생각이 없느냐고 묻더라고요. 삼성 SDI에서는 대리였는데 자기네 회사에서는 과장급으로 올려주겠다고 하더라고 요. 제가 전에도 들었지만 동부그룹은 삼성하고 조금 다른 면이 있 었어요. 그 기업은 사람에 대한 구조조정 같은 것을 잘 안 한다고 했어요. 국내에서 잘나간다는 삼성, 현대, LG 창업주들을 보면 대부분 그 지방 유지들이 장사를 하다가 사업을 확장해서 만든 그룹이거든요. 삼성의 이병철도 삼성상회에서 시작했고 현대의 정주영도 그런 식이었잖아요.

동부는 창업주 회장이 장사 집안이 아닌 정치 집안 출신이고 그 영향을 받으며 사업을 시작한 걸로 알고 있어요. 기업을 끌어가는 모습이 그때그때의 이윤추구에 매몰되지 않고, 거기에 너무 얽매이지 않은 것 같았어요. 동부의 계열사를 보니 기간산업이 많았어요. 문어발식으로 아무 소비재나 탐하지 않고 국가에 기여하는 산업이 많았던 거죠. 그러다보니 사람을 대하는 방식도 기업 상황이 안 좋다고 정리해고를 하거나 그러지 않는다는 말을 들었어요. 몰라요, 내밀하게 어떻게 하는지는 모르겠지만 어쨌든 그러지 않는다고 들었어요.

동부로 옮길 때 주변 사람들이 동부는 조금 보수적이다, 네가 적응하기 힘들 수도 있다는 말을 많이 했어요. 그리고 사람들이 삼성은 거의 다 알잖아요. 동부는 아직도 모르는 사람들이 많고요. 특히 시골 분들은 더 그렇잖아요. 삼성에서 동부로 옮긴다니까 집안에서 반대가 심했어요. 대학교도 자신이 가고 싶은 과에 따라 결정하는 게 아니라 명문이라는 간판을 보고 가는 세상인데 생계가 달린 회사를 그렇게 쉽게 옮겼으니 반대가 심할 만도 했어요. 집안 어르신들에게 나름 열심히 말씀드리고 설득했어요.

제가 회사를 옮기는 이유 중 가장 큰 것은 이 회사라면 그래도 오래 다닐 수 있겠구나 하는 생각이 들어서였어요. 회사를 10여 년 정도 경험해보니 내가 성과를 많이 내는 걸로 나를 기억하는 회사도 괜찮지만 그보다 더 중요한 것은 이 회사가 나를 책임질 수 있겠구나 하는 믿음이었어요. 이게 내가 동부로 움직이게 된 가장 큰 동기였어요.

제가 삼성에 있을 때는 '경영 혁신'을 담당했어요. 일하는 방식을 좀 더 좋게 개선하는 일이었어요. 일의 효율성을 높이기 위한 프로젝트도 만들고 입사 3년차부터는 그런 것에 대한 교육도 실시했어요. 동부로 옮길 때도 그 포지션을 가지고 왔어요. 1년 넘게 그 일을 계속하다가 2009년 우연한 기회에 인사 쪽 프로젝트의 팀원으로 일하게 되었어요. 경영 혁신은 프로젝트를 많이 해서 프로젝트를 리딩(leading)하고 관리하는 것이거든요. 그런 차원에서 인사 프로젝트에 관여한 거죠. 프로젝트가 끝난 다음에도 인사과에 계속 남게 되었어요. 인사 쪽에서 제도 개선 같은 일을 했어요. 중간에 한 번 사람들의 인사 운영 평가, 급여 보상, 배치 등을 담당하다가 최근에는 채용을 담당하고 있어요.

채용을 담당한 지는 2011년 3월부터 시작해서 1년이 조금 넘었어요. 저희 회사는 대졸 사원이 650여 명 되는데 매년 신입사원을 60여 명, 경력사원을 30여 명, 합해서 90~100명을 채용해요. 신입사원은 상반기, 하반기로 나눠서 채용하는데 지금 채용하는 대학생들은 7월에 입사하는 친구들인데 8월에 학교를 졸업해요. 하반기 채용은 내년 2월에 졸업하는 친구들이고요. 저희는 졸업 시즌에 맞춰서 채용하거든요. 중간에 하는 경력사원은 공개 채용도 하지만 수시 채용도 해요. 임원들은 좋은 사원들을 더 많이 데려오는 것을 좋아하잖아요. 저희 회사보다 네임 벨류가 높거나 보장이나 처우가 더 좋은 회사가 많잖아요. 좋은 친구들을 저희 회사에 입사시킬 수 있어야 하는데 잘 안 됐어요. 제가 임원에게 그런 이야기를 했어요. 삼성에 가려고 하는 친구들을 어떻게 데리고 옵니까? 그러니까 임원이 그러더라고요. 영업사원이 물건이 나쁘다고 탓만 하면서 안 팔린다고 하면 되느냐? 경쟁력이 없는 물건이라 하더라도 어떻게든 홍보를 해야 소비자들이 상품의 질에 대해 만족할 게 아니냐? 그 말을 들으니 채용도 영업이랑 똑같더라고요. 채용은 회사의 비전을 사람들에게 파는 거였어요. 입사하는 친구들은 그 회사의 비전을 보고 입사하는 거고요. 그런 것들을 잘 홍보하고 세일즈를 해야 좋은 인재들이 오는 거죠. 가만히 있어도 오겠지, 그런 게 아니었어요.

공무원이나 공기업 같은 곳은 뉴스에서 알아서 홍보해주니까 편하죠. 얼마 전에 9급 행정직 시험을 보는데 1080대 1인가 그랬어요. 그 사실이 뉴스에 나오더라고요. 상담회를 통해 대학교에서 대학생을 만나면 20~30분 동안 알기 쉽고 친절하게 설명을 해요. 그래야 지원을 하죠. 보통 채용이라 하면 고자세로 면접 보는 것만 생각하는데 그러면 안 된다는 거죠. 일단 한 번이라도 상담했던 친구들은 서류마감일이 언제인지 전화해줘요. 혹시 잊을 수도 있잖아요. 지원하는 데 궁금한 사항을 물어보고 필요한 서류도 다시 안내해줘요. 서류전형을 통과한 친구한테는 면접 전에 연락도 해주고요. 면접을 언제 보고 이런저런 서류들을 준비하면 도움이 될 거다, 이렇게 친절하게 말해주죠. 2011년 하반기부터 이런 식으로 했는데 학생들이 그러더라고요. 지원을 했다고 이렇게 전화를 직접 해주는 회사는 본

적이 없었대요. 좀 더 적극적으로 하니까 좋은 친구들이 지원을 하게 되고 입사하게 되더라고요.

맞벌이를 꼭 해야 살아남을 수 있는 사회

삼성하고 동부를 단순 비교하면 안 되잖아요. 상담회에 가서도 학생들에게 제 경험을 이야기해줘요. 삼성 같은 기업은 급여를 많이 준다. 그러나 많이 주는 것은 이유가 다 있다. 그때그때 트렌드에 맞춰서 우수한 인재를 확보하기 위해 그렇게 하는 거다. 반대로 말하면 트렌드가 바뀌어서 쫓아가지 못하는 사람은 정리를 한다. 그러면 일반 회사보다 삼성에서 돈을 1,000만 원 더 받는다고 치자. 40대 이후로 가면 어떻겠느냐? 그 이야기를 많이 해주죠. 너희들이 여러 회사에 원서를 많이 내서 그중 하나를 골라 갈 수도 있겠지만 그렇게 되면 그만큼 준비하는 데도 분산이 된다. 과감한 선택과 집중이 필요하다. 네가 가고 싶은 회사, 네가 하고 싶은 일을 중심으로 결정을 해라, 이렇게 말하죠.

요즘은 지방에 있는 대학을 안 가려고 해요. 과거 80년대만 해도 지방 국립대가 좋았잖아요. 지금은 다 죽었어요. 예전에는 서울에 있는 학교라 하더라도 지방 국립대보다 못한 학교들이 많았어요. 서울에 있는 대학들의 레벨이 다 올라갔어요. 그러면 서울에 있는 친구들이 지방에 가려고 하겠어요? 안 가려고 해요. 요즘 젊은 친구들이 직업을 선택하는 기준이 뭐냐면 서울에 근무할 수 있는지, 수도

권에 근무할 수 있는지 하는 것이에요. 자신이 하고 싶은 일이 중요한 게 아니에요. 지방이 고향이라고 하더라도 서울에서 대학을 다녔다면 서울에 있길 원해요. 그렇게 되다보니까 요즘 젊은 친구들은 회사나 일을 따져보고 지원하는 게 아니라 근무지를 가장 중요하게 생각해요. 그러니 퇴직률이 엄청 높아요. 회사 일이 본인 적성하고 맞는 친구들도 있지만 그렇지 않은 친구들도 많거든요. 단지 서울에서 회사를 다니고 싶어 하니 막상 들어가면 적응하기가 쉽지 않은 거죠.

일자리를 보면 이공계, 인문계로 나눠지잖아요. 요새는 이공계 쪽으로 우수한 인재들이 잘 가지 않아요. 이공계 우수한 인재들이 행시 쪽으로 많이 빠진다고 뉴스에도 나왔어요. 그 중요한 이유 중 하나가 수도권에 근무할 수 있는 회사가 많지 않아요. 수도권 과밀 현상을 해소한다면서 공장들을 지방으로 보내버렸잖아요. 근데 공대를 졸업했으면 공장에서 근무할 수밖에 없어요. 본사에 있는 조직들은 보통 경영 지원, 영업 지원이어서 이공계 계통보다는 상경계열 출신들이 많아요. 그것 때문에 공대 졸업한 친구들도 공무원이나 상경계열로 가려고 하는 거죠. 그러다보니 공대에 대한 사회적 인식 자체가 안 좋아지게 되었어요. 우수한 대학에도 안 가려고 하고요. 설령 우수 대학 출신이라 하더라도 기업 쪽이 아니라 공무원이나 공기업 쪽으로 빠지려고 해요. 신입사원들이 기업을 선택하려고 하는 기준 자체가 예전보다 더 다양해졌지만 조건은 더 까다로워진 것 같아요. 본인들이 좋아하는 일보다 그 조건에 맞는 회사를 가려는 거죠. 대체로 분위기가 그런 식으로 가고 있어요.

이직률이 높은 것도 요즘 트렌드예요. 회사의 인사 담당자들을 만나보면 그런 말들을 많이 해요. 지방 근무지 문제 때문에 2011년 두산 그룹 같은 경우는 공대 출신에게 일반 상경계열보다 연봉을 200만 원 더 줬어요. 보통은 같이 입사하면 똑같거든요. 이공계 친구들이 하도 안 오니까 그렇게 한 거죠. 지금 정부 부처를 포함한 공기업도 지방으로 이전한다면서 세종시를 만들었잖아요. 막상 이전해야 할 정부 부처나 기업들에서 일할 사람들은 입이 튀어나왔잖아요. 안 가려고요. 마찬가지인 것 같아요. 지방 분권이 왜 문제가 되냐 하면 10년 전 세대와 다르게 지금 세대는 맞벌이를 안 하면 못 살아요. 외벌이로는 생활이 지탱 안 돼요. 10년 전, 15년 전에는 선배들이 대부분 외벌이였거든요. 지금은 아내들이 대부분 공대보다는 인문계가 많죠. 서울에서 학교를 졸업한 사람들은 신혼살림이 어디 있겠어요? 또 아내가 직업을 구해도 인문계니까 서울에 있어야죠. 그런데 남편이 지방으로 가면 주말 부부가 되잖아요. 애들이 성장해서 중고등학교 시절이 지나면 주말 부부도 괜찮은데 신혼이나 유치원, 초등학교 때, 한창 아빠의 교육이 필요할 때 남편이 없어봐요. 그러면 아내를 데리고 지방으로 내려가야 되는데 아내가 일을 포기해야 하는 상황이 되는 거예요. 그러니까 수도권 과밀 현상을 막게 한다면서 지방으로 보내는 것은 지역 균형발전 차원에서 괜찮지만 현실적으로 많은 어려운 점이 있어요.

제 아내도 일을 하고 있어요. 솔직히 둘이 벌면 1년에 1억은 벌거든요. 그래도 생활은 빠듯하더라고요. 주거비용 때문이에요. 결혼할 때 부모님의 도움을 받아 출발하면 괜찮지만 저는 제 힘으로 했거든요. 둘이서 전세 8,000만 원으로 시작했어요. 그중 2,500만 원은 대출을 받은 거고요. 신혼집이 지은 지 오랜된 집이어서 1년 후에 새집으로 이사를 가게 됐어요. 아이도 생길 것 같아서요. 새 아파트였는데 전세가가 1억 5,000만 원이었어요. 그럼 처음 전세에서 7,000만 원 올랐잖아요. 당연히 대출을 받았죠. 2년이 지나니까 주인이 8,000만 원을 올려달라고 해서 그렇게 했어요. 그래서 지금 2억 3,000만 원짜리 전세에서 살고 있는 거예요. 지금도 대출이 4,000만 원 남아 있어요. 2007년이 결혼한 지 5년째 되던 해였는데 1억 5,000만 원 정도 모았어요. 그게 적게 모은 돈은 아니잖아요. 근데 그게 다 주거비용으로 들어간 거예요.

게다가 아내가 버는 돈은 애들한테 다 나가요. 올해 애들을 유치원에 보내려고 했는데 아침 일찍 애들을 받아주는 곳이 없어요. 빨라야 9시에 받아주는데 아내와 저는 7시 반에는 나가야 해서 아침 시간에 일하는 아주머니를 쓰게 됐어요. 아주머니가 애들을 유치원에 보내주고 애들은 유치원 정규 프로그램 마치고 우리가 올 때까지 별도 프로그램을 해요. 그러니까 애들 교육비로만 150만 원이 들더라고요. 아내가 번 돈은 모두 양육비로 들어간다고 봐야죠.

저희는 많이 버는데 손에 남는 게 없어요. 이런 모든 상황, 맞벌이를 해야 하는데 맞벌이할 상황이 안 되는 것, 그래서 남편이 갑자기 지방으로 가야 한다면 갈 수가 없는 것이죠. 그런 것들이 가장 큰 문제인 것 같아요.

대한민국 나쁜 기업 보고서

기업은 어떻게 보면 정치 조직이에요

제가 일하면서 스트레스를 가장 많이 받을 때가 언제냐 하면요, 삼성에 다닐 때는 구조조정을 할 때였고, 동부에 다니면서는 다른 사람들이 우리 회사에 대해 시큰둥한 반응을 보일 때예요. 삼성 SDI는 과거에 TV 브라운관을 만들던 회사예요. 2차 전지, PDP, 평면 TV 브라운관만 30년을 만들던 회사죠. 삼성전자와 비교해보면 삼성전자는 트렌드에 따른 신제품을 많이 만드는 편이고 SDI는 좀 덜한 편이죠. 그러니까 내부 변화가 심하지 않는 편이라고 할 수 있어요. 변화가 심하지 않다는 건 사람들 간의 유대관계가 안정적이라는 말이거든요. 왜냐하면 신속하게 바뀌는 곳은 사실 경쟁도 치열하기 마련이죠. 제가 삼성에서 옮긴 뒤에 삼성 SDI와 삼성전자가 지분을 투자해서 회사를 하나 만들었어요. 삼성 SMD, 모바일디스플레이 회사라고 아몰레를 만드는 회사예요. 거기에 SDI 출신들이 가서 일을 했는데 적응을 못했어요. 삼성전자 사람들을 보며 사람도 아니라고 했을 정도예요. 거기는 부서 간에 경쟁도 심하고 벽도 심했어요. SDI는 그 정도는 아니었거든요. 다만 IMF 때 구조조정을 하면서 팀 단위로 해체시켜버렸대요. 제가 입사하기 전 일이라 선배들에게 들었는데 어떤 팀이 있으면 그 자체를 없애버려요. 그리고 타 부서로 배치되는 사람도 있지만 그조차도 해주지 않는 사람도 있어요. 그러면 갈 데가 없잖아요. 나가라는 거죠.

삼성은 대규모 해고를 해본 회사잖아요. 그런 경험을 한 회사는 어떤 회사겠어요? 한 번 해보니까 되거든요. 그러니까 자꾸 하는 거죠. 그때부터 대한민국의 전체 트렌드가 바뀌었어요. 사업 트렌드라든지 직장 다니는 트렌드가 많이 변한 거죠. 평생직장이라는 말이 없어진 거예요. 다닐 맛이 안 나죠. 물건 취급당하는 것 같고. 동부에 다녀보니 최소한 그런 느낌은 덜 받아요. 근데 동부는 다른 점에서 스트레스를 받아요. 아까 제가 회사의 비전을 세일즈한다고 했잖아요. 대학생들을 만나서 우리 회사에 대해서 이야기를 해주다보면 이런 말을 들을 때가 있어요. "월급은 얼마나 줘요?" "아, 그것밖에 안 줘요?" 나는 나름 평생직장이라고 생각하며 열심히 다니고 있는데 이런 말을 계속 들으면 기분이 별로 안 좋죠. 그럴 때 스트레스를 좀 많이 받아요.

기업은 어떻게 보면 정치 조직이에요. 확실히 그 말이 맞는 것 같아요. 영업과 비교해보면 동일한 제품이 있을 때 잘 팔리는 물건들은 홍보가 잘되거나 성능이 좋거나 둘 중 하나입니다. 품질이 좋을 때는 아무래도 프로모션(홍보)을 더 잘하는 제품이 더 잘 팔리게 되어 있습니다. 직장도 마찬가지라고 봐요. 임원으로 승진하는 것은 제로섬 게임과 같습니다. 포지션이 정해져 있기 때문에 누가 빠져야 올라갈 수 있거든요. 그 게임이 치열하다고 봐야죠. 솔직히 임원 자리까지 올라가는 사람들은 직장 생활을 15~20년을 한 사람들이고 능력도 다 비슷비슷하다고 생각해요. 문제는 내가 더 잘할 수 있다고 어필하는 게 중요합니다. 대한민국은 지연이나 학벌 관계가 강하게 작용하기 때문에 학교 선후배에게 이야기해서 올라갈 수도 있어요. 그것을 본인들은 세일즈라고 생각하거든요. 그런 면이 정치적이라고 볼 수 있겠죠. 그런 걸 잘하는 사람들한테는 그게 정치라고 말

하지 않겠죠. 그렇지 못한 사람들한테는 그게 정치인 것이고요. 외줄타기인 것 같아요.

부하 직원의 성과를 가로채는 사람들도 두 부류로 나뉘는 것 같아요. 사실 혼자서는 성과를 못 냅니다. 팀장은 자기가 선배로서 알려주고 코치해줘서 성과가 난다고 생각하거든요. 물론 팀장이나 선배들은 그 일을 해봤으니까요. 그렇지만 후배들이 아이디어를 제공해서 성과를 낸 거잖아요. 그럼 이때 두 부류의 상사들이 있어요. 한 부류는 본인이 다 했다고 어필해서 승승장구하는 경우이고 또 한 부류는 후배가 잘했다고 해주면서 자신도 같이 인정받는 경우죠. 수평조직이 아니기 때문에 팀원들이 같이 일한 것이라고 하더라도 그 정점에 있는 부서장들이 성과를 가져가는 것은 어쩔 수 없는 일이지만 가져간 다음에 혼자 입을 싹 닦는 것은 잘못된 것이죠.

지금 사표를 던진다면?

제가 소속된 부서가 인사팀이에요. 인사팀 속성이 다른 팀과는 다릅니다. 사측에 있고 직원 측에 있어요. 직원들은 월급도 많이 받고 동료와의 관계나 직장 생활이 좋기를 바라잖아요. 회사 입장에서는 자원이라는 게 한정되어 있기 때문에 다 들어줄 수 없잖아요. 그런 부분들을 인사과에서 조절해야 하거든요. 인사부는 사람을 채용하는 곳이기도 하지만 부서 배치나 급여, 복지후생 등 직원들에게 직접적인 혜택을 관리하는 곳이거든요. 영업부는 팔면 되고, 기획부는 기획하면 되고, 생산부는 생산을 하는 곳이잖아요. 인사부는 동료들에게 직접적인 영향을 미치는 곳이에요. 인사부에서 기안을 해서 올해 연봉은 8% 인상이다 그러면 직원들이 좋아하잖아요. 인건비가 너무 많다고 그러면 직원들과 충돌하는 거죠. 어떤 때는 회사의 목소리를 대변해야 할 때도 있어요. 그러면 직원들에게 설명해야 돼요. 양쪽 의견을 들어야 하니까. 그러니 회사에서 구설수에 가장 많이 오르고 조금만 잘못해도 욕을 가장 많이 얻어먹는 부서이기도 해요. 영업사원들은 뭔가 잘못 팔았다고 해도 옆 사람에게 바로 피해를 주지는 않잖아요. 인사부에서는 뭘 잘못하면 바로 사람들에게 영향을 주니까 사람들에게 욕도 많이 얻어먹어요.

예를 들면 인사평가를 연말에 하거든요. 인사평가를 하면 다음 급여에 바로 영향을 주는 거예요. 바로 연동을 시키거든요. 성과가 잘 나온 사람들은 급여가 더 나가고 그렇지 못한 사람들은 줄기도 하죠. 근데 모든 부서장들은 자기 부서에 있는 사람들의 급여가 줄어드는 것을 원치 않아요. 왜냐하면 급여가 줄면 아무래도 열심히 일할 동기가 저하되잖아요. 팀장, 부서장들은 자기 사원들에게 저평가를 주지 않으려고 해요. 근데 우리는 기준이란 게 있잖아요. 급여 인상을 2011년에는 8% 했어요. 그 전 해는 3%, 전전 해는 동결이었거든요. 인상률이 적으면 직원들이 저희들에게 화를 내요. 모든 직장인들이 연차라는 게 있는데 그걸 다 쓰지 못하는 경우도 있잖아요. 그런 경우 금전적으로 보상을 해주기도 하는데 저희 회사는 보상을 안 해주고 있습니다. 그럼 눈치가 보이죠. 그런 것도 못해주냐? 공격을 받는 거죠.

그나마 정리해고 같은 문제가 없기 때문에 그런 면에서는 별로 할 일이 없어요. 동부그룹의 마인드가 40대 때 잘리면 갈 데가 없기 때문에 될 수 있으면 안 자른다는 주의죠. 내밀하게는 어떻게 하고 있는지는 모르지만 저는 그렇게 알고 있습니다.

일하면서 좋았던 때도 많이 있어요. 제가 일을 했는데 그 혜택이 다른 동료들에게 갈 때 기분이 좋죠. 신입사원 채용할 때 보면 간절히 원하는 사람이 있어요. 그런 사람에게 합격 통보할 때 많이 기쁘죠. 그리고 유능한 인재를 필요로 하는 부서로 보낼 때 그 부서에서도 고맙다고 하죠. 그럴 때 기분이 좋은 것 같아요. 일을 통해서 만족을 느낄 때요.

지금 제 나이는 이제 새로운 일을 시도하기에는 많이 불안한 것 같아요. 애들도 있어서요. 지금 같은 상황에서 큰 트렌드를 바꾸면서 일할 상황은 안 된다고 보거든요. 지금 하고 있는 일이 제가 주어진 환경에서 최대한 만족감을 느끼면서 할 수 있는 일이죠. 그렇지 않고 스트레스를 많이 받았으면 다른 일을 했겠죠. 대한민국 가장들이 다 그런 것 아닌가요?

만약 이 순간에 마음대로 사표를 던진다면 꼭 하고 싶은 일이 있어요. 일단은 쉬고 싶어요. 스물여섯 살에 직장 생활을 시작해서 지금까지 한 번도 안 쉬어봤어요. 신입사원 중에 30대 초반 친구들도 많이 들어와요. 저랑 직급상으로 12년 차이가 나는 거예요. 학교 다닐 때 여기저기 어학연수 많이 다니잖아요. 그런 것도 한 번 못해봤고 정형화된 회사 생활만 했어요. 회사 생활도 다른 학생들보다 빨리 시작했어요. 졸업도 안 하고 회사를 다녔기 때문에 퇴근하면 학교로 갔어요. 지금 돌이켜보면 참 정신없이 살아온 시간들이었어요.

　만약 회사를 그만둔다면 이제 쉬면서 뭔가 정형화되지 않은 일을 하고 싶어요. 해외 기업들은 1년 동안 쉬는 안식년이 있어요. 한국 기업은 그런 게 없어요. 고용의 탄력성이 떨어져 그렇다는 것은 이해해요. 쉬며 재충전해서 뭔가 새로운 일을 찾고 싶어요. 아직 뭔지는 모르지만요. 근데 지금 현실에서는 그게 꿈일 뿐이죠.

기업도 심리치료가 필요하다

최승원 • 대전대학교 산업광고심리학과 교수

직장인 75% 이상 정신적 폭력 경험

잘못된 기업문화가 조직 내에서 폭력을 키우는 원인이 됩니다. 이런 기업 폭력이 매우 심각한 수준입니다. 중학교, 고등학교 폭력은 주먹으로 때리고 발로 차는 물리적이고 원시적인 폭력이 많은데 직장 내 폭력은 굉장히 은밀하고 지속적으로 진행되는 게 특징입니다. 물리적인 폭력이 정신적인 폭력으로 진화한 거죠. 정신적인 폭력은 폭언(욕설), 개인적인 심부름, 회식 강요, 성희롱, 왕따(집단 따돌림) 등 정서적 고통을 가할 수 있는 모든 비물리적인 행위를 포함합니다. 정신적인 폭력은 물리적인 폭력보다 지속 기간이 길고 하나의 문화처럼 자리 잡아서 실은 더 큰 문제입니다. 조직 문화의 일부로 기생하는 경우도 있어 폭력으로 인식하지 못하는 경우도 있습니다.

제가 통계치를 정확히 갖고 있지는 않지만 유럽 등 서구 같은 경우는 직장 내에서 벌어지는 왕따나 괴롭힘은 흔한 일이 아니라고 들었습니다. 우리나라는 《세계일보》 취재팀이 취업포털 잡코리아와 함께 직장인을 상대로 설문조사한 걸 보면 75.8%가 왕따, 폭언, 과도한 사생활 침해 등 정신적 폭력을 당한 적이 있다고 응답했어요. 82.8%는 이직이나 퇴사까지 심각하게 고민했다고 답변했고요. 아주 심각한 상태죠. 정신적 폭력의 가장 일반적인 경우는 상사가 특정 직원을 왕따시키는 경우입니다. 물론 반대로 부하 직원들이 특정 상사를 완전히 따돌리는 경우도 있지만요. 상사가 특정 직원을 왕따시키면 다른 직원들도 그 사람을 무시하면서 배척하는 경우가 많습니다. 상사가 능력이 있고 출세 줄이 있으면 확실히 밑에 있는 직원들의 움직임도 달라집니다.

상사가 아랫사람에게 하는 유무형의 폭력들이 가장 심각한 문제라고 할 수 있습니다. 어떤 상사는 아예 일도 안 맡긴다든지, 의견을 완전히 무시한다든지, 회의 때 거의 없는 사람 취급을 해버립니다. 일반적으로 회사 내 인사 문제 등 모든 부분이 상사에 의해서 결정되기 때문에 사실 선택권이 없습니다. 조직 내에서 동료들이 하는 수평적인 따돌림도 사실 근원을 찾아보면 상사와의 관계에서 발생하는 불합리한 문제에서 연유합니다. 당하기만 하고 풀 데는 없는 직원들이 조직 안에서 약하거나 튀는 한 명이 나타났을 때 집중적으로 공격을 하면서 자신들이 가지고 있던 스트레스를 푸는 기능을 하고 있습니다.

심리학계에서는 그런 실험이 많이 있어요. 합당하지 않는 이유로 스트레스나 처벌을 줬을 때 당하는 대상이 어떤 반응을 보이는지 지켜보면 옆에 있는 동료 중 제일 만만한 동료를 골라 이유 없는 학대를 합니다. 그 동료 때문에 생긴 일도 아니고 아무 일도 생기지 않았는데 본인이 일정량의 스트레스를 받으면 그것을 풀기 위해 희생양을 찾는 거죠. 직장 내 왕따도 근원은 거기서 온다고 봐야죠.

직장에서는 의사소통도 잘 안 되고 불합리하게 일을 처리하는 경우가 많죠. 요즘은 더 힘들어진 게 뭐냐 하면, 옛날에는 아예 권위적인 시대라서 이것을 하라고 명령하면 그냥 따라하는 시대였는데 요즘은 좀 애매해진 게 윗세대는 여전히 권위적인 문화에 속한 세대이고 평사원들은 전혀 다른 문화를 가지고 올라온 세대거든요. 사회적 분위기가 의사소통을 강조하다보니까 예전보다 조직 안에서 회의가 훨씬 많아졌다고 해요. 근데 재미있는 것은 결론은 윗사람이 원하는 대로 나는 거죠. 예전만도 못하게 된 거예요. 예전에는 차라리 시간이라도 얼마 안 걸렸는데 괜히 시간은 시간대로 걸리고, 결론은 상사가 원하는 대로 나고, 그대로 따라야 하니 사실 민주적인 세대 입장에서는 더 스트레스를 많이 받는 거죠. 이런 게 축적되면 가슴이 팍 막히는 거죠.

한국인은 회사에서 보내는 시간이 너무 길다

차라리 직장이란 게 내 인생에서 차지하는 비중이 작으면 스트레스라도 받지 않잖아요. 다른 세계라도 있으니까. 그런데 우리나라는 직장인들이 회사 안에서 보내는 물리적인 시간이 너무 길어요. 물리적인 시간이 기니까 인생이 회사 중심으로 돌아가고 자기 인생이 모두 회사에 있게 되거든요. 선진국들은 직장에 있는 시간이 짧기도 하고 직장은 일만 하는 곳이어서 그 이상의 인간관계가 발생하지 않거든요. 제가 최근에 스페인에 갔다 왔는데 스페인 사람들은 퇴근도 빨리하고, 끝나면 지역에서 이웃이나 친구들끼리 모여서 매일같이 술 마시고 이야기를 나누는 문화가 참 잘되어 있어요. 스페인 사람들은 회사가 인생에서 큰 부분이 아닌 거예요. 근데 우리나라는 눈 뜨면 와서 쓰러질 때까지 있는 곳이 직장이니까 스트레스가 쌓여도 달리 갈 데도 없고 기업 안에서 해결해야 되는 거죠. 그러니까 스트레스를 해소하기 위해 가장 쉽게 찾는 방법이 희생양을 찾는 것이고 그럴 때 따돌림이 많이 발생하는 것 같습니다.

이런 분위기에서는 아랫사람이 뭔가를 개발한다거나 좋은 아이디어가 있어도 상사에게 이야기하는 걸 꺼리게 됩니다. 자신의 아이디어를 줬다간 어떻게 될지 모르기 때문에 실제로 감추는 경우도 상당히 많습니다. 예전 기업인들의 고민 중에 한 사례를 보니까 과연 내가 상사들에게 보고를 어디까지 해야 하는가도 있었어요. 밑에 사람이 좋은 제안이나 아이디어를 가져오면 상사들은 자신이 빠르게 이해해서 윗사람에게 보고할 수 있는 내용이면 당연히 가로채고, 자신이 도저히 이해할 수 없는 내용이면 아랫사람에게 보고하게 시키는 거죠. 이럴 때 받는 스트레스와 눈치도 어마어마하더라고요. 항의 자체가 어려우니까 더 힘들죠. 보통은 문제를 일으킨 사람이 나쁜 사람이 되고 잘못된 사람이 되는 게 상당히 많아요. 남들은 다 괜찮다는데 왜 너만 그러느냐고 하는 거죠. 게다가 좋고 나쁨을 떠나서 조금만 다르면 그 사람이 타깃이 되기 때문에 설령 기업 안에서 불합리한 일이 있어도 말하기가 쉽지 않은 분위기죠. 전원이 그 문제에 대해 침묵하고 있으면 그게 당연한 일이 되는 거죠.

문제는 심각한데 내부에 있는 사람들은 문제 자체를 거의 인지하지 못하는 경우가 많아요. 심지어는 따돌림을 하는 사람들도 가해에 대한 인식이 별로 없어요. 원래 사람들이 3명 이상 모이면 집단적 의식을 가지고 사고한다고 하거든요. 집단으로 움직이면 거기에 개인의 인격이라든지 책임감에 대한 부담이 거의 없거든요. 우리나라는 아직도 집단주의가 굉장히 강한 게 아닌가 하는 생각이 듭니다. 개인의 감정이나 생각을 존중하고 하나하나 스스로를 중요시 여기는 환경이 필요한 것 같아요.

불안한 고용이 가져온 심리적 황폐화

요즘은 직장인들의 요건이 예전보다 더 많이 나빠졌어요. 생계가 걸려 있기 때문이죠. 예전에는 거의 없었던 비정규직이라는 고용 형태가 점점 많아지고 있잖아요. 고용주들은 대놓고 이야기하지는 않지만 아주 좋은 고용 형태라고 그러잖아요. 노동유연성이 아주 좋다고 포장해서 이야기하고 있거든요. 다른 말로 표현하면 말 안 들으면 바로 자른다는 이야기인데. 예전 같은 평생고용 형태에서는 기업 안에서 설령 충돌이 있어도 내가 이 회사에 있을 수 있으니까 여유가 있었죠. 공무원들이 나태하다, 공기업 어떻다 말은 많지만 어느 정도 신분이 보장이 돼야 그 안에서 문제제기도 할 수 있고 서로 나은 방향으로 바꾸고자 하는 노력도 할 수 있는 거죠. 왜 MBC는 파업을 하는데 SBS는 파업을 하지 않는지 봤을 때 완전히 회사 형태가 굳어져 있는 곳하고 그래도 공기업 형태가 남아 있는 곳하고는 발상이 다를 수밖에 없다고 생각해요. 잘리면 끝이라고 생각하는 기업의 형태와 그래도 지위는 어느 정도 보장될 거라고 생각하는 기업 형태는 다른 거죠. 점점 기업의 고용안정성이 떨어지니까 개인의 의견을 자유롭게 이야기할 수 있는 상황이 아닌 거죠. 목숨이 달려 있으니까요.

인간에게 생계보다 더 중요한 게 없거든요. 고용 불안이 직장인들의 삶에 절대적 영향을 미친다고 보는 거죠. 항상 누가 잘리느냐를 매번 생각해야 하고 죽을 수 있다고 생각하면서 살아야 하니까 그만큼 심리적으로 황폐화될 수밖에 없는 거죠.

직장마다 일의 종류와 형태에 따라 내부에서의 괴롭힘 양상이 달라질 수 있다고 생각해요. 판매가 중시되는 쪽은 실적이 너무 앞서가는 사람을 공격하고, 우수한 사람에 비해 상대적으로 실적이 떨어지는 사람들은 따돌림을 당하기도 하는 등 양편의 대립구조가 형성되는 경우가 많아요. 그에 비해 사무직 쪽은 상대적으로 개성적이거나 특이한 성격을 가진 사람에 대한 따돌림이 많다는 특성이 있습니다. 직장에서는 다양한 사람들이 함께 일하고 어울리는 게 필요해요. 사실은 일을 좀 못하는 분들도 함께 가면 좋은데 못하는 사람이 있으면 그 사람을 소재로 삼아 비아냥거리고 공격을 하고, 그런 것들을 통해 카타르시스와 오락적인 기능을 찾는 부분도 있거든요.

예전에 인간의 여가와 수다의 기능에 대해 연구한 적이 있는데 사람들이 모여서 수다를 떨 때 정말 재미있다고 느끼는 주제는 남에 대해 나쁜 이야기를 할 때거든요. 일종의 공격성의 표출인데, 사람들은 '수다가 되게 재미있었다, 즐거웠다'며 공통된 결론을 내리더라고요.

회사 안에서 누군가 실적이 떨어지면 그 사람을 스트레스 해소와 수다의 소재로 적극 활용하는 거죠. 서로 공통의 이야기 소재가 되기에 제일 좋은 거죠. 마치 잘 모르는 사람이 모였을 때 연예인이나 정치인 등 모두가 아는 사람의 이야기를 하게 되잖아요. 마찬가지로 직장에서도 튀는 사람 한 명이 나머지 사람들을 단단히 묶어줄 수 있는 하나의 매개체가 되는 거죠. 원래 건강한 조직에서는 이런 문제가 거의 나타나지 않는다고 봐야죠. 이런 스트레스를 풀 수 있는 다른 곳이 필요해요. 근무 시간도 줄어야 하고, 개인적인 여가에 대해 많은 지원이 있어야 하는데 그런 게 없는 조직일수록 더 심해질 수밖에 없죠.

기업문화에 대한 평가가 필요하다

직장 내 정신적인 폭력에 시달리는 사람들은 대체로 초기에는 분노가 강하다가 시간이 지나 문제가 만성화되기 시작하면 불안과 우울증이 많이 나타나게 되어 있어요. 심한 경우 외상 후 스트레스 같은 심한 불안 장애 같은 것을 경험하기도 하고 자살을 시도하기도 합니다. 신경 스트레스가 높아졌을 때 주변에서 누가 죽었다고 하면 영향을 많이 받아요. 쌍용차 같은 경우 벌써 20명이 넘게 돌아가셨잖아요. 연쇄적으로 그런 해결책을 따라가는 경우가 있는 거죠.

왕따를 당한 사람들뿐만이 아니라 일상적으로 직장 생활을 하는 분들도 그 스트레스가 심각한 상태라고 봐야죠. 스트레스가 깊으면 의욕이 떨어져서 업무 효율도 많이 떨어지고, 관심이나 흥미의 범위도 많이 줄어서 사람들을 기피하거나 잠도 잘 못 자게 된다던가 하는 증상이 폭넓게 나타나죠.

저는 산업과 관련된 심리학에 있다보니까 이런 직장 내 문제에 대해 몇 가지 해법을 갖고 있어요. 조직 안에서 해결할 수 있는 해법은 '성과 평가'인데요. 사람들이 자신의 행위를 성과로 평가받잖아요. 평가를 받으면 받은 방향으로 움직이게 되어 있어요. 그렇듯이 기업들도 성과 평가를 해야 한다고 생각합니다. 얼마나 수평적인 관계를 만들어서 효율적인 의사소통을 하고 있는지 평가하는 거예요. 사실 조직에서 반대 의견이 많이 나오는 게 좋은 거거든요. 윗분이 이야기하는 대로 다 되는 게 좋은 조직이 아니라 반대 의견도 막 나오고 치열한 토론이 되는 게 좋은 조직이죠. 그런데 누구도 이런 조직을 좋은 조직이라고 평가해주지 않기 때문에 그렇게 하지 않는 것이죠. 해고를 자유롭게 하는 기업보다 고용안정성을 보장해주는 회사가 더 좋은 조직일 수 있죠. 이런 고용안정성에 대한 평가도 하고. 어떻게 하는 게 경영을 잘하는 것인지, 운영을 잘하는 것인지 체계가 만들어지면 상황이 많이 달라질 거라고 생각해요. 더 좋은 것은 기업 자체에서 수평적인 조직 문화를 만들고 그것을 하나의 좋은 리더의 성향으로 인정해주는 발상의 전환이 필요할 것 같아요.

하지만 기업인 한두 명이 바뀐다고 이 문제가 해결되지 않는다는 점이죠. 윗사람이 바뀐다고 해도 아랫사람들이 윗사람이 되면 달라질 것 같지만 항상 똑같거든요. 근본적으로 바꾸는 방법에 대해 고민하고 있는데 그걸 잘 모르겠거든요. 제가 이론적으로 아는 것이랑 실제적으로 실천해서 아는 것이랑 다르거든요. 살아 있는 지식이 필요한데 이런 것은 체험해야 길러질 수 있는 것이거든요. 그래서 제가 강조하는 것은 학교예요. 안정되게 그걸 체험해볼 수 있는 공간이죠. 초중고를 지나면서 그 안에서 자치 활동을 통해서 자율적으로 자신의 의견을 내고, 그 안에서 협상도 하고, 문제를 해결해나가는 습관이 형성되어 있어야 하는데 우리 교육 시스템은 아직도 힘든 수준이잖아요. 체벌을 해야 하느냐 말아야 하느냐로 싸우고 있고, 학생들의 인권이냐 선생님들의 교권이냐 같은 논의에 머물러 있는 수준이죠. 지금까지 우리 교육은 고3 때까지 체벌당하고 크던 아이가 대학 입학과 동시에 성숙한 민주시민이 되기를 기대하고 있는 상황이거든요. 사실 말이 안 되는 거죠. 우리가 모두 겉으로는 민주의식을 가지고 있다고 하지만 마음속에는 봉건적이고 폭력적인 문화에 길들여져 있거든요. 교육 시스템 자체가 근본적으로 달라져야 한다고 생각해요.

민주적이고 자율적인 시스템이 중요하다

한국 사회가 많이 민주화되고 선진국으로 간다는 말들은 많이 하는데 회사의 높은 위치에 있는 상사들도 그렇고 일반 직원들도 그렇고, 민주적인 의사소통의 과정이 별로 효율적이라고 믿고 있는 사람은 별로 없어요. 그게 가장 큰 문제인 것 같아요. 평상시 회사가 잘 돌아갈 때는 민주적으로 운영하자고 이야기를 많이 하지만 정작 어려울 때는 상사들이 강압적이고 권위적으로 일을 끌고 가야만 문제가 해결된다고 생각하는 거죠. 민주적인 방식은 먹고살 만할 때 잠깐 시혜적으로 베푸는 거라는 생각이 아직도 강하게 자리를 잡고 있어요. 직장 상사로 대표되는 관리자들은 굉장히 강압적이고 권위적이고 때로는 폭력적으로 조직을 관리할 수밖에 없고, 그렇게 관리를 받은 사람들은 그때 생긴 부정적인 감정들을 풀어낼 배출구를 찾게 되면서 직장 내 정신적인 폭력들이 은밀하게, 지속적이고 강하게 행해지는 거죠. 결론적으로 직장 내에서 서로 존중하는 것, 자유롭게 의사소통을 하는 것이 효율적이지 않다는 생각을 암묵적으로 다 하고 있어서 이런 문제가 해결되기 어렵죠. 권위적인 게 효율적이라는 답이 사람들의 마음속에 있는 한 이 문제는 쉽게 해결되기 어려울 것 같습니다.

직장 내 폭력 문제는 우리나라 기업이 극도로 이윤 중심 체계여서 다른 조직보다 더 심각한 문제가 되고 있지만 꼭 기업 안에서만 연유된다고 생각하지 않습니다. 사실은 우리나라 교육과 문화가 그렇게 되어왔다고 생각합니다. 저만 해도 중고등학교 다닐 때 성적이 잘 나오려면 선생님이 무서워야 되고 애들도 잘 잡아야 된다는 말을 들으면서 자랐죠. 아이들이 자율적으로 선택하고 결정하게 해주는 게 상당히 중요한데 그것을 우리 교육에서는 풀어준다, 잠시 시혜를 베푼다고 해석하죠. 자율적인 의사결정 과정을 굉장히 중요한 하나의 시스템으로 생각하지 않는 것이죠. 아무도 그런 방식을 배운 적 없고 경험한 적 없다면 그것을 현실에서 행동으로 옮기기는 매우 힘들죠. 결과적으로 사람들이 머리로는 좋다고 생각하는데 몸이나 감정적으로는 그런 권위적이고 강압적인 시스템이 유일한 해결책이라고 배워왔고 믿어왔기 때문에 더 폭력적일 수밖에 없는 것이죠.

장기적으로 체계가 바뀌어야겠지만 단기적으로는 정신적으로 힘든 직장인들을 도와줄 수 있는 시스템이 필요해요. 사실 요즘 기업들도 관심을 갖고 많이 도입하고 있기는 하지만 기업 안에서 개인의 심리 문제를 도와줄 수 있는 지원 체계가 필요해요. 저희 대학원 학생 중에서 기업 내 심리 문제를 도와주는 기업을 창업해서 활동하고 있는 학생도 있어요. 대기업들은 사내에 아예 그런 기관을 설치하면 좋죠. 좀 작은 기업은 외주 회사를 통해 그런 도움을 받으면 좋고요. 문제는 평직원을 대상으로만 상담을 하고 있다는 거예요. 오히려 간부급이나 상사들이 의무적으로 상담도 받고, 리더십 스타일도 점검 받으면 좋겠습니다. 아동심리 상담을 할 때 아이가 문제가 있으면 부모가 바뀌는 게 그때 가장 좋은 답이 되기도 하거든요. 마찬가지로 중간 리더나 상층부 관리자가 변하는 게 더 좋은 해결책일 수 있어요. 그렇기 때문에 상사들을 위한 프로그램이 도입되면 좋겠어요.

　기업에서는 이런 프로그램이 생산적이라고 생각하지 않아요. 직장인들이 더 행복해지고 서로 더 건강하게 생활하면 회사 입장에서도 더 좋은 건데. 근데 회사에서 그런 생각이 없으니까 활성화되기 어려운 거죠. (2012년 4월)

10

악의 탄생

대학총장과 교수가 회사원으로 변했어요

노영수·중앙대학교 4학년

"두산이 나를 사찰했는데 박범훈 총장이 나서서 자기가 사찰을 지시했다고 했어요. 정말 뜻밖이었고 놀라운 일이었죠."

"잠깐, 잠깐만요."

노영수 씨가 사찰 이야기를 꺼냈을 때 나는 그의 말을 멈추게 했다. 현실이 내 상상을 뛰어넘어버릴 때마다 잠시 생각을 정리하기 위해 나오는 '정지!'의 외침이었다.

"그러니까 기업이 학생을 사찰했다는 말인가요?"

나는 기겁해서 반문을 했다.

"네. 사찰이 얼마나 큰 범죄행위이고 수치스러운 일이에요. 근데 그것을 총장이 시원스럽게 자기가 했다고 인정하더라고요. 자신이 교육기관의 수장이라고 생각한다면 그러지 못했을 텐데 스스로를 무슨 계열사 사장 정도 되는 걸로 생각하는 거죠."

아, '상상을 뛰어넘는 죄' 앞에서 나는 분명히 분노의 감정이 들어야 하는데 분노보다 부끄러움이 앞섰다. 집에 돌아와서도 그 부끄러움은 가시지 않았다. 며칠 동안 계속 부끄러웠다. 왜 그랬을까. 아마 사회를 이제 막 알아가기 시작한 젊은 친구에게 사회의 가장 추악한 면과 대면하게 했다는 부채감이 마음속에서 부끄러움을 일으켰는지도 모르겠다.

박용성 회장이 교수들에게 두산중공업을 직접

견학시켜주면서 했던 발언도 나를 경악케 했다.

"저기 공터(민주광장)에서 예전에 나에 대한 엄청난 저항이 있었다. 어떤 한 사람(배달호)도 분신을 했는데 나는 원래 사람이 죽어나가도 눈 하나 깜짝하지 않는 사람이다."

그의 말을 들으면서 다시 한번 두산이란 기업에 놀라움을 감추지 못했다. 일개 기업이 어떻게 권력을 행사하여 사람을 파괴시키는지 적나라하게 들여다봤을 뿐만 아니라 그 안에 있는 사람들이 그 폭력에 어떻게 굴종하게 되는지, 인간성이 어떻게 변해가는지, 인문학이 어떻게 파괴되는지도 이해하게 되었다. 이 정도면 단순히 나쁜 기업 차원을 넘어버린다. 라젠드라 시소디어(Rajendra Sisodia)가 쓴 《위대한 기업을 넘어 사랑받는 기업으로》라는 책이 있는데 이 제목과는 반대로 두산은 나쁜 기업을 넘어 악마의 기업이 되어버린 것이다. 부끄러움과 수치심이 사라진 곳에서 악은 탄생한다. 그 뻔뻔함이 단순히 나쁘기만 한 어떤 것을 악으로 만들어버리는 것이다. 악은 추상이 아니라 현실이었던 것이다. 한 기업이 수치심의 한계선을 넘지 않도록 하는 것, 뻔뻔함의 한계선을 넘지 않도록 하는 것, 이것이 사회에서 가장 기본선을 지키는 일일 것이다.

제가 이제 겨우 20대지만 두산이 중앙대에 들어오면서 세상에 볼 것, 못 볼 것을 다 경험한 느낌이에요. 두산이 중앙대에 들어오던 때가 군대에 갔다 와서 복학한 뒤였는데 계속 일이 터졌어요. 진중권 교수 해직 문제와 인문학 사업 프로젝트에서 독일연구소가 압도적으로 우위였는데 탈락된 사건 등 크고 작은 사건들이 많았어요. 저는 이 사건들을 겪으면서 많이 지쳐 있었어요. 이제는 학내에 무슨 일이 있어도 나서지 않겠다, 학생으로서 공부만 해야겠다고 생각했어요. 나름 공부를 열심히 해보자고 모든 것을 끊고 도서관을 다녔어요. 정말 열심히 공부했어요. 그때가 제대로 도서관을 다녔던 마지막 시기였던 것 같아요. 지금은 퇴학당했다가 다시 학교에 복학해서 다니고 있는데 그때처럼 집중이 되지 않아요. 다른 일에 신경을 쓰지 않고 책을 볼 수 있었던 게 그때가 마지막이었던 것 같아요. 정말 재미있게 공부했어요.

대학의 불안을 틈타 들어온 기업, 두산

2010년 1월, 도서관에서 한참 공부하고 있는데 제 후배이기도 한 총학생회장이 저를 찾아왔어요. 독문과가 해과(解科)가 될지도 모르겠다고 하더라고요. 그렇잖아도 독문과의 상징이었던 진중권 교수가 해직되고 학과 연구소에 지원이 끊겨버렸거든요. 본격적으로 독문과에 매스를 들이대서 아예 들어내려고 하는 것 같았어요. 학교 구조조정으로 독문과뿐만 아니라 다른 과도 그런 운명에 처해질 위기였어요. 건설환경공학과 같은 경우는 아예 해체가 되면서 거기에 속했던 학생들이 갑자기 과가 없는 미아 신세가 된 거예요. 자신의 의사와는 전혀 상관없이 과가 없어져버린 거죠. 이건 아니잖아요. 학생들이 건설환경공학과에 왔을 때는 나름 그 분야에 대한 꿈을 가지고 왔을 것 아니에요. 그런 학생들의 마음은 전혀 고려하지 않고 과를 해체시켜버린 거죠. 그건 일종의 폭력이에요.

건설환경공학과가 해체되고 플랜트학과가 생겼어요. 교육과정이 완전히 다른 거죠. 성균관대학교가 삼성 소유잖아요. 성균관대학교에 반도체학과를 만들어서 올해 처음으로 졸업한 학생들이 대부분 삼성 반도체에 입사했어요. 삼성의 반도체처럼 두산중공업이 플랜트 회사잖아요. 그래서 플랜트학과를 신설한 것 같아요. 건설환경공학과 학생들은 자신들이 듣고 싶은 강의도 못 듣고 플랜트학과에서 강의를 들어야 하는 거죠. 후배들에게 이런 상황을 들으니 또 마음이 복잡했어요. 이런 일이 얼마나 부당하고 부조리한지 저뿐만 아니라 후배들도 잘 알고 있었어요. 어떻게 해야 하나, 마음이 복잡했어요. 만약 학교 측과 물리적으로 마찰이라도 생기면 후배들이 다칠 것 같았어요. 그럴 경우에는 아무래도 제가 필요할 것 같다는 생각이 들더라고요.

이게 마지막 싸움이 될 것 같다는 예감이 들었어요. 개강을 앞두고 어떻게 할 것인가 고민하다가 인문계열과 유럽어문계열 등 문과대 내에서 통합되는 단위끼리 모여 천막농성을 시작했어요. 다른 대학들처럼 민주적인 정당성을 확보하기 위해서, 그리고 파급력을 키우기 위해서는 학생들의 대표기관인 총학생회가 본관에 들어가서 점거농성이라도 하는 게 가장 좋았겠지만 그 당시에는 이미 몇 번의 싸움으로 총학생회가 힘이 많이 빠진 상태였어요. 매번 싸워야 하니 지친 거죠. 동국대나 서울대처럼 학생들이 열심히 싸우면 교수들도 학생들의 목소리에 귀를 기울여주고, 여론도 왜 우리가 점거농성을 할 수밖에 없는지 귀를 기울여줄 텐데 이미 손을 쓸 수 없이 힘이 빠진 상태였어요. 본관에 들어갈 물리적인 역량이 안 됐던 것이죠. 진중권 교수가 그렇게 잘려버리니까 교수 사회도 완전히 살얼음판이 되어버렸어요. 거기다가 성과급제, 연봉제를 도입해서 교수들을 등급별로 다 나눈 상태였어요. 교수 사회가 가라앉으니까 분위기가 쉽지 않은 거예요.

학생들 분위기도 두산 쪽으로 기울어가고 있었어요. 중앙대가 취업난, 청년실업 같은 문제가 제일 심각한 대학 중 하나였어요. 이런 불안감 때문에 두산이 인수하기 가장 쉽고 공략하기 가장 쉬운 대학이 중앙대가 아니었을까 하는 생각이 들어요. 지금에 와서 결과를 놓고 보니 그런 거죠. 잘나가는 대학들은 교육재단으로서의 입지와 자긍심이 있어서 자존심 때문이라도 쉽게 기업을 받아들이지 않잖아요. 중앙대는 재단이 완전히 유명무실한 상태였고 학교 운영을 거의 포기한 상태였어요. 새로운 재단이 들어와야 한다는 구성원들의 공감대가 높아서 그만큼 두산이 쉽게 들어올 수 있었죠. 두산은 중앙대에 들어오면서 취업난으로 불안해하는 학생들에게 취업 문제를 해결하여 내면의 불안과 공포를 덜어줄 수 있을 거라는 환상을 심어줬어요. 학생들을 계속 선동한 거죠. 대학의 가치, 그 안에서의 자유와 민주주의보다는 일자리가 중요하다고요. 두산이 들어온 다음 어떤 소문이 돌았냐 하면 두산에서 중앙대 학생들을 비공개적으로 다 뽑아간다더라, 공개적으로 뽑으면 기업 이미지에 손상이 되니까 뒷문으로 몰래 뽑아간다더라. 그런 소문을 들은 학생들은 좋아하죠. 두산이 자신들의 일자리를 보장해줄 거라고 착각한 거예요. 학교에서도 지속적으로 학생들에게 자신들이 유리한 이야기만 하는 거예요. 기업이 들어와서 직접 고용해가는 것만 해도 어디냐? 회계나 기업식 교육을 교양과목에 넣는 것도 중앙대는 회사에 들어가자마자 쓸 수 있는 좋은 인재를 배출하는 학교란 인식을 주기 위해서다. 기업들의 인식이 그렇게 변하면 두산에 채용이 안 되더라도 다른 기업에서 우리를 더 좋아할 거다. 요즘 대학생들이 경쟁하면서 살얼음판을 걷잖아요. 이런 상태에서 이런 말을 들으면 '훅' 가는 거죠.

채찍과 당근으로 길들여지는 학생들

인터넷 홈페이지 같은 경우는 학교에서 완전히 장악해서 저는 당연히 출입금지가 되었어요. 학교 측에 비판적인 목소리는 아예 낼 수 없게 된 거죠. 보통 학교 홈페이지는 서로의 의견을 나눌 수 있는 공간을 학생들이 자체적으로 운영하게 되어 있잖아요. 근데 두산은 두산에서 사장하다가 정년퇴직한 사람을 홍보부장으로 앉혀서 그 사람이 모든 걸 감독하도록 하고 있어요. 인터넷에 게시되는 표현물을 직접적으로 조치하고 삭제하고 심지어 학생들의 아이디를 영구 박탈하기도 해요. 그런 조치는 표현의 자유에 대한 문제이기 때문에 아주 조심스럽게 다뤄야 하잖아요. 학생들이 직접 참여하는 게 어렵다면 법학교수 한 명 정도는 심사에 참여해야 하는데 한 사람이 단독으로, 그것도 교수도 아닌 외부인사가 게시판을 관리한다는 게 말이 안 되는 것이죠. 그래서 두산에 반대하는 목소리는 무조건 아웃되는 거예요.

저도 아무런 통보도 없이 영구제명이 됐어요. 최근 명지대에서 인터넷 게시판과 관련해서 학교 당국자가 학생에게 어떤 사유로 인해 몇 년간 이용을 중지한다고 공식 통보를 보냈다가 문제가 되어 뉴스에 나온 적이 있어요. 근데 명지대는 통보라도 해준 거잖아요. 저는 아예 통보도 없이, 어느 날 들어가니까 안 되더라고요. 제가 크레인에 올라갔다 내려와서 왜 크레인에 올라갔는지 상황을 설명하기 위해 글을 올렸는데 아무런 설명도 없이 그 글이 바로 삭제되었어요. 그 다음부터는 아예 게시판에 들어갈 수 없는 거예요. 알아보니까

"넌 이제 게시판에 글을 못 쓴다"고 하더라고요. 이렇게 개판인 거예요. 내가 올린 게시물의 어떤 부분이 학교의 명예를 훼손했고 어떤 부분이 허황된 것이기 때문에 영구제명을 한다, 이런 적시도 안 해줬어요.

두산이 들어와서 학내 행사를 좌지우지했어요. 학생들이 자체적으로 하는 오리엔테이션, '새내기 새로 배움터'가 폐지되어버렸어요. 학기 초에 신입생들이 들어오면 학생회와 유대관계를 맺으면서 학생들끼리 문제를 자체적으로 해결할 수 있게끔 하는 학생자치 행사였거든요. 그것을 폐지시키고 '국토대장정'을 만들었어요. 일종의 관변행사죠. 학생회 활동을 했던 친구들이 거기에 지원을 하면 무조건 떨어져요. 박용성 회장이 그 행사에 오는데 학생회 학생들이 와서 면전에다 대고 한마디라도 할까봐 "학생회 학생들은 다 빼!" 그런 거예요. 저희 같은 사람은 신청을 해도 다 걸러지는 거예요. 학생회장부터 다 떨어졌어요.

해외로 보내주는 봉사활동도 이벤트 행사로 만들었어요. 말이 봉사활동이지 외유성 봉사활동인 거예요. 거기에 가는 학생들은 성향이 별로 안 좋아요. 교직원들이 그런 학생들에게 학생회 선거에 출마하라고 권유하기도 해요. 국토대장정이나 해외 봉사활동은 학교에서 학생들을 대상으로 작업을 하는 통로예요. 행사를 통해 교직원들이 학생들과 유대를 쌓고 은밀히 작업을 거는 거죠. 국토대장정을 할 때 학생들이 많이 지쳐 있으면 교직원들이 학교카드로 애들에게 뭔가를 왕창 사줘요. 마치 대단한 것을 해주는 것처럼. 그렇게 교직원들과 친해진 학생들을 총학생회 회장에 출마시키고, 총학생회장

임기가 끝나면 두산중공업 전략기획실로 취직을 시켰다고 하더라고요. 2011년 총학생회 회장이 그랬고, 이번 총학생회 회장도 100% 회사 쪽이기 때문에 아마도 그렇게 될지 몰라요.

딱딱 정해지는 투쟁의 가격

과는 해체될 위기에 놓였고 학교 구조조정이 두산 마음대로 되고 있는 상황에서 우리가 할 수 있는 일이 없어 천막농성을 시작했어요. 그거라도 해야 저희가 마음이 편할 것 같았어요. 학생들이 천막농성을 시작한 지 열흘이나 지났는데도 학교 측에서는 아무런 반응이 없었어요. 그러면서 한다는 소리가 학교 측이나 이사장 쪽에서 자기들은 눈이 작아서 3층 이사장 직무실에서는 본관에 쳐놓은 천막이 안 보인대요. 그러니까 너희들 농성하는지도 몰랐다고 조롱을 하는 거죠. 그러더니 학내 경비들을 동원해서 천막을 철거해버렸어요. 대학 캠퍼스에서 하는 짓이 완전 두산중공업에서 노조 탄압하는 거랑 똑같은 거예요. 이사장이 눈이 작아서 저희 농성하는 게 안 보인다고 하기에 플래카드를 아주 크게 썼어요. 한 50미터 크기로요. 플래카드를 쓰다가 바닥에 페인트가 떨어지면 협박을 하는 거예요. 이거 아스팔트 아스콘 재포장하려면 몇 천만 원 나온다면서요. 저희가 쓴 큰 플래카드를 청년연못 주변에 있는 나무에다가 끈으로 묶어놨어요. 성황당처럼 아무리 눈이 작아도 잘 보이게요. 그랬더니 학교 측 사람들이 와서 저거 철거반에게 용역 의뢰를 했더니 300만 원이라고 하더라, 너희가 지금 철거를 하지 않으면 대집행한 다음에 너희들에게 손해배상을 청구할 수밖에 없다, 이렇게 협박을 하더라고요. 근데 저희는 학생들이잖아요. 정말 순진했어요. 그러면 안 되는데 손해배상 청구한다니까 크레인 불러서 부랴부랴 그 플래카드를 철거한 거예요. 이때부터 확실히 기업 재단이 들어왔구나, 실감을 했죠. 모든 것을 돈으로 환산하면서 손해배상에 대해 암시가 아니라 직접적으로 제시를 하니까요. 야, 너희들 뒷감당 어떻게 하려고 그러냐? 이건 몇 천만 원짜리, 이건 몇 백만 원짜리. 딱딱 우리 투쟁의 가격이 나오는 거예요. 이건 몇 천, 이건 몇 백만 원짜리 투쟁인 거야. 이렇게 저희에게 이야기했어요.

천막농성 할 때 2주간의 짧은 시간이었지만 학생들 나름대로 재미있고 즐겁게 문화를 만들어갔어요. 그런데 저도 순진하고 어렸지만 다른 친구들은 더 순진했어요. 천막을 강제 철거당하니까 엄청난 분노와 공포를 동시에 느꼈어요. 무력감들……. 싸울 수 있는 동력이 떨어지니까 모든 게 독문과 때문에 이렇게 됐다는 학교 측의 논리가 먹혀들기 시작했어요. 학교 측이 독문과 하나만 도려낼 수 없으니까 일문과, 불문과 등을 유럽어문계열로 묶어버렸고 나머지 인문계열 같은 경우 학교가 내세운 지표만 봤을 때도 우수한 과인데 아시아문화학부로 묶어버렸어요. 그것을 독문과 탓으로 돌린 거죠.

천막이 뜯겨져 나가면서 싸울 수 있는 중심지가 없어지니까 그 이후에는 많이 힘들었어요. 저희가 타워크레인에 올라갔던 2010년 4월 8일은 두산이 중앙대를 인수하고 최초로 학제 개편에 대한 이사회가 열리는 날이었어요. 철거당하기 전에는 교수님들끼리 모여서 학제 개편을 논의하는 테이블이 있었는데 저희 학생들이 목소리를 많이 냈어요. 힘도 어느 정도 모아내기도 했고요. 근데 정작 모든 것이 결정되는 이사회가 열리는 날이 다가왔는데 우리는 싸울 동력을 잃어버렸고, 가장 격렬히 싸워서 저지해야 할 때 싸울 수가 없는 상황이 된 거예요. 모든 사람들이 좌절감과 패배의식에 젖어서 고개 떨구고 있을 때 교직원들이 와서 이렇게 말했어요. "너네, 이제 다 끝났다. 적당히 고개 숙이고 와서 빌면 돈(손해배상)은 어떻게 좀 해볼게." 돈에 대한 이야기가 나오니까 총학생회에서도 엄청난 압력을 느낀 거죠. 되게 어려운 상황이었어요.

하지만 저는 그 상황을 다 봐왔기 때문에 이렇게는 절대 마무리 지어서는 안 된다는 생각이 본능적으로 들더라고요. 3월 초부터 추위에 고생하면서 했던 싸움들이 진짜 안 하니만 못한 상황이 될 수도 있겠다는 위기의식을 느꼈어요. 후배들하고 고민을 많이 했어요. 본관에 들어가서 점거할 수도 없었고 안팎의 여론, 교수 사회, 학생들 모두 두산에 장악되어 있는 상황에서 천막농성을 했던 것마저 털리니까 이제는 완전히 학교라는 큰 집단에서 소수에서 더 소수로 남아 있는 상태가 된 거예요. 이런 상황에서 우리는 무엇을 할 것인가? 무엇을 할 수 있는가? 고민을 많이 할 수밖에 없었어요.

대한민국 나쁜 기업 보고서

타워크레인 농성했다고 2,500만 원 손해배상 청구

그러다가 이사회 날에 쓸 상여 등 소품을 만들려고 목공소에 가서 나무를 끊어 오는데 학교 안에 갑자기 커다란 타워크레인이 들어온 거예요. 두산에서 약학연구센터를 지으면서 들여온 크레인이었어요. 시민단체에서 철탑 같은 데 올라가는 것처럼 극단적인 경우에는 그 위에 올라가서 농성할 수는 없을까 고민을 했었거든요. 이사회가 열리기 전날 밤에 한강대교에 올라가는 문제에 대해 각과 학생회장이랑 문과대 학생회장이랑 모여서 마라톤 회의를 했어요. 올라가느냐, 마느냐로 격론을 벌이다가 마지막 표결을 했는데 불참한 성원이 전화로 의견을 표명하면서 딱 부결이 된 거예요. 한강대교에 올라가는 것은 물리적으로 너무 위험부담이 크다, 그 이후의 후폭풍도 감당할 수 없다, 무리수다. 총학생회에서도 반대를 많이 했어요. 압도적 공포에 사로잡혀 반대했던 문과대 학생회와는 달리 총학생회는 학교 내에서 정치적인 역학관계를 고려하지 않을 수 없었던 것이죠. 너희, 총학생회에서 그렇게 하다가 두산이 투자 의욕을 잃고 재단에서 빠져나가면 책임질 거냐? 이런 여론을 두산에서 엄청 만들었거든요. 이런 상태에서 정치적 시위까지 하면 부담이 되었던 거죠. 지금 상황에서 조금만 길게 보고 하자, 학내 여론도 안 좋은데. 저는 이미 학내 여론은 두산이 있는 한 자체적으로 정화될 수 없다고 봤어요. 학교를 벗어나 큰 틀에서의 여론이 더 중요하다고 판단했어요. 결국 후배들이 반대하자 올라가자는 친구들은 3~4명밖에 남지 않았어요. 사실 우리가 한강대교에 올라가는 것에 대해 사전에 치밀하게 준비한 것도 아니었어요.

그날 누가 우리에게 소주라도 사줬으면 밤새도록 실컷 먹고 기절해서 잤을 것 같아요. 너무 우울해서요. 엄청 우울했거든요. 4월 8일이 구조조정 최종안을 결정하는 날이기도 했지만 저희들의 징계위원회가 열리는 날이기도 했어요. 두산에서 일부러 같은 날에 잡은 거죠. '너네 다 끝났고 싹싹 빌어보려면 빌어보고 그동안 까불었던 인간들은 다 퇴학이야.' 득의만만하게 비웃는 거죠. 징계위원회가 같은 날만 열리지 않았어도 격분의 감정이 덜했을 거예요. 마치 학교에 서 있지도 말라는 건데 그것을 받아들이기는 힘들었어요. 인문학을 사수하자는 거창한 명분도 있었지만 그리고 항상 그게 중심이어야 하지만 사실 자존심도 너무 많이 상했어요. 내가 왜 떳떳하게 목소리를 내고도 이렇게 극소수로 몰리면서 우울해야 하는가? 새벽 내내 반대했던 후배들의 목소리 중에 합리적인 이유도 있었지만 이 사회 당일 날 우리가 아무것도 못한다는 게 견딜 수가 없었어요. 우리가 봐도 무리라는 걸 알았지만 피할 수 없는 문제라고 봤어요.

한강대교에서 하려고 하다가 이왕 타워크레인까지 들어왔는데 교내에서 하는 것도 의미가 있을 것 같아서 타워크레인에 올라가기로 했어요. 근데 타워크레인 담벼락이 6미터 이상 높은 곳이어서 다른 후배들이랑 같이 올라가는 것은 너무 위험할 것 같았어요. 그래서 저만 타워크레인으로 올라가고 후배들은 한강대교로 보냈죠. 우리가 뜻을 굽히지 않으니까 총학생회에서도 마지막에는 배웅을 해줬어요. 임지혜 총학생회 회장이 많이 힘들었을 거예요. 고생만 엄청 하다가 총학생회장직에서 물러났어요.

올라간 지 몇 시간 안 돼서 저희들은 경찰에 끌려갔어요. 한강대교에 올라갔던 후배들은 용산경찰서로 가고 저는 동작경찰서로 끌려갔어요. 근데 총장

이 직접 경찰한테 학생들에게 엄한 벌을 주라고 요구한 거예요. 저한테는 건설사업팀장을 직접 보내 형사들이 일반건조물 침입으로 조사를 꾸미고 있는데 이건 일반건조물 침입이 아니라 업무방해라고 고소를 했어요. 업무방해가 형이 더 세거든요. 학교에서는 아직 내려지지도 않은 형에 고소장까지 써가지고 와서 형사처벌을 요구했어요. 이건 국가에서 내리는 벌이고 안타까운 일이지만 내가 한 행동에 대해서 처벌을 받는 것은 어쩔 수 없는 일인데, 어떻게 대학이 학생들의 행동을 감싸주지는 못할망정 경찰서까지 찾아와서 더 세게 때려달라고 할 수 있는지 참 이해가 가지 않았죠. 그것도 연행된 지 불과 수십 분도 안 되었는데 부랴부랴 달려와서 그런 거예요. 정말 이건 아니잖아요. 학교 덕분에 저는 형사처벌을 더 세게 얻어맞았어요. 그 후 다시 열린 징계위원회에서 퇴학을 당했고요.

민사소송도 타워크레인과 관계해서는 저에게 직접 청구를 했어요. 명세서 2,500만 원짜리를 들이밀면서 이렇게 말했어요. "네가 타워크레인을 반나절 점거하고 생긴 모든 손실비용이다." 철공근들의 인건비 등 잡다한 것까지 해서 A4 용지 5장으로 목록을 뽑아서 주더라고요.(한숨) 모든 민형사상 불이익을 피하지 않겠다고 다짐했지만 예상했던 것보다 훨씬 강도가 셌어요. 학생처 행정실장 이런 사람들이 저에게 메일을 보냈어요. "큰일 났다. 네가 크레인 올라간 다음에 철근이 들어와야 하는데 너 때문에 못 들어왔다. 그 뒤 철시세가 엄청나게 뛰어서 손해를 많이 봤다." 그렇게 쓰여 있더라고요. 반나절 사이에 철근 값이 뛰었다는 게 믿을 수 있는 말이 아니잖아요. 또 어떤 관리자는 "한번 내질러보니까 시원하든? 이제 연극은 다 끝났고 관객 없는 텅 빈 객석을 바라보니 좋든?" 이렇게 메일이 오기도 했어요. 최면 걸듯 계속 이제 끝났다는 것을 강조했어요.

그 이후에도 후배들하고 함께하고 싶었는데 학교에서 퇴학생들에게 학교출입금지 가처분을 냈어요. 일반인들까지 자유롭게 통행할 수 있는 대학 캠퍼스에 학교출입금지 가처분을 냈다는 게 믿겨지지 않았어요. 이것만큼은 정말 세계 역사상 전대미문의 사건이지 않을까 싶어요. 더군다나 아직 퇴학이 정당한지 아닌지 법률적으로 다투고 있는 상태인데 얼마나 다급한 사항이라고 학생들에게 학교출입금지 가처분을 내리는지 이해가 안 가는 거죠. 두산이 공장에서 하는 버릇을 그대로 대학에 와서도 하는 거예요. 해고 노동자들도 노조사무실을 출입할 권리는 법적으로 보장되어 있어요. 한마디로 어이가 없죠. 두산에 그렇게 당하는데 또 가만히 있을 수 없잖아요. 동료들이랑 박용만, 박용성이 다닌다는 명동성당에 가서 1인 시위를 벌이기도 하고 두산타워 쇼핑몰에서 우리의 내용이 담긴 유인물을 쫙 뿌리는 퍼포먼스를 하기도 했어요. 근데 재미있는 건 그 유인물 수십 장이 땅에 닿기도 전에 경호 인력이 와서 다 받아가더라고요.(웃음) 그걸 또 두산에서 고소하더니 벌금이 나왔어요. 집시법 위반이라고요.

지금에 와서 담담하게 말하는 건데요. 제가 진중권 교수 재임용 탈락에 문제제기하다가 징계 먹었을 때 기자회견하면서 엄청 울었어요. 가슴이 두근두근 거리는 거예요. 막 억울한 거예요. 어마어마한 스트레스가 왔어요. 기자회견할 때 말을 잇지 못할 정도로 울었어요. 학교에서 2,500만 원 손해배상 청구했을 때도 본관에서 기자회견을 했는데, 여성 동기 포함해서 10명이 다 삭발했어요. 저희들의 머리를 수북이 모아서 "우리는 돈이 없다. 우선 머리카락이라도 드릴 테니 바꾸어서 쓰던지 마음대로 해라"라고 머리카락을 학교 측에 주었어요. 그때도 엄청 울었어요. 너무 울어서 탈진이 될 정도였어요. 알고는 있었지만 직접 겪으니까 정말 견디기 힘들 정도로 심적 고통이 컸어요.

국토대장정을 3보 1배 하며 따라나서다

그 후 여러 가지로 힘들어서 지방에 내려가 한적하게 일하며 쉬고 싶었지만 재판을 받으러 계속 법원을 왔다 갔다 해야 해서 서울에 있게 되었어요. 두산에서 제2회 국토대장정을 한다고 하더라고요. 1회로 끝날 줄 알았는데 매년 하겠다고 한 거죠. 국토대장정 코스를 발표한 것을 보니까 마침 두산중공업에도 들른다고 하더라고요. 두산중공업 노동자 배달호 씨가 감당할 수 없는 손배가압류를 못 이겨 분신을 했잖아요. 두산 박용성 회장이 저에게 가압류를 한 것도 같은 의미라고 봤어요.

국토대장정 코스가 상징성이 많았어요. 그들은 재미로 가는데 우리는 고행의 길을 선택했어요. 3보 1배를 하면서 따라가기로 한 거예요. 하지만 저희들이 학생이다보니 경제사정이 별로 좋지 않았어요. 출발 당일 날까지 돈이 없어 무릎 보호대를 못 샀어요. 할 수 없이 저희를 변호해주는 변호사님들께 메일을 보냈어요. 그랬더니 변호사님들이 속속 후원금을 보내주었어요. 시작하겠다고 나섰는데 걱정이 많이 되었어요. 우리가 제대로 해낼 수 있을까? 중간에 몸에 탈이 나서 못 따라가면 안 가느니만 못한 건 아닐까? 걱정이 되어서 학교 앞 흑석동 한강변에 나가서 동작대교까지 3보 1배를 연습해봤어요. 거리를 재고 시간이 얼마나 걸리나 보려고요. 겨우 한 시간 정도 했는데 몸이 저려 5분 동안 주저앉아 있었어요. 제가 건강한 편인데도 몸을 못 가눌 정도인 거예요. 거리는 예상에 훨씬 못 미쳤고. 이걸 접을까 생각했어요. 하지만 힘을 내서 가기로 했어요.

두산은 참가하는 200여 명의 학생들, 유명한 방송사 기자들을 학교 체육관에서 모아놓고 모자 집어던지면서 축제처럼 출정식을 하고 있을 때 저희는 두산타워에서 초라하게 출정식을 했어요. 두산은 참가한 학생들에게 텐트세트 등 몇 백만 원어치를 선물로 줬어요. 가방도 줬는데 그 가방이 정말 예쁜 거예요.(웃음) 3보 1배에 함께하기로 한 후배가 "다른 건 괜찮은데 저 가방 하나는 정말 탐난다"고 하더라고요. 두산에서 선발한 학생들은 저렇게 많은데 우리는 함께 하겠다고 나선 사람이 모두 세 명뿐이었어요. 철학과 후배 한 명, 저를 도와주겠다고 나선 새내기 신입생 한 명, 그리고 저. 행진하는 국토대장정단을 따라갈 수는 없으니까, 차로 이동했다가 중요한 지점에서 내려 3보 1배를 하면서 따라갔어요. 중간에 차로 이동하는 것이 뭔가 고행을 회피하는 건 아닐까 하는 생각도 들었지만 코스가 코스인 만큼 그렇게라도 따라가자고 결정을 내렸어요. 그렇지 않으면 도저히 그들을 따라갈 수 없으니까요. 실제로 해보니까 더 힘들었어요. 한강변에서 한 시간 했을 때도 몸이 저려 주저앉을 정도였는데 국도 갓길이나 인도의 황색선 안은 폭도 좁고 길도 울퉁불퉁해서 더 힘들고 고달팠어요. 여름이라 날은 엄청 뜨거웠고, 로드 킬 당한 동물들 사체가 여기저기 널브러져 있고.

드디어 두산중공업에 도착했어요. 우선 두산중공업 노조에 마이크 같은 집회 장비가 필요하다고 요청했어요. 그리고 참석해서 발언도 해달라고 했고요. 근데 반응이 너무 뜨뜻미지근한 거예요. 저는 창원에서 제일 큰 금속연맹 사업장인 두산중공업 노동자들이 저희들이 도움을 요청하면 기꺼이 도와줄 줄 알았거든요. 크게 무리가 되는 요청은 없었어요. 충분히 할 수 있는 일들인데 난색을 표명하더라고요. 사실 그때는 몰랐는데 나중에 들어보니 이미 노조가 회사 쪽에 넘어간 상태라고 하더라고요. 아, 우리가 생각했던 노조가 아니었구나. 저희는 두산중공업 노조가 박용성의 횡포를 막지 못하고 대학까지 와서 깽판을 치게 만들었으면, 내심 부채의식을 가지고 우리를 도와주지 않을까 생각했거든요. 우리가 조금만 손을 내밀면 덥석 잡아주지 않을까 기대를 했거든요. 그런데 전혀 그런 상황이 아니었어요. 청원경찰서에서 경찰차 몇 대가 와서 지키고 있더라고요. 박용성 이사장이 친히 안전모를 쓰고 학생들에게 얼마나 두산중공업이 큰 회사인지, 또 얼마나 좋은 회사인지 보여주는 이벤트를 하려고 했는데 저희가 공장 앞에서 진을 치고 있으니 못하게 된 거죠. 게다가 학생들이 동요하면서 못 들어갔어요. 두산은 이 행사로 자신들의 이미지를 좋게 하고 싶었는데 취재진들이 몰려와 있고 우리가 앉아 있으니까 이미지를 좋게 가져갈 수 없었던 거예요. 결국 견학 일정은 다음날로 연기되었다고 하더라고요. 그 뒤로 두산이 저희들을 또 고소했어요. 저뿐만 아니라 철학과 어린 후배에게까지. 그 친구는 태어나서 고소장을 처음으로 받아보는 거라 너무 난처한 표정을 지었어요. 정말 안타깝고 미안했죠.

3보 1배 한 게 당장 눈에 보이는 성과는 없었지만 참 잘했다는 생각이 들었어요. 당장은 뭐가 안 되더라도 저희들이 절절히 싸우는 모습이 좋았나 봐요. 많은 분들이 격려를 해주시더라고요. 시사평론가 김용민 씨가 저희들에게 200만 원을 선뜻 후원해줬어요. 정말 고마웠어요. 맨날 돈이 없어 빌어먹고 다녔는데 모처럼 친구들 불러서 맛있는 것도 사주고 그랬어요. 좀 지쳐 있어서 쉬려고 했는데 근데 그 돈을 받으니까 쉴 수 없는 거예요.(웃음) 또 한 번 움직여보자고 해서 많은 일들을 벌였어요.

계열사 사장처럼 충성 경쟁에 나선 대학 총장

두산인프라, 두산모터롤 해고자 분들이 서울에서 함께 집회를 하자고 해서 동대문시장 옆 두산타워와 동대문 앞에서 집회를 열었어요. 그때 세간에 알려진 사찰사건이 터졌어요. 그날은 동대문 성곽 옆에서 집회를 하고 흩어졌어요. 저는 집회를 마치고 두산타워 앞으로 가고 있었는데 이름을 알 수 없는 누군가에게서 다급하게 전화가 온 거예요. "지금 집회를 했던 장소로 빨리 돌아오세요. 뭔가 일이 터졌는데 노영수 씨 당신 이름이 직접 거론되었으니 와서 공개를 요구해야 될 것 같아요." 그래서 부랴부랴 동대문으로 뛰어왔는데 나를 사찰한 사람은 이미 택시를 타고 도주하려고 종로6가 쪽으로 도망가고 있는 상황이었어요. 그 뒤를 몇 사람이 뒤쫓고 있었고요. 다시 누군가가 전화로 종로6가 쪽으로 오라고 해서 그곳으로 가려는데 어떤 사람이 다급하게 "노 동지!" 하면서 종로6가가 아니라 다른 방향으로 가라고 알려줬어요. 그 사람이 가리키는 방향은 청계천이었어요. 나중에 보니까 그 사람도 한패였어요. 저를 다른 곳으로 유인한 거예요. 그 사람이 조합원이라고 하니까 그런 줄로만 알았어요. 다시 몇 번 통화를 하고 헤맨 다음에 그 사람들을 잡았는데 알고 봤더니 중앙대학교 교직원들이 아니라 두산중공업 직원들이었어요. 저에게 '노 동지!'라고 했던 사람은 간부급이었고 저희에게 잡힌 사람은 (오승준) 대리였어요. 그 사람이 '노영수 동향보고서'라는 A4 5매 분량의 사찰 문건을 소지하고 있었어요. 저희는 깜짝 놀랐어요. 그 사람들에게 내용 공개를 요구했어요. 그런데 그 사람들이 문건의 내용은 절대 공개 못한다고 하면서 자꾸 다방에 가서 따로 이야기를 하자는 거예요. 그 현장에 기자, 경찰들이 다 모여 있었거든요. 자꾸 아무도 없는 데서 이야기를 하자니까 '아, 이건 뭔가가 있다'고 직감했죠.

아무리 상식이 무너지고 민주주의가 파괴되었다고 하더라도 이건 받아들이기 힘든 일이었어요. 도가 지나쳤어요. 완전 사찰이었죠. 국가가 아니라 기업이 사찰을 한 거잖아요. 내용을 보려고 했는데 그 사람들이 막무가내로 안 보여줬어요. 실랑이를 하다가 결국 경찰로 넘겼어요. 근데 경찰로 넘어간 순간 아무리 당사자라고 해도 그 문건을 법적으로 못 보게 되어 있더라고요. 경찰로 넘기기 전에 자

대한민국 나쁜 기업 보고서

력으로 빼앗아서 봤어야 했나 하는 생각도 들더라고요. 경찰로 가면 자연스럽게 볼 수 있을 거라고 생각했는데 그게 아니었던 거죠. 엄청 심각한 내용은 아니었을 거예요. 하지만 학교 입장에서 보면 굉장히 곤혹스러운 내용이 많았을 거예요. 무엇보다 정말 보고 싶었던 것은 결제라인과 수·발신처, 즉 그 책임자들이 누군지 보고 싶었어요. 나중에 변호사들이 공개하라고 요청해서 보게 되었는데 정작 중요한 내용들은 화이트로 다 지워져 있었어요.

근데 정말 재미있는 것은 박범훈 총장이 자기가 사찰을 지시했다고 인정한 것이에요. 총장이요. 정말 뜻밖이었어요. 놀라운 일이었죠. 사찰이 얼마나 큰 범죄행위예요. 근데 그것을 시원하게 인정하더라고요. 교육기관의 수장이 이런 일을 지시했다고 발각되었다는 것인데 전혀 수치스러워 하지 않는 거예요. 자신이 다 뒤집어쓸 테니 제발 두산에게만 불똥이 튀지 않게 해다오, 이런 생각이었을 테죠. 총장이 마지막 불타는 충성심으로 두산을 구했어요. 그 이후 그 사람은 청와대 교육문화수석으로 갔죠. 정말 깜짝 놀랐어요. 광적인 충성심을 보여줬잖아요. 총장이 직접 자기 손에 오물을 묻히면서도 수치가 아니라 영광이다, 나 하나 희생해서 내 손으로 해결해서 기쁘다. 자기가 무슨 계열사 사장 정도 되는 걸로 생각하는 거죠. 비리 사건이 터지면 제가 뒤집어쓰고 몇 년 살다 나오겠습니다 하는 거랑 똑같은 거잖아요.

이번에 교육학과 교수가 부총장한테 이메일을 보냈는데 그게 공개되어서 파란을 일으킨 적이 있어요. "기업이 와서 기업식으로 만들어낸 부총장 제도는 문제가 있으며 최근 일방적인 학사일정에 대한 독주는 안 된다", "부총장, 당신이 지금 꼭두각시노릇을 하고 있는 거다", "우리는 이제 교수가 아니라 대리인이 되는 것 같다" 등등의 내용이었어요. 부총장에게 보내야 하는데 그 교수가 실수로 단체 메일을 보낸 거예요. 그래서 이게 신문에 기사화되기도 했어요. 이미 교수들도 자각하고 있거든요. 스스로가 더 이상 추구해야 할 이상, 학자적 양심 같은 게 없고 자기들도 회사의 구성원이 된 것처럼 인식한다는 거예요. 총장이 이미 그런 모습을 보여주었고요. 사실 총장의 그 모습이 저에게는 참 의아했어요. 총장이 직접 나서는 걸 보고 이해가 안 됐는데, '아, 총장은 계열사 사장이고 지금 충성 경쟁을 하고 있구나' 하는 생각이 드니까 모든 게 이해되더라고요.

두산이 학교를 장악한 이후 대학으로서 위상은 없어진 거죠. 일반적으로 두산중공업에서 급여를 받는 직원이 사찰을 했다면 당연히 두산중공업 어느 선에서 개입을 했는지 밝혀야죠. 차라리 두산 노동자들이 와서 집회를 하고 있으니, 우리가 온 것이다, 이런 식으로 이야기하면 이치에도 맞고 어느 정도 이해라도 될 텐데 "교비 지출을 줄이고 등록금 부담을 줄이기 위해 두산에서 직접 중공업 직원에게 학교 일을 시킨 것이니 이것은 여러분들에게 좋은 일이다"라고 공식적으로 이메일을 통해 해명을 했어요. 그러니까 이게 학교인가요? 그만큼 제정신이 아니고, 더 이상 눈에 뵈는 것도 없는 것이죠. 더 이상 교육기관이 아닌 거예요. 그런 논리로 이야기를 만들어보겠다는 생각 자체가 정말 놀라운 거죠.

두산보다 더 무서운 건 내부의 묵인과 공포

제가 지금 재판을 받고 있는데 변호인단이 한 번 교체되었어요. 처음에는 저희 학교 선배들을 포함해 예전에 총학생회장 출신 변호사들 10명 정도가 변호인단을 꾸려서 변호를 해주어요. 그런데 졸업생들이 모교의 등을 찍으려고 덤비면 두산에서 고시원에 투자를 안 하겠다, 그러면 너희 후배들은 다 죽는다, 너희 법대 후배들은 생각 안 하냐, 이렇게 협박을 해서 해체되었어요. 저는 선배들이 처음부터 자발적으로 지원해주었기 때문에 해체되었다고 해서 그분들을 원망하지는 않아요. 다만 쉽게 무너진다는 게 아쉬울 뿐이죠. 지금은 민변에서 맡아서 소송을 계속하고 있어요.

이런 모습은 교수 사회에도 깊게 배어 있어요. 여름방학 때 3보 1배 다녀왔더니 세계비교문학 대회가 학교에서 열리고 있었어요. 일종의 인문학 축제죠. 인문학 장사를 접겠다던 대학에서 인문학 축제를 한다니 정말 웃기잖아요. 그래서 저희들이 피케팅을 했어요. 사실 학내에서 우리가 무엇을 한다는 게 힘든 일이었어요. 그만큼 여론이 안 좋았거든요. 아무튼 그렇게 시위를 하고 있는데 어떤 사람이 오더니 "내가 선배인데, 학교에서 행사를 하고 있는데 어디서 이런 짓거리를 하고 있냐?" 그러는 거예요. 나중에 알고 봤더니 그 사람은 교수였어요. 국문과 교수요. 자기 딴에도 교수가 그러면 안 된다는 걸 알기 때문에 선배라고 속인 거예요. 인문계열 교수들이 이렇게 변질되고 있어요. 부총장 앞에서 자기가 학생들에게 뭔가를 할 수 있으니 나중에 총장이 되면 보직교수 한 자리 시켜달라는 거죠.

교수들이 보직 자리를 놓고 경쟁이 심하거든요. 학교 홈페이지 게시판에 누가 이런 글을 썼어요. "퇴학생들이 재학생들의 고통을 아느냐? 이 어려운 취업난에 애들은 뭐 하나라도 해보려고 스펙 경쟁에 죽어나는데 너희가 학교 이미지를 실추시키고 있다. 애들한테 도움을 못줄망정 이미지를 갉아먹고 재학생들에게 피해주는 행동은 하지 말아야지." 그러면서 저희들의 사적인 신상을 거론하는 거예요. 성적 등 사적인 일들이요. 종합정보시스템에 접근할 수 있는 권한이 있어야 가능한 일이에요. 저희가 곧바로 사이버 명예훼손으로 고소를 했어요. 당연히 그 사람은 불기소처분을 당했어요. 저는 아이디를 보고 고소를 했는데 불기소처분 통지서에는 실명이 나온 거예요. 그 실명을 보고 경악했잖아요. 그 사람도 교수였어요. 국문과 교수. 국문과가 원래 기풍이 좋은 과였는데 그렇게 변했어요. 그런 교수들이 입학팀장 하면서 "야, 드디어 중앙대가 성균관대랑 같은 급이 되었다"라고 공지사항에 올려요. 인문학 교수들의 수준이 이런 거예요.

한번은 박용성 회장이 교수들에게 두산중공업 견학을 시켜주었어요. 공장을 보여주면서 "나 이런 공장의 회장이다. 저기 공터에서 예전에 나에 대한 엄청난 저항이 있었다. 어떤 한 사람이 분신을 했는데 나는 원래 사람이 죽어나가도 눈 하나 깜짝하지 않는 사람이다. 나는 그런 것에 전혀 신경을 쓰지 않은 사람이다." 이 말이 교수들에게는 간접적인 협박으로 들린 셈인 거죠. 그런 짓을 하면서 기쁨을 느끼는 것 같아요. 정말 악마인 것 같아요. 군사독재 시절에는 탱크를 집어넣고 프락치를 집어넣어도 접수할 수 없는 대학이었는데 두산은 중앙대라는 대학을 총체적으로 지배하고 있어요. 군사독재 시절에도 할 수 없던 일을 자본이 버젓이 하고 있는 것이죠.

그것이 암묵적으로 내부의 묵인과 공포에 의해서 더욱 확산되고 있어요. 이게 두산보다 더 무서운 것 같아요.

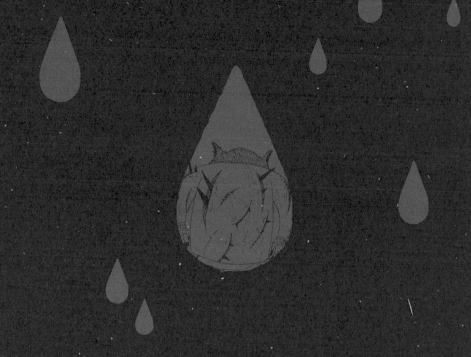

자본의 변신

어떻게 기업이 학생들을 탄압할 수 있어요?

임지혜 · 전 중앙대 총학생회장

2009년부터 나는 두산이 재단으로 들어온 중앙대학교 사태에 대해 들어왔다. 학교 교지가 폐간될 위기에 놓일 즈음 중앙대학교를 찾아갔다. 2010년 3월경이었다. 그 당시 나는 두산중공업의 악랄한 탄압을 견디다 못해 분신을 한 배달호 씨의 평전을 막 마무리한 시점이었다. 두산중공업 노동자들을 난장판으로 만들어놓은 두산이 또 다른 이윤의 장을 찾아 중앙대에 들어가 있었던 것이다. 오랜 기간 평전 집필로 많이 지쳤지만 젊은 학생들의 고통과 교수들의 힘겨운 싸움을 외면할 수가 없었다. 중앙대로 가서 취재를 시작했다. 아주 평범한 대학생과 총학생회에서 일을 하고 있는 젊은 친구 그리고 중앙대 총학생회장 임지혜 학생과 독문과 김누리 교수를 인터뷰했다.

교정에 돌아다니다가 인터뷰한 학생들은 새터 문제나 교지 폐간 문제에 대해서는 비판적이었으나 두산이 들어와 학교 건물이 새롭게 지어지고 학교가 확장되는 것은 긍정적으로 바라보고 있었다. 두산이 자신들의 일자리를 해결해주기를 은근히 바라기도 했다. 총학생회나 김누리 교수 입장은 달랐다. 두산에 대한 한 치의 환상도 없었다. 그들은 학문의 자유와 말할 수 있는 아주 기본적인 권리가 파괴되는 현장을 몸으로 느끼고 있었다.

중앙대 구조조정을 위해 TFT(Task foster team) 두 개가 만들어졌어요. 하나는 본부TFT이고 다른 하나는 계열TFT예요. 본부TFT는 학교 본부, 기획처, 보직교수들이 참여하는 팀이었고 계열TFT는 각 단과별로 뽑힌 교수님 30여 분으로 구성되었어요. 본부는 컨설팅회사 M&A를 하는 곳에 평가를 의뢰했어요. 그런데 학교 측 평가 지표에 문제가 있었어요. 학과의 내부 역량을 평가하고 사회적 기여도를 평가하게 되는데, 내부 역량에 교수님의 논문 수, 연구비의 수주율, 학생입시 점수, 전과율이 주로 반영되었어요. 사회적 기여도는 전국 취업률로 학과 평가를 내렸어요. 오로지 취업률로요. 이런 기준으로 평가해서 통폐합 대상, 집중 육성 대상, 교체 검토 대상으로 나누었는데 심각한 문제가 많이 나타났어요. 이것은 완전히 기업식 평가 방식이었어요.

다양한 학문을 오로지 취업률로만 평가

학문은 굉장히 다양하잖아요. 예술, 인문, 어문, 공학, 자연학, 의과 등 되게 특성이 다양한데 이것을 평가하기 위해 취업률이라는 하나의 잣대로만 평가를 했거든요. 객관성을 높이기 위해 평가를 한다고 했지만 말이 안 되는 거예요. 영화학과나 연극학과 학생들은 취업률이 좋지 않잖아요. 취업률 기준도 다르고요. 정치학과가 취업률이 높아지려면 학생들이 다 정계로 나가야 되는 거예요. 철학과는 경영학과랑은 많이 다르잖아요. 경영학과는 취업률이 매우 높아요. 그렇지만 내부 역량은 낮아요. 학과 교수들의 수준이나 학생들의 수준이 그다지 좋지 않아요. 하지만 인문대보다 취업률은 높잖아요. 취업률이라는 잣대가 객관적으로 보이지만 내밀하게 보면 전혀 객관적이지 않아요. 학문을 평가할 때 동일한 잣대를 들이댈 수 없다고 학교 측에 반박을 했어요. 평가 방법으로 학교 측과 논란이 많았죠.

학교 측에서 추진하려고 하는 것은 행정을 효율적으로 관리하기 위해 지금 있는 많은 단과대와 행정실을 계열별로 5개로 나누는 거예요. 의대, 인문, 경영, 예술, 법대 이렇게 나누고 부총장을 1명씩 임명하여 5명으로 하는 거예요. 계열마다 상시적으로 평가를 내려서 동일한 잣대로 또 평가를 하겠죠. 어떤 과에 지원을 해주는 권한이 부총장에게 다 달려 있는 거예요. 행정효율성을 위해 부총장에게 굉장한 권력을 주는 거죠. 본부는 이런 식으로 하는 게 객관적이라고 하는데 그 와중에 통합되거나 폐지되는 학과가 많았거든요. 폐지되는 과는 정치외교학과, 청소년학과, 민속학과, 건설환경공학과, 도시

공학과 등이었어요. 학부로 통폐합되는 과는 수학과랑 물리학과를
합해서 수리물리학부를 만든대요. 수학과 물리학은 되게 이질적인
학과거든요. 공통적으로 수학을 사용하는 면은 있지만 둘 다 기초학
문이고 이걸 학부로 묶으면 물리가 죽어버릴 수밖에 없거든요. 학부
제가 이런 부작용이 있기 때문에 예전에 한 번 시행했다가 다시 학
과제로 돌아온 거거든요. 구성원들의 말을 듣지 않는 거죠. 일방적
으로 가겠다고 하고 있어요. 교수님들이 만든 TFT도 한계가 있죠.
그 내용은 과 교수님들의 의견을 수렴해서 만들었다고 했어요. 그런
데 학과의 전통과 오래된 역사, 학문에 대한 자부심을 지키고 싶은
건 알겠는데 대외적 측면에서 더 발전적으로 내줘야 했거든요. 밑으
로부터 의견을 수렴하기는 했는데 어떤 과를 통폐합할지 폐과시킬
지 권한을 가지고 있지 않았어요. 강제력이 없었던 거예요.

　또 이 과정에서 학생들이 많이 소외되었어요. 학생, 교수, 직원이
학교를 만들어가는 주체잖아요. 저희 학생들이 안을 만들 수는 없지
만 본부 안, 계열 안이 어떻게 나왔고 어떤 평가 기준으로 만들어졌
고 어떻게 조율되는지 참여해서 알아야 하고 결정권도 가져야 한다
고 계속 이야기했는데 본부 쪽에서는 계속 거절했어요.

　요즘 터진 게 뭐냐 하면요, 본부위원회가 되게 문제가 많은 거예
요. 본부에서도 자가당착에 빠져 있거든요. 두 개 과 정도만 추가하
는 걸로 수정하겠다, 그래서 수정안을 냈는데 두산 박용성 이사장이
조금이라도 수정된 것은 받아들일 수 없다고 못을 박아버린 거예요.
예정대로라면 2월 말까지는 본부랑 계열 교수팀이랑 단일안을 만들
어서 공청회에서 TFT 설명을 하고 3월 말에는 확정지을 예정이었

어요. 저희 학생들은 시간이 너무 짧기 때문에 그것도 반대했어요. 말도 안 된다, 어떻게 두 달 만에 학교 구조조정 안을 조율하느냐? 그런데 조율한 안마저도 박 이사장의 입김이 내리꽂히는 상황이 된 거죠. 계열위원회 만든 것도 형식적이었고 결국 교수님들의 안도 안 들어주고 일방적으로 밀어붙였어요.

학내 자유의 공기는 점점 희박해지고

재단이 두산으로 바뀐 이후 학교가 많이 바뀌었어요. 행정력을 강화한다는 명목으로 직원들을 자기 말을 잘 듣는 사람들로 바꾸었고, 학생들과 교수들의 목소리를 줄이기 위해 원래 교수들이 선출하던 총장 직선제를 임명제로 바꾸었어요. 전에는 총장이 교수들 눈치를 보는 상황이었는데 이제는 총장이 이사장의 눈치를 보는 거예요. 교수들의 월급도 연봉제로 바꾸었어요. 교수들의 월급이 기업 직원처럼 연봉제로 된 건 대학들 중에서 최초라고 하더라고요. 저희 학생들하고 관련 있는 건 절대평가가 사라지고 상대평가제로 바뀐 거예요. 교수들이 학생들에게 미칠 수 있는 영향력이 줄어든 거죠. 절대평가를 하면 교수 재량껏 할 수 있었는데 교수도 학교에서 정한 규칙에서 벗어날 수 없게 만들어버린 거죠.

2008년 2학기부터 두산이 들어왔거든요. 처음에는 학교에 건물이 세워지고 가시적인 변화가 일어나니까 학생들이 좋아했어요. 근데 2009년 1학기부터 학사제도가 바뀌었어요. 예전에 절대평가를 했던 것들이 다 상대평가로 바뀌었어요. 그러니까 굉장히 빡빡해졌어요. 어떤 강의는 수강인원 5%에게는 꼭 F(낙제)를 줘야 한다는 조항도 있고, 밑에서부터 낙인을 찍는 그런 조항도 있고요. 학사경고 점수도 높아져 학생들이 경고를 받을 위험도 높아졌어요. 원래 교양 필수라고 국어나 영어는 꼭 들어야 하는 거잖아요. 그것 대신 새로 생긴 과목이 '리더십 특강', '진로탐색과 자기계발', '세계와 사회'가 꼭 들어야 하는 과목으로 정해졌어요. 수업을 들으러 가면 두산의 CEO들이 강의해요. 자기 성공담을. 아예 학생들에게 경쟁을 시켜서 자유로운 학문 공동체가 발전하지 못하게 하고 자기 눈앞에 있는 이익에만 급급하게 학생들을 만들어가요.

여름부터는 학내 비판적 언론에 대한 탄압이 시작됐어요. 저희 학교에 교지가 두 개 있었어요.《중앙문화》와《녹지》요.《중앙문화》는 학생들이 자신들의 생각을 개진하는 잡지였고《녹지》는 여성들의 목소리를 대변하는 잡지였어요. 둘 다 약간 진보적인 성향인데 이 잡지들을 통폐합하라고 한 거예요. 그래서《중앙문화》가을호에 총장과 재단에 대한 비판적인 글과 만화를 게재했어요. 그랬더니 학교 측에서《중앙문화》를 강제 회수한 거예요. 우여곡절 끝에 학생들이 항의를 해서 다시 배포가 되었는데 그 이후 계속 압박을 했어요. "너희, 계속 비판적으로 글 쓰고 이러면 못 내보낸다." 그러더니 2010년 1월에 예산이 전액 삭감되었어요. 등록금 고지서 옆에 자유납부금 항목이 있어서 선택적으로 구독료를 낼 수 있는 방식이었는데 그 항목을 없애버린 거죠. 거의 폐간 위기 상황에 놓였어요. 아, 이게 정부에서 불법시위에 나가지 않겠다고 확약하지 않으면 지원

금을 끊겠다, 이런 거랑 똑같잖아요. 국가가 하는 일을 지금 기업이
대신하고 있는 거잖아요. 국가가 아니라 기업이 우리를 탄압하고 있
거든요. 마인드가 되게 후져요. 자기들은 선진화되었다고 하는데 제
가 볼 때는 그게 아니죠. 본관에 교지 문제 때문에 항의도 하러 가고
집회도 했어요. 총장이 학생들 볼 때마다 뭐라고 그랬냐 하면요, "너
희들, 중앙대 학생 맞아? 왜 이렇게 촌스러워?" "변화도 못 쫓아가고
바보짓하고 있냐?" 그랬거든요. 이렇게 이야기하면서 학생들에게
손가락질하고 삿대질해가면서 권위적인 모습을 보여주더라고요. 그
런 식으로 저희가 무슨 말을 하려고 하면 딱 막아버리고 범죄인 취
급을 했어요.

상대평가가 되면서 그 전에는 자유로웠던 학교 분위기가 지금은
너무 빡빡해졌어요. 상대평가제, 학점 등 수업적인 면이 너무 힘들
어지니까 학생들이 해결해달라고 저희 총학생회를 많이 찾아왔어
요. 정말 우리가 지지를 많이 받았어요. 학생들이 수업이 빡빡해서
힘들다고 느끼면서도 사회적으로 취업도 어렵고 직업 구하기가 바
늘구멍이잖아요. 이런 학생들의 갈등을 이용해서 학교 측은 "이 바
늘구멍으로 우리 학교 학생들이 많이 통과할 수 있게 만들겠다" 이
렇게 치고 들어온 거예요. 학생들은 그러면 흔들리는 거죠. 바늘구
멍으로 자신들이 통과할 수 있을지, 그것은 아무도 장담할 수 없는
거잖아요. 고용 보장을 해준 대신 다른 권리들은 짓밟겠다, 이런 거
랑 마찬가지인데 저희들은 받아들일 수 없는 거죠. 비판을 하거나
다른 생각을 하면 학교 측에서는 거부 반응을 보이고요. 대학에 다
양한 목소리가 존재해야 하는데 이사장 목소리 하나만 통과되는 거

죠. 학생들이 두산은 기업이니까 우리 취업을 보장해주는 건 아닐까 하는 막연한 기대감을 갖고 있어요. 하지만 우리에게서 이득을 다 챙긴 뒤에 우리에게 무엇을 빼앗을지는 아무도 모르는 거죠. 학생들이 학교생활이 힘들다고 하면서도 어쩔 수 없는 현실 때문에 열심히 할 수밖에 없어요. 자기도 모르게 열심히 하고 있는 거죠. 자신을 되돌아볼 수 있는, 생각할 수 있는 힘이 없어지는 거죠. 제가 박용성 이사장을 만났어요. 총학생회장에 막 당선되어 임기를 시작할 때 만났는데 제게 꿈이 뭐냐고 물어보는 거예요. 그래서 제가 노무사가 되는 게 꿈이라고 했더니 자기 이야기를 하면서 두산중공업 때 파업이 많았고 화형식을 할 정도로 쪼아대서 한 명이 죽었는데 그 사람 죽고 나서는 아무도 파업을 안 한다고, 그 사실을 되게 자랑스럽게 말을 하더라고요. 두산중공업 성공 사례, 알아도 알고 싶지 않은 그런 일들을 막 말하더라고요. 대화가 전혀 안 되죠. 이야기하면서 제가 탁자 밑에서 주먹을 불끈 쥐었다 폈다를 반복했어요.

학생 자치활동이 몇 년 못 가 무너질지도

학생 자치활동도 상대적으로 많이 줄어들었어요. 학교에서 자치활동을 약화시키면서 새로운 자치조직을 만들려고 하고 있어요. 매년마다 새로 들어오는 후배들과 선배들이 서로를 알기 위해 만나는 행사가 있거든요. 그걸 새터(새내기 새로 배움터)라고 해요. 총학생회가 주최하고 모든 단과대 학생들이 다 모여서 엠티를 가는, 학생들에게는 매우 중요하고 큰 행사예요. 근데 학교에서 못하게 했어요. 학교에서 총장 명의로 모든 신입생 부모님들께 총학생회 주관으로 진행되는 새터, 신입생 오리엔테이션이 올해에는 없다고, 문제가 많아서 진행을 하지 않는다고 직접 편지를 썼어요. 지원금도 안 준다고 협박하고 회유를 했어요. 총학생회에서 복지 차원으로 학내에 사업 같은 것을 하잖아요. 오리엔테이션을 가면 지원금을 못 준다고 그런 거예요. 신입생 명단도 저희들에게 넘겨주지 않았어요. 할 수 없이 온라인 커뮤니티나 클럽에 신입생들이 들어오면 거기서 연락처를 받고 정모(인터넷 커뮤니티의 정식 모임)를 하고 그랬어요. 이런 모든 과정을 학교 측에서 일방적으로 한 거예요. 못 가게 하는 이유가 처음에는 안전 문제와 술을 많이 먹고 혼숙을 한다는 거였어요. "그게 문제라면 우리는 대안을 이렇게 만들어서 가겠다. 그런 문제들이 있다고 가지 말라는 것은 학생들이 가는 엠티를 아예 없애라는 말과 같다." 저희가 이렇게 말을 했죠. 그랬더니 "새터에 가서 너희들이 공연 보고 그럴 거면 장충체육관을 빌려주겠다, 거기서 해라" 그러는 거예요. 나중에는 "이사장님이 중앙대 변화에 원대한 꿈이 있는데 새터는 그 발전 방향에 부합하지 않는다"고 그래요. "무엇이 부합하지 않느냐?" 하니까 "몰라서 묻느냐? 새터가 이념 중심이고 새내기들에게 이념을 주입하려 하고 있다" 그러더라고요. 사실 이념 주입 이런 것은 요즘에는 거의 없거든요. 학교 측에서는 학생들과 학교 구조조정 등 문제점에 대해서 이야기할까봐 새터를 가지 못하게 하고 자기들 중심으로 만들려고 했던 거예요. 학과장들이 단과대 학생회장들을 꾀어서 "단대는 따로 가자, 우리끼리 따로 가자, 지원을 많이 해줄

게" 이런 식으로 각개격파를 했어요. 결론적으로는 각개격파 당했죠.

지금으로선 학생 자치회가 몇 년 못 갈 것 같은데 몇 년 못 가더라도 자치활동이 유지되었으면 좋겠어요.

기업과 인문학

자본이 대학뿐만 아니라 한국 사회를 장악한 거죠·

김누리 · 중앙대 독문과 교수

두산이 중앙대를 인수한 것은 대학에 기업식 경영이 들어오는 경우
인데요. 큰 틀에서 보면 대학의 기업화라고 할 수 있죠. 두산이 대학
을 인수한 과정에 여러 문제가 있어요. 대학은 기본적으로 의견수렴
과정 등 굉장히 민주적인 절차를 중시하는 조직이에요. 대학에서 민
주적인 절차라는 것은 생명과 같은 거죠. 학문의 자유로운 논의 과
정과 대학의 자율권, 이것들이 훼손되면 대학 자체가 기능할 수 없
어요. 그것은 단순히 형식의 문제가 아닌 거죠. 교수가 누구의 지시
를 받고 학문을 한다든지 또는 실험 결과를 지시에 따라 평가하는
것은 이미 학문이 아니죠. 학내 민주주의라는 것은 하나의 형식이
아니라 그 자체가 대학의 존재 이유입니다. 기업식 경영 집단이 들
어와서 대학을 자신들의 뜻대로 좌지우지하고 있는데 그건 아니죠.
한국 사회에 여러 집단이 있지만 기업이 가장 비민주적인 의사소통

구조를 가진 집단이거든요. 특히 같은 자본주의 국가라고 해도 한국이 심하죠. 유럽 같은 경우는 공동 참여라고 이야기를 많이 해요. 경영 문제에서도 노조와 경영진이 공동으로 참여해서 중요한 결정, 특히 인사 문제나 회사 경영 일반에 대해 공동 결정을 하는 것이 일반적이고 상당 부분 관례화되어 있어요. 한국 기업은 전혀 그렇지 않고 소위 말하자면 오너가 황제처럼 군림하면서 오너의 말 한마디에 모든 게 결정되고 노동자의 권리 같은 것은 거의 찾아볼 수 없는, 같은 자본주의 사회라지만 한국 자본주의 작동 방식은 대단히 야만적인 형태란 말씀이죠.

지금은 자본독재 시대

두산이 한국 기업의 경영 방식을 대학에 그대로 관철시키려 하는 부분이 가장 문제예요. 교수들이 자율적으로 결정하는 제반 장치, 제도들을 무력화시킨다든가 파괴해버린 게 지난 2년 동안 두산그룹이 한 일이죠. 그것도 아주 폭력적인 방식으로요. 대표적인 사례는 총장을 뽑을 수 있는 교수들의 권리를 자기들 마음대로 없애버렸어요. 총장 직선제를 마음대로 폐지시켰고, 교수들을 선발할 권리도 학과 교수들의 의견이 대단히 제한적으로만 반영되도록 해놓았어요. 심지어는 일괄적으로 상대평가를 시행하도록 해서 교수들이 학생들에게 점수를 줄 권리도 상당 부분 행정편의주의에 의해서 제한된 형태로 되어가고 있는 것이죠.

문제가 되고 있는 학문 단위 조정이란 것도 이사장이 생각하는 대로, 마치 기업의 부서 하나를 없애듯이 하고 있는 거죠. 크게 봐서는 학문의 자유, 학문의 고유성을 무시하는 방향으로 가고 있어요.

두 번째는 대학 기업화의 내용이에요. 철저하게 시장 논리가 절대 기준이 되고 대학은 단지 시장의 인력과 시장에서 쓰일 상품을 제공하는 하부구조로 전락하게 되는 것이 큰 문제입니다. 대학이라고 하는 것은 사회의 제반 영역 중에서 제일 비시장적이고, 시장과 거리를 두고 시장을 견제할 수 있는 조직인데 대학을 완전히 시장에 맞춰서 바꿔가려는 방식으로 되고 있는 거죠. 지금 재단 측은 경영학과를 1,000명 단위 학과로 만들고 있어요. 경영학과가 대학에 존재하는 나라는 사실 많지 않아요. 사람들이 잘 몰라서 그렇지, 미국에서도 명문대학에는 경영학과가 별로 없어요. 경영학 자체가 시민권을 얻지 못했다고 할 수 있는 거죠. 1930년대 경영학 논쟁이 미국에서부터 격렬하게 진행되는데 경영학이 과연 대학에서 가르칠 학문이냐, 진리를 탐구하는 것이 학문인데 경영학은 이윤을 탐하는 것 아니냐, 그게 어떻게 학문일 수 있는가. 경영학은 돈을 벌기 위한 기술을 배우는 건데 그것을 학문이라 할 수 없다는 거죠. 미국에서도 이상한 대학들이 워낙 많으니까 전문대학에는 경영학과가 있죠. 우리가 아는 명문대학 학부에서는 경영학 자체를 가르치지 않아요. 그래서 MBA라는 게 있는 거죠. 경영학은 대학원에서 많이 가르쳐요. 대학원은 전문교육을 시키는 곳이니까요. 전문직업교육으로 대학원에서는 가르칠 수 있어요. 학부에서는 가르칠 수 없다는 것이 지금도 지켜지고 있어요. 하버드도 대학원에서 가르쳐요.

대한민국 나쁜 기업 보고서

대학이 기업화되는 것은 굉장히 위험합니다. 이것은 두산만의 문제가 아니에요. 자본의 힘이 한국 사회를 완전히 장악하는 과정의 한 측면이죠. 군사독재 시절을 거쳐 민주화 시대로 이행하면서 사회적으로는 자본의 독재가 시작되고 있는 거죠. 숨죽이고 있던 자본이 민주화라는 환경 속에서 엄청난 힘을 축적했고, 지금은 자본독재가 전면화되고 있는 상황이에요. 자본의 하수인이 현 대통령을 하고 있는 것이고, 어마어마한 불법행위를 저지른 이건희 같은 자도 처벌할 수 없는 거죠. 그런 자를 단죄하지 못하고 사면이라는 특혜를 주고, 밖에 나가서 우리 국민이 정직했으면 좋겠다는 발언이나 하고 다니고. 이건 완전 코미디죠.

교수는 그저 월급쟁이일 뿐

자본이 모든 영역을 장악하고 있어요. 정치, 심지어 사법부, 검찰, 언론……. 자본이 미치지 않은 영역이 거의 없죠. 삼성의 김용철 사건이 전형적으로 보여주고 있어요. 김용철 변호사가 갈 곳이 없었다는 것 아니에요. 삼성의 비리를 전부 알고 있는데 폭로할 곳이 없었다니 재미있는 일이잖아요. 심지어 시민단체도 안 받아줬대요. 어떻게 받아줘요. 삼성 지원금이 끊기는데. 심지어 《한겨레》,《경향신문》도 안 받아줬다는 것 아니에요. 그래서 정의구현사제단으로 간 거죠. 이게 사실은 무시무시한 이야기예요. 재야운동도 삼성이 주무르고 있다는 거죠. 그래서 시장권력이 미치지 않는 요새, 결혼하지 않고 시장 밖에 있는 사제들에게 간 것이죠. 그분들은 시장 밖에서도 살 수 있는 사람들이죠. 로마교황청에서 월급이 나오고, 결혼도 안 하니까. 시장 밖에서 생활이 가능한 사람들만이 삼성의 권력 저편에 있는 거죠. 중앙대 문제는 진실의 목소리로 사회정의를 옹호하고 비판하는 대학이 자본에 장악되었다는 의미예요. 지금 중앙대와 서울대가 굉장히 중요한 사례예요. 간단히 말하면 서울대를 법인화하겠다는 건 주식회사 서울대를 만들겠다는 것이거든요. 비판적인 담론을 생산하는 기지 자체를 없애버리는 거죠. 이것 자체가 가장 우려스러운 부분이에요. 무기력하게 무릎을 꿇으면 한국 사회가 암담한 거죠. 굉장히 중요한 싸움이라고 보고 있어요.

박용성이란 인물이 굉장히 저돌적이고 감정적이고 자기 마음대로여서 더 파열음이 격렬하게 나는 거죠. 비민주적인 지배 방식이 전면화되면 교수로서 생명은 끊기고 일종의 월급쟁이로 살아가는 거죠. 자기가 앉아 있는 곳에서 자기 자리를 지킬 수 없는 사람들이 어떻게 학생들에게 당당하게 사회정의를 말하라고 이야기할 수 있겠어요.

기업에도 마음이 있습니다

신상원 • 기업문화 전문가,《기업문화 오디세이》저자

기업 이야기는 인간의 이야기이자 인문학

2010년 저는 도쿄에 있는 어느 일본 회사로부터 자신의 문제를 진단해달라는 요청을 받았습니다. 그 회사는 두 개의 회사가 합병한 곳이었습니다. 두 회사 간의 문화적 충돌이 심하니 그 문제를 해결해달라고 요청한 거죠. 일주일 동안 직원들을 심도 깊게 인터뷰하고 얻은 결론은 그 회사의 문제는 겉으로 드러나는 문화적 충돌이 아니었습니다. 기업의 무의식 속에 깊숙이 들어가 있는 상처들이었습니다. 그 상처가 너무 깊어 눈물이 날 정도였습니다. "마음에 상처가 있는 조직입니다." 기업문화에 대한 1차 분석을 발표한 날, 저는 그들에게 이렇게 말했습니다. 기업에서 그 분석 결과를 받아들이더라고요. 그들도 문제가 심각하다고 본 거죠. 곧바로 3개월간 치유 프로젝트가 시작되었습니다. 그 프로젝트를 다 마쳤을 때 경영진과 프로젝트팀은 한마음으로 자신들을 치유해줘서 고맙다는 말을 했습니다. 그때 저는 기업에도 마음이 있다는 것을 확신하게 되었습니다.

2007년 저는 프랑스의 기업문화방법론 및 사례를 연구하기 위해 현지 연수를 떠난 적이 있습니다. 파리의 오래된 건물 2층에서 기업문화 전문 컨설팅 회사인 ACG의 창업자 마크 르바이(Marc Lebailly)를 만났습니다. 마크 르바이는 구조주의 인류학자이자 정신분석학자였습니다. 파리 12대학 연구교수이기도 했고요. 기업문화를 다루는 사람이 인류학자이자 정신분석가라는 게 흥미로웠습니다. 한국에서는 인류학자가 기업을 이해하고 고민하는 모습을 보기란 쉽지 않기 때문이죠. 그는 '기업인류학'이라는 이론을 창시했고 알랭 시몽(Alain Simon)과 함께 《기업의 인류학》이라는 책을 내기도 했습니다. 기업에 관한 이야기는 인간에 대한 이야기이고 경영학에 관한 이야기이자 인문학에 관한 이야기였던 것이죠.

저는 대학에서 종교학을 전공했습니다. 제가 관심을 가졌던 문제는 '공동체의 문화는 어떻게 성립되고 유지되는가'였습니다. 기업도 하나의 공동체였고 그 기업 공동체가 성립되고 유지되고 소멸하는 메커니즘을 밝혀내는 데 흥미를 가졌습니다. 어떤 사람이든 한 기업 안으로 들어오는 순간 그 기업의 문화에 따라 행동할 수밖에 없죠. 들어가는 기업이 어떤 문화를 가졌느냐에 따라 그 사람의 인생도 바뀌는 거죠. 프로이트의 빙산의 비유에서처럼 한 개인의 거대한 무의식이 의식 세계에 영향을 미치듯 기업의 문화는 그 구성원들에게 알게 모르게 많은 영향을 미칩니다. 경영 방식과 사고방식은 물론이고 문서를 작성하는 방식, 옷을 입는 방식, 재무제표를 작성하는 방식까지요. 그러니 기업문화가 중요하지 않다고 말할 수 없죠.

한국 재벌그룹은 제국주의 시스템

한 기업이 어떤 회사인가 알려면 기업문화를 분석하는 게 필요하고 기업문화는 일정한 유형을 갖습니다. 삼성, 현대, LG 등 국내 재벌그룹 대부분이 '제국주의 시스템'이라는 동일한 기업문화 유형을 가지고 있습니다. 그 코드는 조금씩 다르지만요. 저는 응집성과 체계성과 교류 정도에 따라 8가지 유형으로 나누고 있어요. ACG의 창업자 마크 르바이의 분류 방식에 의해 정리한 것을 사용하고 있으며 이 유형의 기원은 막스 베버와 한나 아렌트 이론을 따랐습니다. 저는 이름을 다르게 바꿔서 사용하고 있죠. 기업을 설명하는 좋은 틀이라고 생각합니다. 응집력이 강한 집단은 교류와 체계성의 강약 여부에 따라 자급자족형 공동체, 정복자형 공동체, 기업가형 회사, 학자형 회사 등 네 가지 문화를 가집니다. 그리고 응집력이 약한 집단은 역시 나머지 두 가지 기준에 따라 제국주의 갱(gang), 제국주의 시스템, 전체주의 회사, 사회적 분열 등 네 가지 문화를 가지죠.

예를 들어 자급자족형 공동체는 응집력은 강한데 체계성도 없고 바깥과 교류도 약한 기업입니다. 대부분의 기업이 여기서 시작하죠. 스타벅스 1호점이 그랬고, 애플, 안철수연구소 등도 초창기에는 다 그랬죠. 자급자족형 공동체가 점차 외부와 교류 강도를 키워가면서 정복자형 공동체로 성장합니다. 자신들이 가진 뚜렷한 신념을 대외에 퍼뜨리기 시작하는 거죠. 스티브 잡스의 애플이 대표적입니다. 애플 제품은 하나같이 폐쇄적인 특성을 갖고 있죠. 하지만 애플 마니아들은 줄을 서서 애플의 신념이 담긴 제품을 구매합니다. 일종의 신도들이라고 볼 수 있죠. 정복자형 공동체가 커가는 동안 내부적으로 서서히 체계를 갖춰가면서 기업가형 회사로 변신합니다. 자신들의 신념을 잃지 않는 선에서는 외부와의 교류도 더욱 강화하죠. 고객의 욕구가 회사의 신념과 맞는다면 새 시장으로도 진출하죠. 스타벅스는 지금 정복자형 공동체에서 기업가형 회사로 가느냐, 갱으로 가느냐의 갈림길에 서 있고요. 학자형 회사는 쉽게 말해 공무원 집단입니다. 관료제 시스템이 발달한 내부는 똘똘 뭉쳐 있는 듯 보이나 이는 자기들만을 위한 응집력으로 모아지는 패턴입니다. '존재하는 것만을 위한 기업'이 되어 점점 좀비처럼 되어가죠. 우리나라 기업 상당수도 이런 특성을 어느 정도 갖고 있습니다.

제국주의 갱은 돈 버는 것 외에는 목적이 없어요. 맥도날드를 생각하시면 이런 유형의 특성을 쉽게 이해할 수 있는데요, 영업 방식은 아주 단순합니다. 맥도날드 매장 운영자들은 장사가 안 되면 언제든 롯데리아로 갈아탈 수 있죠. 외부와 교류는 매우 활발히 하는데 구성원의 응집력이 약하고 체계성도 떨어집니다. 제국주의 갱이 체계성을 갖추면 제국주의 시스템 문화로 이동합니다. 세계적 기업인 GE가 대표적입니다. 삼성, LG, 현대 등 국내 재벌그룹도 그렇고요. 돈 되는 사업이라면 어디든 진출한다는 점은 갱과 같죠. 내부적인 문화나 운영하는 경영 방식이 제국주의 형태로 굴러가고 있는 것이죠. 특히 삼성은 신경영이 들어서면서 "모든 걸 다 바꿔!" 그러면서 엄청나게 제국주의적인 확장을 추구했죠. 성장을 위해 많은 용병들도 데려왔고요. 그 용병들은 목적이 없죠. 돈을 더 많이 주는 곳이

대한민국 나쁜 기업 보고서

있으면 언제든 자신에게 좋은 곳으로 옮기는 거죠.

하지만 '어떤 문화에도 선악은 없다'는 말씀을 드려야겠네요. 모든 문화는 장단점이 있습니다. '갱'이나 '제국주의' 같은 단어로 표현했다고 해서 이들 기업이 부정적 가치판단으로 재단된다는 말은 아닙니다. 제국주의 시스템에 적합한 사람은 같은 문화의 기업에서 최고의 성과를 내겠죠. 제국주의 시스템이 더 이상 새 시장을 만들지 못하면 전체주의 회사로 가게 됩니다. 필연적으로 시장을 계속 넓혀나가야 하는데 이게 안 되면 조직원들이 쉽게 이탈하니까요. 내부에는 억압적인 방식의 경영과 그에 대한 노동의 반작용이 생기게 됩니다. '압력이 강한 상태' 자체가 하나의 문화가 되는 겁니다. 최근 쌍용자동차 역시 비슷한 상황에 처한 듯합니다. 아예 체계도 무너진 회사가 사회적 분열을 하는 형태죠. 해체 과정을 밟게 됩니다.

기업문화는 직원은 물론 고객까지 변화시킨다

사이코패스적인 기업도 있습니다. 두산 같은 경우가 그런 예이죠. 학생들에게 사찰까지 하고 손배를 청구하는 것과 자신의 회사에서 노동자가 죽었는데도 아무런 책임을 지지 않는 것은 자신들이 저지른 일에 죄책감이나 죄의식을 느낄 수 없을 정도로 마음이 없는 거죠. 기업 윤리도 없고요. 그걸 결정해주는 것은 기업문화라고 생각해요. 아까 말씀드렸듯이 기업문화는 기업의 마음이라 할 수 있으니까요. 기업문화는 오랫동안 누적이 돼서 유전자처럼 강하게 남아 있는데 그걸 복원시켜줘야 한다고 생각해요. 기업문화의 변화가 내부적인 조치라면 외부적인 대응도 필요하다고 생각합니다. 사이코패스들이 칼을 들고 활보하면서 범죄를 저지르면 거기에 대해 분명한 제재를 가하잖아요. 연쇄 살인을 하면 잡아넣고 안 그런 경우에는 정신병원에 보내서 치료를 받게 하는 게 필요하듯이 사이코패스 같은 기업이 있다면 그런 사회적인 조치가 필요한 거죠. 단순히 거기서 일하는 사람들만을 위한 게 아니라 기업을 잘 살리기 위한 방법이기도 하죠. 법적인 제재뿐만이 아니라 기업은 사람들이 모인 집단이고 기업 자체는 인격을 지닌 존재이기 때문에 치유작업도 동시에 해야 하는 거죠. 폭력적인 집단을 폭력적으로만 대하면 더 폭력적으로 되는 거죠. 맞고 자란 아이들이 더 폭력적으로 되듯이. 그렇게 해서도 치유가 안 되는 기업은 어쩔 수 없이 저지른 행위에 따라 법대로 처벌할 수밖에 없죠.

삼성처럼 제국주의적인 기업문화 안에서 일하고 있는 사람들은 마흔 살이 넘거나 실력이 없으면 잘린다는 것을 알기 때문에 자신의 몸값을 최고로 높여서 나중에 그만두고 더 좋은 곳으로 갈 준비를 항상 하고 있는 겁니다. 그러니까 이 사람들에게 노동 자체의 의미를 부여하기가 어렵죠. 이 사람들은 좀 더 불행한 노동을 하고 있는 거라고 봐야죠. 그분들은 돈 자체가 목적인 거예요. 한편에서는 충성을 이야기하지만 충성이 안 되는 겁니다. 앞에서는 충성을 하지만 뒤에서는 충성할 수 없거든요. 이 행위에 대해 윤리적인 판단을 내리지는 않아요. 그냥 문화적인 현상으로 보는 거죠. 제국주의적인 문화적 패턴이기 때문에 그 안에 있는 사람들은 그 문화에 따를 수밖에 없는 거죠. 용병집단 내부에서 선택할 수 있는 전략 중 하나라고 생각하거든요.

애플 같은 경우는 정복자형이긴 하지만 공동체적인 문화가 강한 곳입니다. 고객들이 대부분 애플의 마니아들이죠. 물건들을 교환가치로 보지 않고 선물 또는 증여로 생각하거든요. 하나의 물건에 마음이라든가, 정성이라든가 그런 것을 포함시켜 받아들이는 거죠. 독특한 문화라고 할 수 있어요. 다른 곳에서 아무리 좋은 제품이 나와도 애플을 신봉하는 사람들은 계속 사거든요. 애플이 가지고 있는 공동체적인 문화가 고객들도, 거기서 일하고 있는 직원들도 변하게 하는 거죠. 그에 비해서 애플과 대척점에 있는 삼성 같은 경우는 애플과 같은 제품을 아무리 생산하려 해도 영원히 생산할 수 없는 거죠. 문화 자체가 다르기 때문이에요. 삼성은 정말 좋은 제품을 생산하더라도 제국주의 문화이기 때문에 일하고 있는 사람들도 물건 안에 영적인 것을 담는다고 보기 어렵고 담을 수도 없는 것이죠. 아까 말한 것처럼 일하는 사람들도 노동 자체에 의미를 부여하기보다는 많은 연봉을 받고 생존하는 것, 그 자체가 목적이기 때문에 거기에 따라서 일하는 것이고 고객들도 마찬가지입니다. 문화가 힘이 얼마나 강하냐 하면 직원들은 물론이고 고객에게까지 영향을 미쳐 같은 패턴과 같은 생각으로 따라간다는 거죠.

이해관계자들이 함께 경영하는 기업

제국주의적 문화를 갖고 있는 회사는 사실 '불행'한 회사입니다. 노동이, 경영이 '소외'될 수밖에 없거든요. 노동 자체가 인간에게는 큰 기쁨이고 의미입니다. 그 기쁨이 돈으로 환원되는 삶을 평생 산다고 생각해보세요. 그런 기업이 많아지면 결국 사회가 불행해지는 거죠. 경영자와 노동자에게 모두 불행한 기업, 그리고 그런 기업관이 '옳다고' 생각하고 떠드는 사회는 바뀌어야 한다고 생각합니다. 더불어 '행복한 기업, 윤리적인 기업'이 경영에도 훨씬 도움이 된다는 걸 증명하고 싶습니다. 제가 아모레퍼시픽(태평양)에 주목하는 이유가 그 때문입니다. 우선 외국의 예부터 들어보면 좋겠습니다.

미국의 월마트 같은 경우 분명히 제국주의적인 방식을 채택하고 있거든요. 세계 1위 유통기업이죠. 거기에 비해서 2위나 3위를 달리고 있는 코스트코나 홀푸드 마켓 같은 경우는 대체로 윤리적인 기업이거든요. 해고가 거의 없고 복지 수준도 높습니다. 그렇게 해주는데도 2, 3위를 하고 있는 거죠. 월마트 같은 경우는 1위를 하고 있지만 해고율이 높아 연간 60만 명 이상의 직원들이 나가고 들어옵니다. 끊임없이 사람들이 바뀌고, 납품 후려치기는 기본이고, 대부분이 비정규직들이죠. 비용이 적게 드니까 그런 식으로 경영해서 엄청난 수익을 창출하거든요. 하지만 거기는 사람들을 내보내고 고용하는 데 엄청나게 비효율적인 비용이 발생해요. 기업 이미지에도 타격이 크죠. 결과적으로 같이 일하고 있던 유통 관계자들이 많이 떨어져 나가죠. 납품 후려치기 하는데 계속 함께 일할 수 없는 거죠. 코스트코는 회원제 창고용 매장이죠. 협동조합적인 형태를 띠고 있어요. 대부분의 직원들이 정규직이고요. 이직율이 낮고 복지 수준이 높아요. 직원 1인당 생산성이 월마트보다 월등히 높다고 해요. 직원들에게 2~3배 월급을 주기 때문에 생산성이 높은 거죠. 와서 일하는 게 즐겁거든요. 그러니까 고객들에게도 밝은 모습으로 대할 수 있는 거고요. 고객들도 그런 모습 보면 기분이 좋아지는 거죠. 월마트는 너무 힘들어서 얼굴을 찌푸리거나 억지로 웃으면서 일하는 거죠. 코스트코는 경영자가 현장으로 내려가서 노동자들과 같이 어울려요. 우리나라에서는 찾아보기 어려운 방식이죠. 한국의 경영 방식도 그런 식으로 바뀌어야 한다고 생각합니다.

홀푸드 마켓 같은 경우는 더 독특해요. 창업자가 히피거든요. 존 매케이라고, 히피 생활을 하다가 기업을 경험한 거예요. 자기하고 너무 맞지 않은 일들이 벌어지고 있는 것이죠. 특히 먹거리 가지고 장난치는 것을 도저히 볼 수 없어서 유기농만 취급하자, 생산자와 직거래를 하자, 우리가 그런 것들을 할 수 있는 슈퍼마켓을 만들자, 그렇게 해서 기업을 만들고 확장을 하게 된 거죠. 유기농만 취급하기 때문에 가격은 비싸요. 해고는 거의 없고요. 해고를 하는 유일한 이유는 생산성이 떨어지거나 잘못하고 있다는 것이 아니라 돈으로 장난을 치려고 한다든지, 비윤리적인 행동을 해서 자신들의 가치관에 어긋나는 일을 했을 때만 하죠. 복지도 좋고 월급도 많이 주기 때문에 회사에 대한 결속력도 되게 높아요. 요즘 경제민주화라는 말을 많이 하는데 이런 경영학이나 경제학의 패러다임이 함께 변해가지 않으면 어려운 점이 있어요.

요즘 주주만을 위한 자본주의가 문제가 되고 있어요. 종업원, 협력업체, 지역사회, 소비자들, 주주, 경영자들이 함께 가는, 이해관계자들의 주식회사가 만들어지고 있어요. 저는 그 방향으로 가는 게 맞다고 봅니다. 이해관계자들이 함께 경영하는 기업이 주주에게도 더 많은 수익을 가져다준 것으로 증명되고 있어요. 사우스웨스트 항공은 세계 최대의 항공사인데 경영 자체가 주주 자본주의 체제가 아닙니다. 9 · 11테러가 났을 때 해고 등 인적인 구조조정을 하지 않았습니다. 다른 항공사들은 경제적인 타격을 받아서 전부 다 구조조정에 들어갔죠. 그런데도 거의 다 몰락했어요. 사우스웨스트 항공사는 구조조정을 하는 대신 노조에 협력을 요청했죠. 노조와 함께하는 공동체적인 문화가 워낙 강했기 때문에 가능한 일이었습니다. 기업문화에 따라서 위기를 대처하는 방식이 달라지거든요. 그 회사는 신조가 '사랑'입니다. 그렇기 때문에 노동자들을 절대 해고하지 않고 같이 간 거죠. 노조에게 어떻게 할 건지 함께 고민을 해보자, 지금처럼 놔두면 회사는 망한다, 이렇게 요청을 했는데 노조가 그 답을 찾아줬죠. 비행기 일부를 팔았어요. 그리고 일부만 가지고 운영을 한 거죠. 전 직원이 협력하여 혁신을 했습니다. 예컨대 게이트에 들어온 비행기를 다시 출발하는 데 걸리는 시간을 획기적으로 줄인다거나 조종사와 경영진까지 수화물 처리와 객실 청소까지 했습니다. 거기에서 수익이 더 났어요. 어려운 상황을 극복했고 성장을 해나간 거죠. 그것이 기업문화의 힘입니다. 그런 식으로 경영을 하기 때문에 다른 항공사들이 감히 넘볼 수 없는 수익을 내는 거죠.

기업을 바라보는 시선을 이런 식으로 바꾸어갈 필요가 있어요. 꼭 주주를 위한 경영이 아니라 이해관계자들 모두를 위한 경영을 해도 충분히 성장은 가능합니다. 굳이 사회적 기업과 협동조합만이 미래 기업의 대안이라고 생각하지 않아도 된다는 겁니다. 주식회사를 사회적 기업이 전부 대체하는 건 불가능하고 또 바람직하지도 않다고 봅니다. 중요한 것은 경영 방식이고 이를 가능하게 하는 것이 기업문화입니다. 다만 이해관계자 경영을 하려면 여러 가지 경제적 여건들이 같이 변해야 하는 거죠. 대기업의 순환출자금지라든가 총액출자제한 등 많은 문제들을 함께 해결해나가야 빛을 볼 수가 있는 거죠. 이런 것들이 바뀌고 중소기업 중심으로 사회적 기업들이 많이 만들어지고 협동조합이 함께 성장해나간다면 굉장히 중요한 기업형태로 자리 잡을 수 있다고 봅니다. 사회적 기업이나 협동조합으로 할 수 없는 영역도 많기 때문에 그런 부분은 이해관계자 기업으로 해결해가면 될 것 같아요. 예컨대 BMW 같은 자동차 회사는 많은 비용이 들기 때문에 협동조합 형태로 하기는 어려울 거예요. 이런 것까지 사회적 기업으로 하라는 것은 기업이 사회에 미치는 영향을 과소평가하는 거라고 생각합니다.

이와 더불어 재벌구조 안에 있는 기업들을 더 경쟁력 있고 좋은 기업으로 만들어주는 것이 필요합니다. 삼성 같은 경우 계열사들을 삼성 지배체제에서 독립시켜 작은 기업으로 돌아가게 해야 합니다. 전자산업이 사회 안에서 존재한 방식과 패션문화산업이 사회 안에서 존재하는 방식은 분명히 다르다고 생각하는데 그걸 하나로 묶어놓으면 안 되는 것이죠. 삼성생명은 삼성생명대로, 제일모직은 제일모직대로, 휴대폰은 휴대폰대로 가는 거죠. 몇 퍼센트의 지분을 가지고 모든 기업 경영을 다스린다는 건 말이 안 되는 거죠. 이는 기업 경쟁력을 약화시키는 원인이기도 합니다. 서로 성격이 다른 기업들을 묶어놓으면 적합하지 않은 방식을 강요할 수도 있고 기업이 성장할 수 있는 계기를 놓칠 수도 있는 것이죠. 무엇보다 산업자본과 금융자본은 서로 분리되어야 합니다. 통합하면 문제가 발생하고 경영적으로도 많은 문제점이 생기죠. 중소기업을 인수해서 계열사로 만들어버리고, 자기 회사로 만들어버린 뒤 자기네 일감을 몰아주면 지금 당장은 괜찮을지 몰라도 결국은 이해 당사자 전체가 파괴됩니다. 운용력이 떨어지고 결국은 돌이킬 수 없는 상태까지 경쟁력이 약화되는 거죠.

기업의 목적은 이윤추구가 아니다

기업문화는 바뀔 수 있습니다. 제가 아모레퍼시픽에서 8년 동안 일을 했는데 아모레퍼시픽은 1980년대 들어서면서 증권, 생명, 패션, 야구단 등으로 빠르게 다각화를 시도했죠. 전형적인 제국주의 시스템 문화를 추구한 거죠. 그런데 기존 태평양 사람들은 굉장히 강한 응집력이 이었어요. 하지만 시장 개척에는 큰 흥미를 가지지 않았습니다. 공동체에서 학자형 회사로 넘어온 상태였죠. 반면 새로 편입된 계열사들은 회사별로 시스템이나 문화 유형이 가지각색이었습니다. 응집력이 강한 조직이 문화가 각기 다른 하부 조직을 거느리고 제국주의 시스템을 도입했으니 당연히 전체주의 체제로 서서히 이동하기 시작했고, 이후에는 사회적 분열로 나아갔습니다. 1990년대 초에는 결국 총파업이 발생했고 그룹 전체가 심각한 위기에 직면했죠. 문화를 정립해야 위기를 넘어설 수 있겠죠. 당시 기획조정실장이었던 서경배 사장은 이를 알았습니다. 따라서 기업문화를 만들어가는 게 문제 해결 방식으로 떠올랐죠. 먼저 '우리가 다시 태어나도 해야 할, 진정으로 해야 할 일은 무엇인가'를 찾는 작업을 시작했습니다. 그래서 찾아낸 게 바로 '아름다움'이었습니다. 그것 말고 다른 사업은 할 필요가 없죠. 화장품 사업 등을 제외하고 모두 구조조정을 했습니다. 기업문화 형성에 도움이 되지 않으니까요. 결과는 매우 성공적이었습니다. 기업문화와 경영 전략이 들어맞아 굉장한 응집력이 집단에 생겼고, 외환 위기가 오히려 그룹 부활의 계기로 작용하도록 만드는 원동력이 됐죠.

아모레퍼시픽은 현재 230여 개의 원료 협력사와 185여 개의 포장재 협력사와 거래하고 있어요. 이런 중소기업과 서로 협력하여 기술이나 전략 등을 공유하고 있으며 지원활동을 벌이고 있습니다. 2005년 1월부터는 원부자재 및 금형 등을 납품하는 협력업체에 납품 대금을 현금으로 결제해서 중소기업의 재무 안정성에 기여하고 있고요. 최근 2년간 출산전후 휴가 대상자 416명 전원이 휴가를 사용하게 한 뒤 이후 모두 복직했고, 휴가 기간에도 통상임금을 100% 지급하여 한국의 여성 직원들의 건강권을 보장하고 있는 거죠. 사회 공헌 사업도 하고 있는데요, 아름다운재단과 함께 시작한 일종의 마이크로 크레딧 사업인 '아름다운세상기금'이 대표적입니다. 저소득 모자 가정이 홀로 자립할 수 있도록 지원하는 기금입니다. 벌써 100명이 넘는 모자가정의 여성들이 창업에 성공하여 새 삶을 시작했습니다.

제국주의형을 취하는 많은 한국 기업들도 충분히 다른 형태의 기업으로 변할 수 있다고 생각합니다. 그리고 그것은 기업에 대한 극단적인 두 시각을 극복하는 데서 출발한다고 생각합니다. 기업을 신성시하는 시각과 기업을 적대시하는 두 시각입니다. 이 모두 '기업의 목적은 오직 이윤추구이다'라는 명제에 기반하고 있습니다. 저는 이 명제가 일종의 '만들어진 허구의 신화'라고 생각합니다. 이 명제는 사실 20세기 초 특정 지역(영국과 미국)에서 출현한 하나의 견해, 혹은 주장입니다. 역사적으로 기업의 탄생은 이윤 추구 자체가 목적이 아니라 오히려 그 반대 방향이었습니다. 어떤 목적(그때는 공적인 목적이었죠)을 달성하기 위해 사람과 돈을 모으려고 하다보니 효율적인 방법인 기업의 형태를 띠게 된 거죠. (《기업, 인류 최고의 발명품》이라는 책을 참고하면 좋습니다.) 어원상으로도 그렇습니다. 기업이 영어로 company잖아요. com은 '함께, 같이'라는 뜻이고 pania는 '빵'이라는 어원을 갖고 있다고 합니다. 즉, 빵을 나눠 먹는 사람들의 집단 정도라고 할까요? 사실 company는 '같이 하는 사람, 동료'의 뜻도 있잖아요. 어떤 목적을 위해 같이 가는 사람들의 집단. 이렇게 보면 오히려 동지들이 모인 집단에 더 가까운 게 기업이었습니다. '추구하는 목적'이 먼저였다는 거죠. 그런데 자본주의 사회에서 그 목적을 이루기 위해 가장 좋은 방법은 뭐냐, 그게 바로 주식회사 형태의 기업을 만들어 이윤을 추구하면서 성장해나가는 것이다, 뭐 이렇게 변질된 거라고 할 수 있습니다.

노동 측에서도 기업을 적극적으로 볼 필요가 있다고 생각합니다. 이제까지 우리나라 기업이 보여준 모습이 노동자들에게 적대적이었기 때문에 아픈 상처들이 많겠지만 이제는 노동자들이 자신에게 필요한 기업들을 적극적으로 받아들이면서 현실적으로 고민할 필요가 있습니다.

기업을 하나의 인격체로 보는 새로운 시선이 필요합니다. 이것이 기업을 인문학의 대상으로 삼아야 하는 이유이기도 합니다. 무엇보다 기업은 사람들이 모인 집단이고 그러므로 특정한 문화를 형성하고 그 안에 수많은 꿈과 자아실현과 가족과 인생이 들어 있지 않습니까. 오직 돈만을 위해 살아가는 사람의 말로가 불행해지듯, 그런 사회에 범죄가 만연해지듯, 기업들도 이윤추구만이 존재 이유라는 생각을 버리고 각자 그 존재의 의미, 업의 의미를 찾아야 하지 않을까 합니다. (2012년 7월)

11

슬픈 상상력

왜 기업에서 일하는 게 꿈이 되어야 할까요?

이준희 · 세종대학교 4학년 취업준비생

이 젊은 친구의 목소리가 마음에 들었다. 오랜 기간
취업 준비를 하면서 겪는 적나라한 목소리들에 비해
잔잔하면서도 조금 슬픔이 배어 있는 그 조용함이 나를 더
강렬하게 이 문제에 다가서게 했다. 투명하리만큼 솔직한
목소리가 자신이 처한 현실을 더 잘 표현해주었다. 그의
슬픔은 폭풍 같은 현실에 뛰어들기 전이라 더 긴장감을
주었다.

"기업에 들어가면 아무리 힘들어도 참고 일할 수 있을 것
같아요. 길어야 십 몇 년일 텐데. 빠르면 마흔 살, 늦으면 쉰
살 때 다 잘리잖아요. 그런 게 슬프죠."

조건이 힘든 기업에 취직할 수 있겠느냐는 내 질문에
그는 이렇게 대답했다. 누가 직장에 들어가서 40~50살이
되면 해고된다는 이런 슬픈 상상력을 이 젊은 청춘에게
넣어두었을까. 젊은이들이 자신의 미래에 대해 다른 상상을
하면서 살 수는 없는 것일까. 늦은 시간, 인터뷰 끝나고
혼자 터벅거리며 걸어가고 있는 그 젊은 친구의 뒷모습에는
미래를 빛나게 할 색과 현실의 어두운 색이 동시에 내려 앉아
있었다. 그 교차하는 빛이 조금은 쓸쓸해 보였다.

.

취직 준비를 나름대로 한다고 하는데 제대로 하는 건지는 모르겠어
요. 아직은 제가 어디 지원해서 떨어져본 적도 없고. 지금 마음은 금
융권에 취직하고 싶거든요. 영어 공부는 필수니까 열심히 하고 있고
금융스쿨도 지원하고 있어요. 금융스쿨은 대학생을 상대로 간접적
으로 은행에서 하는 일을 체험하게 해주고 교육도 시켜주고 경험도
쌓게 해줘요. 무료로요.

  '닥치고 취업'이라는 카페가 있거든요. 거기에 가면 취업한 사람
들이 합격자 후기나 합격 스펙을 올려줘요. 자기가 이렇게 해서 합
격한 것 같으니 이것을 보고 참고하라고요. 저는 그런 후기를 많이
읽었어요. 그들처럼 되려고 따라하는 거죠. 따로 기억에 남는 내용
은 솔직히 없어요. 대부분 내용이 다 똑같아요. 어떤 글은 이런 것 보
지 말고 열심히 하라는 내용도 있어요.(웃음) 특별한 건 없지만 그래

도 불안하니까 자꾸 읽게 돼요. 남들은 어떻게 하고 있나 하고 들여다보게 돼요. 카페 가입한 것도 실은 조금 불안해서 가입했어요. 취업에 대해 같은 고민을 하니까 마음의 위안도 얻고 어떤 때는 좌절과 절망도 느끼고. 어쨌든 그걸 쓰는 사람들은 취직한 사람들이잖아요. 내 인생이 어떻게 풀리려나, 걱정이 되기도 하고요. 그런 곳에서는 정말 자기가 좋아하는 것, 자신의 꿈에 대한 이야기, (어디 취직해야 되고 어떻게 해야 되는지 말고) 취업에 대한 진짜 고민 이야기, 이런 말을 하는 게 민망해요. 이런 말은 누구와도 잘하지 않아요. 남들 앞에서요. 친구들 사이에서도 취직 이야기는 잘하지 않아요. 말 꺼내기가 왠지 어색해요. 건드리면 안 될 것 같은 그런 것 있잖아요. 그런 느낌이요. 제 친구들만 그런가? 제 혼자만의 느낌일 수 있는데요, 지금은 어쨌든 경쟁자잖아요. 좋은 동기들이고 친구들이지만 취직할 때는 같은 회사에 지원했는데 쟤는 붙고 나는 떨어져요. 이런 생각도 할 수 있잖아요. 1, 2학년 때는 다들 친하게 지냈는데 3, 4학년이 되니까 삭막해지는 것 같아요. 취직 준비를 안 할 것 같던 아이들도 되게 열심히 하거든요. 저도 열심히 해야지 하는 생각밖에 안 들어요.

제가 하고 싶은 일은 포기해야죠

예전에는 닥치고 취업 유머 게시판이 제일 재미있었어요. 그걸 보려고 일부러 들어가고 그랬어요. 지금은 그건 아니고요. 공채 시험이 곧 마감이다, 빨리 원서 내라. 이런 내용이 되게 자주 올라와요. 콘텐

츠가 되게 다양해요. 이력서에 넣은 사진이 있는데 좀 봐달라고 올려놓은 사람들도 많고요. 출석 체크까지 해요. 나는 이런 사람이 될 거라고 쓴 사람들도 있는데 정말 재미있어요. 자신들이 면접했던 경험도 올려놓고요. 1차 붙으면 어떻게 하고 2차 붙으면 어떻게 한다, 면접할 때는 어떻게 해야 좋다, 등등이요. 그런 것들을 알고 가는 사람이랑 모르고 가는 사람이랑 다를 거잖아요.

하지만 사실 취업 카페가 도움이 되는 건 조금밖에 안 돼요. 내 자신이 합격한 게 아니니까요. 나는 계속 불안한 상태인 거잖아요. 글 올리는 사람들 중에 나는 이력서라도, 서류 전형만이라도 붙고 싶다, 이런 사람들이 많아요. 이런 사람들 글에는 댓글이 되게 많이 달려요. 글도 많이 써주고요. 합격은 놔두고라도 이력서 한 번이라도 붙고 싶다는 마음이 다 전해져서 서로 통하는 거예요. 그런 글을 보면 오히려 저는 '내가 저렇게 되면 어떡하지' 하는 걱정을 많이 하죠. 저렇게는 되지 말아야겠다. 아주 간절하죠. 간절하지 않은 사람들이 있을까요? 평생 내 인생을 좌우할 건데요.

어쨌든 이력서도 못 붙으면 낙인이 될 수도 있잖아요. 내 자신에게요. 그러니까 이렇게 간절한 게 아닐까요. 곰곰이 생각해봤어요. 제 성격이 남의 시선을 많이 의식하거든요. 그러니까 더 절실한 것 같아요. 남들이 나를 이렇게 평가할 것 같으니까. 다른 사람들이 좋아하는 직장, 인기 있는 직장에 다니고 싶고요. 저만 그럴까요? 저와 똑같은 사람들이 몇 백 명은 될 거라고 생각해요. 저보다 훨씬 간절한 사람들도 많을 거예요.

대기업에 취직할 생각도 해봤어요. 생각은 있었는데 과가 경제학과여서 그런지 몰라도 빨리 단념한 것 같아요. 금융 쪽이 멋있어 보였어요. 전문직이잖아요. 막상 대기업에 간다고 해도 무슨 일을 하는지 모르니까. 사실 더 솔직히 말씀드리면 대기업은 경쟁도 치열하고 스펙도 있어야 하잖아요. 그것 때문에 저는 아예 대기업은 포기했어요. 단념했다는 표현이 더 정확해요. 그런 곳에 가는 애들은 워낙 학벌도 좋고 잘사는 집 애들, 외국에 갔다 온 애들도 많고 실력도 좋고. 그런 애들한테는 내가 떨어질 것 같아 차라리 생각도 안 해봤어요. 대기업이 나랑 어울리지 않았어요. 별개의 세계예요.

제가 금융권 이야기하는 것도 그냥 하는 것이지 제가 갈 수 있다, 이런 건 아니거든요. 그래도 내가 아는 것 중에 재미있어 하는 게 그쪽이다보니 준비는 하고 있지만 현실화될지, 안 될지는 모르는 일이에요. 저는 재미있어요, 나름. 꼭 일해보고 싶은데, 제가 아직 지원도 안 해봐서 천진난만하게 이야기하는 것일 수도 있어요.

제가 어렸을 때 진짜 하고 싶었던 꿈은 축구선수랑 선생님이었어요. 축구를 정말 좋아했는데 시골에 살아서 축구를 배울 기회가 없었어요. 지금 생각하면 떼를 써서라도 축구를 가르치는 학교로 전학을 가자고 해서 배웠을 텐데 어렸을 때는 그렇게 잘 못하잖아요. 선생님도 해보고 싶었어요. 애들을 많이 만나고 세상에 대해 많이 알려주고, 정말 재미있을 것 같아요. 고등학교 때 선생님이 되는 게 꿈이었는데 성적 때문에 어쩔 수 없이 포기했어요. 그나마 남아 있는 과 중에서 경제학과가 제일 나을 것 같아서 선택했어요.

경제학이라는 걸 배우게 되리라고는 꿈에도 생각 못했어요. 대학에 와서 처음 배웠는데 솔직히 재미가 없었어요. 무슨 말을 하는지도 모르겠고, 공부도 하나도 안 되고, 머리만 아프고. 2학년이 지나고 어느 날부턴가 공부를 계속 하다보니까 정이 들어서 그런지 재미있어지더라고요. 열심히 했어요. 대학 1, 2학년 때는 좀 놀았지만요. 4학년이 돼서 취업의 시선으로 보니 그때 놀았던 게 좀 후회되기는 하더라고요. 놀지 않았으면 학점도 지금보다 좋았을 것 아니에요. 제가 하고 싶은 일을 이제 포기해야죠. 지금은 방법이 없어요. 제가 하고 싶은 일에는 이미 많은 사람들이 있을 것 아니에요.

저는 꼭 취직을 해야 돼요. 이제는 부모님에게서 진짜 독립해야 맞는 길이잖아요. 저희 부모님은 농사를 지어요. 가끔 일을 도와주러 내려가거든요. 너희가 빨리 독립해야 이 일이 절반으로 줄 텐데, 아버지가 혼잣말처럼 그러세요. 부모님께 아예 말을 했어요. 이제 한 학기만 지나면 졸업이잖아요. 취직을 하든, 안 하든 내 힘으로 살겠다고 선언했어요. 근데 잘될지 모르겠어요. 대학 졸업했는데 부모님께 손 벌리기는 좀 그렇잖아요. 지금도 자기 힘으로 사는 친구들이 많거든요. 이것저것 닥치는 대로 일해요. 일 있으면 무조건 하는 거예요. 자식들은 부모님들께 다 부채감이 있죠.

4학년이 되면 던져지는 물음표들

열심히 하는 방법밖에는 없을 것 같아요. 우리 과 남학생들은 취직이 잘 안 되는 것 같아요. 여학생들은 그래도 취직을 많이 했어요. 공사, 대기업, 금융계로 가는 여학생들이 있어요. 나도 열심히 하면 저렇게 되지 않을까 해요. 취업난, 취업난 해도 왠지 나는 잘될 것 같기도 하고요. 만약 대기업에서 일하게 해준다면 당장 가고 싶어요. 대기업에서 무슨 일을 할지 잘 모르겠지만.

기업에서 일한다는 게 꿈이 되면 안 되는데 그게 꿈이 되는 게 너무 슬퍼요. 딴 데서 일하고 싶었는데 현실에서는 기업에서 일해야 하겠다고 생각하는 거니까요. 좋아할 수도 싫어할 수도 없고, 간사한 것 같아요. 취직을 앞둔 사람에게 일하러 오라고 하면 "예, 가겠습니다" 하고, 필요 없을 경우에는 "너희들이 뭔데 오라 가라 하냐?" 그럴 것 아니에요. 기업은 사람을 참 간사하게 만들어요.

선배가 "대기업에서 돈 많이 받으면 뭐하냐? 집에를 안 보내주는데" 그러면서도 "다 참고 하는 거더라. 지금 사람들이 다 그래" 그러더라고요. 저도 참고 할 수 있을 것 같아요. 길어야 십 몇 년일 텐데. 빠르면 마흔 살 늦으면 쉰 살 때 다 잘리잖아요. 그런 게 슬프죠. 제 친구 중에는 그런 아이도 있더라고요. 아무리 생각해도 공부를 많이 해서 그런 소모품으로 들어가는 게 싫대요. 자기는 차라리 고위 공무원이 되겠대요. 그러면서 행정고시를 준비하는 아이들이 있거든요. 어차피 높은 사람들의 뒤꽁무니 따라다니는 일은 하고 싶지 않다는 거죠. 그 말을 듣고 뒤통수를 맞은 것처럼 충격을 받기도 했지만 어차피 걔 인생이잖아요. 그렇게 생각할 수도 있다고 봐요. 나는 또 내 길이 있으니까 열심히 해야죠.

지금은 제가 막연하다는 게 제일 힘들어요. 뭔가 희망하는 것도 나를 힘들게 하는 것 같아요. 될 것 같다는 희망. 남들보다 뒤처진 것 같다는 느낌을 받을 때가 있거든요. 그러면 힘들어지는 거죠. 나는

대한민국 나쁜 기업 보고서

뭐하고 있었나, 좌절하기도 하고. 현실적으로 힘든 건 없어요. 이력서를 써보지 않았으니까요. 딱히 없어요. 잊으려고 하죠. 그게 제일 속편한 것 같아요.

4학년인데 아직도 축구를 하냐? 4학년인데 아직도 게임을 하냐? 이런 말들이 힘들어요. 그 물음표가 힘들어요. 학교에서 4학년은 제일 고학년이잖아요. 후배들에게 취직의 모범을 보여줘야 할 학년이잖아요. 과 아이들이랑 축구를 한다고 하더라도 "형, 4학년인데 축구하러 오세요?" 그런 말 들을 때 조금 마음이 그렇죠. 그래, 4학년이면 축구하면 안 되는구나. 저는 그런 말을 들으면서도 열심히 축구하러 다녔어요, 축구를 좋아해서.(웃음) 그런 말을 들으면 순간 듣고 빨리 잊어버려요. 애들이랑 술도 안 마셔요, 이제. 다들 열심히 취업 준비하느라 마실 사람도 없어요. 제가 많이 끊었어요. 술 먹는 것보다 잠을 한숨 더 자고 상쾌한 기분으로 수업을 듣는 게 더 나아요. 술 마시면서는 꿈을 많이 이야기했어요. 지금은 그런 말을 나눌 수 있는 친구들이 없죠. 쑥스러워하고 부담스러워하고. 생각 없이 노는 친구들은 없어요. 다 열심히 해요. 놀더라도 내일 뭘 해야 할지 고민하면서 놀아요.

저는 고3보다 지금이 더 힘들어요. 고3 때는 지금 같은 느낌이 아니었던 것 같아요. 고3 때는 대학 생활에 대한 기대와 희망을 품잖아요. 하지만 지금은 새로운 세계가 늪이 될지, 광야가 될지 모르잖아요. 낯선 세계가 기대되는 면이 있지만 뭔가 사람들이 힘들다는 말을 많이 하니까, 이 시기가 지나도 힘든 일밖에 없을 것 같아요. 제가 나약한 말만 하고 있네요. 저보다 힘든 사람들이 많이 있는데. 좋은 이야기가 뭐가 있을까? 제가 원래 이런 이야기를 남 앞에서 잘 안 하거든요. 이런 이야기를 누구에게 잘 못하잖아요. 부모님께 하겠어요? 요즘 들어 취업과 관계된 얘기는 말할 데가 없어요.

취직 걱정에 여자 친구와도 헤어졌어요

저는 아이를 낳기 싫어요. 지금 상황하고 연결돼서 그런 것 같은데, 저 하나도 살기 힘든데 애 낳아서 투자하고 그러지 못할 것 같아요. 되게 벅찰 것 같아요. 아이를 낳기 싫어요, 진짜. 여자 친구가 있어요. 사귀면서 결혼할 것 같았어요. 결혼은 해도 아이는 절대 안 낳겠다고 그랬어요. 여자 친구는 싫어했죠. 왜 결혼을 하는데 아이는 안 낳으려고 하냐? 어느 순간 퍼뜩 그런 생각이 들었어요. 제대한 뒤 복학하고 학교에 다니는 어느 순간에. 꽤 오래된 생각이에요. 고등학교 때는 그런 생각 안 했죠. 여자 친구랑은 4년 사귀었어요. 근데 헤어졌어요. 지금 1주일 됐어요. 여자 친구에게 잘 못해줬어요. 군대에 가 있는 동안에도 기다려줬는데.

생일날 같이 밥을 먹었는데 편지 하나 써서 줬거든요. 여자라면 당연히 생일날 꽃 한 송이라도 받고 싶잖아요. 저는 편지로 그걸 대체했다고 생각했는데 여자 친구는 그게 아니었던 거예요. 어떻게 보면 유치한 것 같은데, 여자 친구는 생일 때도 안 챙기는 것 보니 더이상 안 좋아하는 걸로 알고 헤어지는 게 나을 것 같다고 그러더라고요. 요즘 들어 제 모습이 변해서 생일 때 그런 모습이 나타난 게 아니냐고 하면서요.

　저는 절대 마음이 변한 게 아닌데 그 친구는 그렇게 받아들였어요. 제가 요즘 여자 친구의 마음을 세심하게 배려할 마음의 여유가 없었어요. 제 마음이 여러 가지로 복잡한데 그날은 사랑니도 엄청 아프고 몸도 아프고 컨디션이 되게 안 좋았어요. 옆에 있는 사람을 깊게 배려할 상태가 아니었어요. 그게 여자 친구는 마음이 변한 줄 알고 헤어지자고 그러더라고요. 처음에는 충격을 받았어요. 아, 이게 뭐지? 일주일밖에 지나지 않았는데 되게 오래 지난 줄 알았어요. 몇 달이 흘러간 것 같아요. 헤어지자는 말에 충격이 너무 커서 다른 말은 기억도 안 나요. 빈자리가 너무 커요. 4년을 만났잖아요. 제가 미안하다고 다시 만나자고 했어요. 일단 여자 친구에게 답이 오기를 기다리고 있어요. 저에게 쌓인 게 많았을 것 같아요. 4학년이 되니 제 마음이 많이 불안했나 봐요. 저는 그렇게 생각하지 않는다고 생각했는데 나도 모르게 압박감 같은 게 있었나 봐요.

12

기본이 주는 감동

기업은 밥그릇이 커지면 사회 전체의 것이죠

김준호 · 심원테크 사회적 기업 이사

"저희 회사는 절대 해고를 시키지 않습니다."
"저희 회사는 비정규직은 한 명도 없고 모두가
정규직입니다."
"저희 회사는 8시간 노동제를 꼭 지킵니다."
"저희 회사는 여름에는 무조건 일주일 휴가를 줘서 다 쉬게
합니다."
"저희 회사는……."
구로디지털단지 안 호서대벤처타워 408호에 있는
심원테크를 찾아갔을 때 이사인 김준호 씨는 내게 이런
말들을 해주었다. 그 말을 듣는데 갑자기 마음이 울컥 했다,
그가 말한 내용들은 정상적인 회사라면 지켜야 할 가장
기본적인 내용들이었다. 그동안 삼성, 쌍용, 한국타이어,
두산, 반월공단의 열악한 중소기업 등 많은 회사 사람들과
인터뷰하면서 얼마나 그리워했던 말들이었던가. 사회적
기업, 협동조합은 이제 막 시작해서 많은 문제를 안고
있지만 그 기본을 지키는 것만으로도 많은 의미가 있을
것이란 생각이 들었다. 학교 다닐 때는 협동조합이 개량적인
방식이라고 생각했는데 이렇게 기본이라도 지키고 그
안에서 일하는 사람들이 행복하게, 정신적으로 건강하게
일할 수 있다면 그것만으로도 매우 좋은 회사일 것이다.

서울 금천구 관내에 사회적 기업이 15개사가 있어요. 창업을 시도 하려고 준비하는 분들도 20여 명 되고요. 2011년 4월에 사회적 기 업가 네트워크가 출범하여 제가 대표를 맡고 있어요. 사회적 기업이 특별하다고 생각은 안 해요. 다만 출발부터 이윤 중심의 일반 기업 들이 하지 못하는 공적인 일을 생산해낸다고 생각해요. 복지단체에 서 하는 일 같은 것이 하나의 사회적 기업으로 거듭나는 것입니다.

심원테크는 토너 카트리지를 재생하는 생산업체예요. 폐기되는 카트리지들을 재활용하여 산업폐기물을 줄이는 친환경 사회적 기업 이죠. 저희 회사 같은 경우는 처음부터 사회적 기업으로 출발한 것 은 아니고 일반 기업으로 출발했어요. 2002년 2월에 창업해서 2010 년 10월에 사회적 기업으로 전환했어요. 2005년쯤 우연히 장애인들 이 저희 회사에 지원했어요. 제 사촌 중에 동갑내기가 있는데 장애인이에요. 말도 잘 못하고 많이 더듬어요. 그 사촌이랑 어렸을 때 함께 자랐어요. 저하고 생활하면서 말 더듬던 게 많이 없어졌어요. 그 친구와 함께 살아보니까 장애인들도 일반 사람들과 똑같더라고요. 일반 사람들은 장애인들을 보면 일단 우리와 다르다는 생각을 많이 해요. 다른 게 아니고 우리가 그 사람들을 이해 못할 뿐이지, 다르지 않았어요. 오히려 비장애인 중에서도 겉으로는 드러나지 않지만 이중적인 사람, 이상한 사람들이 많잖아요. 그래서 찾아온 장애인들을 한번 고용해보자고 했어요. 그랬더니 함께 일하던 직원들이 절대 안 된다고 그러더라고요. 일반 직원들도 하기 힘든 일인데 장애인들을 데려다 쓰면 나중에 사후관리도 문제고 생산성도 떨어진다고 다 반대했죠. 아니다, 한번 해보자. 그러면서 억지로 끌고 갔죠. 그 정도로 장애인 고용에는 쉽지 않은 문제들이 있었어요.

사회적 기업의 출발점이 된 장애인 고용

장애인들을 고용하기 시작했는데 한번 쓰다보니까 자꾸 늘어나게 된 거예요. 처음 2명이었던 게 4명이 되고, 4명이었던 게 6명이 되다보니까 많이 늘어났어요. 어느 날 장애인고용촉진공단에서 장애인 고용 표준사업장으로 신청해보라고 연락이 왔어요. "저희가 해당이 됩니까?" 하고 물으니 요건이 될 것 같다면서 신청을 하라고 해서 했어요. 거기서 장애인 수당도 받아가라고 해서 받기 시작했죠. 장애인 사업장이 되니 재작년에(2010년) 사회적 기업이 큰 이슈가 되

있을 때 처음으로 지방자치단체에서 사회적 기업으로 하는 게 어떻겠느냐는 제안이 왔어요. 처음에는 안 하겠다고 했어요. 사실 저희는 요건이 다 갖추어져 있는 상황에서 타이틀만 안 갖고 있을 뿐이지 사회적 기업이나 마찬가지였어요. 직원들도 "굳이 가봐야 득이 될 게 없는데 갈 필요가 있겠습니까, 머리만 아프죠" 그러더라고요.

사회적 기업이 되려면 조건이 있어요. 회사 정관을 바꾸어야 되는데 정관 속에 뭐가 들어 있냐면 만약 회사를 접을 경우 회사 자산의 3분의 1을 사회에 환원해야 한다, 이익금의 3분의 1도 사회에 환원해야 한다는 조항이 명시되어 있어요. 여기 아파트형 공장 자체가 저희 회사 소유거든요. 분양 받아서 온 거예요. 자산을 가지고 있는데 굳이 그것을 포기하면서까지 그럴 필요가 있겠는가 해서 잠시 미뤄두었어요. 사회적 기업으로 전환하는 데 서류들도 엄청 많아서 복잡했고요.

지자체에서 세 번째로 찾아와 사회적 기업으로 해달라고, 정말 도와달라고 해서 받아들였어요. 직원들이 "왜 사회적 기업으로 갑니까?" "왜 힘든 길로 가시려고 합니까?" 반대를 많이 했어요. 제가 직원들을 설득했죠. 회사가 없어지는 것이 아니지 않느냐, 나는 우리 회사가 더 커져서 장애인이든 비장애인이든 더 많은 사람들이 일했으면 좋겠다, 내년에 문 닫을 것도 아니고 내후년에 문 닫을 것도 아니고 계속 갈 것 아니냐, 회사가 어디로 도망 가냐, 항상 이 자리에 있다, 그러면 정관이 무슨 필요가 있느냐, 설령 문 닫는다고 하더라도 어떻게 보면 기업이 나만의 것이 아닌데 사회에 환원하면 어떠냐고 하니까 아무 말도 안 하더라고요. 서류는 기본만 해주고 당신들이 알아서 다 하라고 그랬더니 다 처리해주더라고요. 그렇게 해서 사회적 기업이 되었는데 나중에 보니까 사회적 기업 하려고 재수, 삼수한 회사도 있더라고요.(웃음)

사회적 기업이라고 지방자체단체에서 인정하면 인건비를 보조해주는 시스템이 있어요. 저희처럼 오랫동안 해온 업체는 초기에 인건비 보조와는 관련이 없었어요. 그러다 2011년 5월인가 서울시에서 취약계층 운영사업장으로 일자리 창출을 하라고 요구하면서 신규로 채용할 때 인건비 보조를 받았어요. 그것 외에는 지금까지 별 변화가 없어요. 저는 사회적 기업에 인건비를 보조해주는 것도 안 된다고 이야기하거든요. 기업이 완전히 뿌리내릴 때까지 대주는 것도 아니고 초기 창업했을 때 몇 개월만 대주잖아요. 국가에게서 인건비를 보조받아서 좋은 면도 있지만 의지해서 살아남을 수 있는 확률이 지극히 제한적일 수밖에 없어요. 물론 사회적 기업이 좋은 의도, 아이템을 가지고 인건비를 보조받으면서 성공한 사례가 있지만 대부분의 기업들은 인건비가 끊기면 문을 닫아야 하는 시스템이에요. 90% 정도가요. 제가 모임을 하다보면 대부분의 사회적 기업들이 한결같이 인건비 보조보다는 그들이 생산하고 있는 제품이나 서비스를 국가가 적극적으로 구매해주는 게 좋겠다는 요구를 하더라고요.

사회적 기업의 이미지만 필요로 하는 대기업들

사회적 기업과 관련해서 외국처럼 큰 회사로 키우겠다고 하는 것도 좋지만 경쟁력이 어느 정도 있는 사회적 기업의 제품들을 국민들이 '착한 소비'로 접근해주었으면 좋겠어요. 젊은 친구들은 사회적 기업을 잘 아는데 50대 이상은 잘 모르더라고요. 사회적 기업들이 생산한 물품들은 일반 업체보다 정성이 더 들어가 있어요. 저희 업체가 생산한 토너 카트리지는 조달청에서 주는 품질 자격증을 여러 개 가지고 있어요. 카트리지 만드는 회사가 수십 개 되지만 KS마크라든지 소비자들에게 품질을 보증 받을 수 있는 자격증을 받은 업체는 별로 많지 않아요. 롯데마트, 이마트, 홈플러스에 가보면 상품들이 많이 진열되어 있잖아요. 사회적 기업 제품들도 그런 곳에서 팔면 좋지요. 그렇지만 가격이 문제예요. 답답한 게 뭐냐면 재료는 따지지 않고 가격만 가지고 일방적으로 밀어붙이는 사람들이 있어요. 이 토너 카트리지가 기술이 상당히 필요한 분야거든요. 원 제품을 생산할 수 있을 정도의 기술을 가지고 있지 않으면 이 일을 해낼 수가 없어요. 완전히 분해해서 다시 부품을 갈고 조립해서 원 제품 수준의 제품을 내놓아야 하니까요. 공들여 만든 제품하고 대량으로 중국에서 대충 만들어 파는 것하고는 차원이 다르죠. 10만 원짜리를 5만 원에 판다든지 하면 저희 같은 경우는 문을 닫아야 돼요. 아니면 양심을 저버리고 5만 원에 맞는 제품을 만들어주든지.

저희에게 물건을 사겠다고 오는 사람들이 많아요. 유명한 모 유통업체와 대기업에서도 찾아왔어요. 사회적 분위기가 사회적 기업에 호의적이기 때문에 사회적 기업에서 만든 물건을 납품하면 자신들의 이미지를 제고하는 데 좋을 거라고 생각하나 봐요. 처음에는 뭔가를 해줄 것처럼 하더니 결국은 가격 문제로 가더라고요. 2년 전에

대형 유통업체가 운영하는 L쇼핑몰에서 만나자고 연락이 와서 갔어요. 자기들은 품질이 중요하다면서 한참을 이야기하더라고요. 연간 몇 십만 대를 공급하는 회사니까 월 단위로 몇 만 개를 고정적으로 납품해달라, 할 수 있겠느냐, 그럼 좋다, 검토해보겠다고 했는데 그 다음에 과장이 와서 가격 이야기만 하는 거예요, 품질이 아니고. 가격을 정말 터무니없게 말을 하는 거예요. 우리가 납품하는 가격의 35%를 마진으로 해달라고 했어요. 우리가 생산하는 가격의 원가 수준도 안 되는 수준이었어요. 팔면 팔수록 손해만 보는 그런 가격이었죠. 바보가 아닌 다음에야 누가 하겠어요.

한번은 또 대기업에서 와서 사회적 기업의 가치를 우리가 잘 알고 있다, 당신들의 제품을 판매해주겠다고 그러더라고요. 우리야 좋죠. 고정 판매처가 생기는 거니까요. 가격은 다른 업체보다 낮거나 맞추어서 해달라는 거예요. 품질 비교해보았느냐, 과연 다른 업체들이 KS마크나 환경인증이나, ISO인증을 받은 상태에서 생산하고 있는 것이냐, 우리 제품만 가져가라고 말하지 않는다, 우리 제품 10개를 갖다가 시중에 나와 있는 다른 제품과 비교해보고 우리 제품이 그 제품들보다 못하다면 당연히 더 낮은 가격으로 판매하겠다, 제품이 좋으면 그 가치를 쳐주는 것이 당연한 거 아니냐고 그랬더니 제품이 우월한지, 성능은 좋은지 검사하는 것 자체는 자기들에게 불필요하대요. 자기들은 그냥 소비자들에게 판매만 할 뿐이라고. 자기들이 파는 물건에다가 사회적 기업 제품을 하나 끼어서 우리 기업도 사회적 기업 제품을 샀다는 그 이미지 자체가 필요하다는 거죠. 아파트를 지으면 임대주택 하나 끼어넣듯이. 정말 실망이 컸어요. 싼

가격에 납품을 할 것 같으면 우리가 진즉에 들어갔겠죠. 대기업들이
사회적 나눔을 한다고 하고 기업 윤리를 많이 강조하는데 그게 진실
로 그렇게 될지는 잘 모르는 일이죠. 지금도 대기업에서 연락이 와
요. 저희는 거기서 가격을 한 푼도 못 내린다, 판매되는 가격 그대로
간다고 하죠. 설령 대기업에 들어간다 하더라도 어느 순간 그 사람
들의 요구 수준에 자꾸 맞춰줘야 할 것 같아요. 우리가 사회적 기업
이 안 됐으면 모를까, 사회적 기업인 이상 그런 부분은 지켜야 하는
거죠.

사회적 기업이기 때문에 봐달라는 말이 아니에요. 대기업에서 도
움은 못줄망정 쪽박까지는 깨지 말라는 거죠. 요즘 소비자들의 소비
의식이 많이 바뀌고 있잖아요. 공휴일에 이마트 등 대형 유통업체들
의 운영시간 제한이라든지, 많이 가진 사람들과 갖지 못한 사람들의
동반성장을 원하고 있죠. 대기업들이 모든 것을 잘할 수 있을 것 같
지만 다른 것이 다 사라지고 대기업만 남으면 아무것도 할 수 없는
상황이 올 수도 있어요. 밑뿌리가 없으면 살아남기 힘들겠죠. 대기
업들은 대기업 나름대로 큰 꿈이 있잖아요. 역량도 있고. 큰 포지션
을 가지고 글로벌하게 가고 중소기업과도 파트너십을 가져야 해요.
그런 게 많이 부족하죠.

기업은 어느 한 사람의 것이 아니다

저는 대학원에서 경영학을 공부했어요. 2002년 회사를 차릴 때 회

의실에 걸려 있던 사훈이 '신뢰받는 사회적 기업 달성'이었어요. 그 당시 제가 공부할 때만 해도 사회적 기업이란 개념이 없었거든요. 근데 우연치 않게 지금 제가 사회적 기업을 하고 있어요.(웃음) 제가 창업하고 2년 넘게 봉급을 못 가져갔어요. 아내가 공무원이어서 그 월급과 연금이 조금 나온 걸로 생활했어요. 창업하는 모든 중소기업들이 창업하자마자 이윤을 내고 그럴 수는 없어요. 하다못해 식당들도 창업하자마자 돈을 벌지는 못해요. 물론 그런 사람도 있겠지만 드물다는 거죠. 계속 나오는 돈(아웃 풋)보다는 들어가는 돈(인풋)이 많았어요. 돈이 좀 나온다고 하더라도 계속 추가적으로 재투자가 이루어져요. 그런 산고를 계속 견디는 거죠. 그것을 못 견디내면 부도가 나서 쓰러지는 거예요. 거기에 대한 책임은 다 창업자가 십자가를 지고 가는 거죠. 어렵게 시작해서 3년, 5년, 10년을 견디는 기업들을 금융권에서는 은력이 있다고 해요. 한마디로 맷집이 생긴다는 거죠. 웬만한 풍파가 오더라도 체질적으로 맷집이 생겨서 버텨낼 수 있다는 거죠. 소기업 같은 경우는 한 방 딱 맞으면 곧바로 쓰러지는데 몇 대 맞아도 버틸 수 있는 게 다르다고 할 수 있죠. 제가 만 10년 동안 경영했는데 초기 3~4년은 뿌리를 내려야 하니까 정신이 없었는데 중간 지나고 나니까 어느 시점부터는 이런 생각이 들더라고요. 아, 내가 10여 년 기업을 해온 것은 내가 똑똑하고 능력이 있어서만이 아니다. 다 주위에서 여건을 만들어줘서 될 수 있었다는 생각이 들었어요. 모든 게 감사한 일이죠.

기업은 밥그릇이 커지면 어떤 한 사람의 것이 될 수 없어요. 사회 전체의 것이 될 수밖에 없어요. 대기업이 그만큼의 위치에 있기까지는 이해 당사자들, 반드시 주주라든지 투자가들만 있는 것이 아니고 그 물건을 소비해주는 국민들부터 일하는 직원들, 모든 사람들이 참여를 한 거죠. 그걸 가지고 투자한 주주들만의 것이다, 창업자만의 것이라고 하는 건 아니라는 생각이 들더라고요. 혹시나 조그마한 기업 같으면 가능할지 모르겠어요. 제가 봤을 때는 중소기업도 마찬가지라고 생각해요. 주주들만의 것이라는 마인드를 지닌 기업은 국제적으로나 국내적으로 살아남기 어렵지 않을까 생각해요. 저 자신도 직원들에게 "여기에 심원테크라는 큰 밥솥이 있는데 우리가 숟가락으로 풍족하게 먹을 수 있으면 좋은 것이고, 더 좋은 것은 조금이라도 여유가 있으면 밥이 필요한 사람들에게 나눠주는 것이다. 기업은 그 이상도 그 이하도 아니다" 그래요. 우리나라 모든 기업이 사회적 기업으로서 목표와 가치를 가지고 출발한다면 우리나라 국민들이 엄청나게 행복해지겠죠. 하지만 대기업은 사회적 기업으로 갈 수 없을 것 같아요. 삼성이든 LG든 주주들이 용납할 수 없죠. 당신들의 이익금 3분의 1을 사회에 환원하라고 하면 동의할 수 없겠죠. 대기업 시스템 자체가 사회적 기업으로 가기는 어렵다고 봐야죠.

전 직원이 정규직인 회사

우리 회사는 토요일 휴무제를 하고 있어요. 공휴일도 다 쉬고요. 연간 15일 이상 휴가도 다 가고. 비정규직은 한 명도 없고 모두가 정규직이에요. 연봉은 초봉이 1,500만 원 정도 됩니다. 더 많이 주고 싶은데 아직은 능력이 그렇게 안 돼요. 여름에는 무조건 일주일 휴가를 줘서 다 쉬게 해요. 공장이니까 단체로 쉬게 해주는 거죠. 나머지는 본인이 필요할 때 언제든 쓰도록 하고 있는데 다들 오버해서 쓰고 있어요.(웃음) 가지 마라는 소리를 안 하니까요. 혹시 휴가 안 가는 직원이 있으면 제가 뭐라고 하죠. 평상시에 열심히 일하는데 다들 쉬게 해줘야죠. 저희는 아침 9시에 시작해서 저녁 6시에 끝나요. 모두 '땡'하면 퇴근해요. 다들 정말 칼 같아요. '공무원 퇴근'을 해요.(웃음) 잔업은 일이 많을 때 하기는 하지만, 일주일에 두 번 이상은 하지 못하게 해요. 꼭 필요한 경우에만 해요. 그 두 번도 두 시간 이상은 못하게 해요. 6시에 끝나면 7시까지 저녁식사를 하고 9시까지는 끝내요. 최근에는 일이 없기 때문에 거의 안 시켜요. 물론 일반인도 있지만 대부분이 장애인이기 때문에 다음날 피곤해해요. 체력이 뒷받침이 안 되기 때문에 일반인들은 밤새워 일도 하지만 장애인들은 힘들어요.

제가 작업장에 내려가서 일하고 있는 사람들을 바라보고 있으면 다들 잘생겼어요.(웃음) 여기 사진 있는데 봐요. 잘생겼지요? 소비자 입장에서는 장애인 사업장이라고 별로 안 좋게 생각할 수도 있어요. 장애인이 만든다고 해서 상품의 질이 떨어지는 게 아니에요. 만드는 속도만 느릴 뿐이에요. 생산성이 떨어지는 문제니까 소비자하고는 상관이 없는 거죠. 일반인들이 하루에 10개를 만든다면 장애인들은 5개를 만든다는, 그런 차이밖에 없어요. 2011년 10월에 세계 지적장애인 기능대회가 있었는데 사회적 기업 중에 저희하고 다른 한 회사, 두 곳만 선정되어 제품 전시에 참여한 적이 있을 정도로 직원들이 물건을 잘 만들어요.

20여 명 직원 중에 장애인은 13명 성도 돼요. 비장애인은 7명 정도예요. 그분들도 다 한부모 가정의 가장이거나 고령 취업자들이에요. 그런 사람들을 지방자치단체에서 소개해주고 있어요. 장애인들은 교통사고 장애인들이 제일 많아요. 청각장애인이 6명, 지체장애, 시력장애인 친구들도 있어요. 눈이 하나밖에 없으면 입체감이 있는 일을 잘 못해요. 우리 회사에 거제도 대우조선소를 다녔던 친구가 있어요, 교통사고로 머리를 크게 다쳤어요. 본인 말로는 몇 달 동안 깨어나지 못해서 병원에 입원해 있었다고 해요. 기적처럼 깨어나기는 했는데 언어도 어눌하고 생각도 잘 안 되는 거예요. 처음 우리 회사에 왔을 때 집 찾아가는 것을 어려워할 정도였어요. 와서 일을 하는데 스티커 붙이는 일도 제대로 안 됐어요. 담당 직원이 "사장님, 다른 아이들은 다 돼도 애는 안 됩니다" 그러더라고요. 한 달만 두고 보자고 했는데 한 달 동안 얼마나 차이가 나겠어요. 그래도 한 달만 더 지켜보자, 또 한 달만 지켜보자. 1년이 지나니까 1년만 더 지켜보자. 그렇게 해서 3년이 되었어요. 지금은 굉장히 좋아졌어요. 뇌경변 3급 중증장애인이었는데 일을 통해서 재활이 되어버린 거예요. 지금도 완벽하지는 않지만 정말 많이 좋아졌어요. 제품 포장 단계를 지나고 제품에 스티커를 붙이는 게 복잡하거든요. 그것을 아주 능숙하게 하고 제품의 QC(품질)검사도 할 줄 알아요. 제품이 완성된 걸 보고 문제가 있는지 없는지 가려낼 능력이 있어야 그 일을 할 수 있거든요. 이제는 그걸 넘어서 두 달 전부터는 조립라인에서 일하고 있어요. 전체적으로 제품을 보고 종합하는 능력이 있어야 조립라인에서 일할 수 있어요. 이게 소소하고 아무것도 아닌 것 같지만 개인에게는 엄청나게 큰 거거든요. 이제 서른 중후반 정도 된 젊은 친구인데 사회적으로 안 받아주면 정말 외롭게 살았겠죠.

월급 밀린 적 없는 게 참 감사한 일

회사가 어려우면 직원들을 많이 해고하는데 저는 한 번도 해고한 적이 없어요. 사회적 기업이라서 더 그런 것도 있지만요. 정말 말썽피우는 친구도 해고시키지 않았어요. 일반인으로 들어온 친구인데 회사 사람 전부가 알 정도로 문제를 일으켰어요. 그 친구는 물류부에서 납품 나가는 물품을 담당했는데 일주일에 최소한 절반은 지각, 조퇴, 결근을 했어요. 그렇게 근태를 해놓고도 자기보다 열심히 일하고 회사에서 오래 있어서 연봉이 높은 사람들만 쳐다보면서 자신이 받는 월급에 대해 불평했어요. 그 친구는 전문대를 나왔어요. 본인은 자신이 유능하다고 생각을 한 거예요. 하지만 학력이 높다고 사람들의 인품이 높은 것은 절대 아니거든요. 전혀 별개의 것이죠. 그 친구가 말썽을 피워도 본인이 나간다고 말할 때까지 품고 있었어요. 3년 가까이 회사에서 일을 하더니 결국 본인 스스로 나가더라고요. 다른 회사는 문제를 일으키는 순간 잘랐겠지만 제가 그 친구를 3년 동안 품고 있었던 것은 그런 면이 이 사람의 특성일지도 모른다고 생각했고, 그 사람도 분명히 다른 장점이 있을 거라고 생각해서 기다렸던 거예요. 사업을 하면서 그 친구를 통해서 많은 공부를 했죠. 사회에서는 이런 직원이 있을 수도 있구나, 경험한 거죠. 그런 친구들이 있어도 다 견뎌내야죠.

어떤 의미에서 장애인들은 그런 점은 없어요. 대부분 자기에게 맡겨진 일들을 열심히 해요. 다만 공통적으로 귀가 얇아요.(웃음) 아는 사람이 너희 회사는 120만 원 주는데 다른 회사 가면 130만 원 준다더라, 그러면 우리 회사 그만두고 그 회사로 가는 거예요. 거기서 일을 해보니 우리는 9시에 시작해서 딱 6시가 되면 끝나는데 그 회사는 8시에 출근해서 밤 10시, 11시까지 일을 시키는 거예요. 그럼 이게 아니다 하면서 한두 달 후에 다시 우리 회사로 돌아오려고 해요. 그러면 회사에서는 그 친구를 받아줄 수 없어요. 이미 그 자리에 다른 직원이 와 있으니까 힘들죠. 장애인고용촉진공단에서 인원 충원을 받아요. 장애인들이 기피하는 사업장이 있고 호감지수가 높은 사업장이 있는데 우리 회사는 호감도가 있어서 몇 달씩 줄을 서서 기다릴 정도예요. 한 번 나간 친구들은 받지 않는 걸로 하고 있지만 딱 한 번 예외적으로 재입사를 시켜준 적이 있어요. 아버지가 기사하는 분인데 함께 와서 부탁을 하더라고요. 그 친구가 한 1년 정도 취직을 안 하고 기다렸어요. 물론 취직이 안 되니까 기다렸겠지만. 그 친구만 예외적으로 재입사를 시켰어요.

직원들에게 특별하게 잘해주는 건 없어요. 사원복지가 풍부하지는 않아요. 재정이 딸리기 때문이에요. 다만 아무리 어려워도 급여 날짜를 관리직이든 생산직이든 한 번도 넘겨본 적이 없어요. 퇴직금도 단 한 푼 떼어본 적 없고요. 감사한 일이죠. 좀 여유가 되면 사원들을 위한 집도 하나 마련하고 싶어요. 사업하다가 힘들 때는 이 많은 짐을 꼭 지고 가야 되나, 그런 생각이 들 때도 있어요. 솔직히 나만 살겠다고 했으면 못했을 것 같아요. 힘들 때 직원들이 출근해서 일하는 것을 보면 회사가 문을 닫으면 이 친구들은 다 어디로 가나, 걱정이 돼요. 내가 보듬고 가야 하지 않나, 하는 생각이 들어요. 급여를 줄 수 있다는 그 자체가 감사한 일이라고 생각해요.

기업을 하려면 차가워야 되고, 시크해야 되고, 도둑놈 같은 기질도 있어야 하고, 그래야 될 것 같잖아요. 그게 잘못됐다고 생각해요. 정직하게 기업을 운영하고 양심껏 좋은 제품을 만들 때 경쟁력이 생기고 살아갈 수 있는 구조여야 하는데 항상 편법이 동원되고 뒤에서 뭔가를 꾸며야 회사가 잘되는 것은 뭔가가 잘못된 거죠.

무궁무진한 사회적 기업의 역할

저희가 비록 일반 회사로 출발했다가 사회적 기업으로 갔지만 많은 게 달라지고 변화를 겪었어요. 더불어 산다는 게 참 중요하다는 생각을 했어요. 저희 회사가 금천구 안에 있는데 처음에는 기업만이 기업의 당사자라고 생각했어요. 근데 가장 중요한 이해 당사자가 있는데 그게 지역 주민들이었어요. 함께할 수 있는 일들이 많았어요. 사회적 기업의 형태로 공부방을 운영하면 마을의 어려운 가정들과 연결되어 활동할 수도 있고, 문화센터 형식으로 사회적 기업을 운영하면서 다문화 가정이나 한부모 가정에게 문화도 가르쳐줄 수 있어요. 나이든 어른들에게 몸관리도 해줄 수 있고요. 그런 업체들이 많이 있어요. 주민들의 디테일한 요구를 받아서 누군가가 하나하나 해 가는 것은 좋은 일이잖아요. 꼭 필요한 부분이죠. 돈을 번다는 것도 중요하지만 사람들과 함께할 수 있다는 게 행복한 거죠. 마을 단위 에서 사회적 경제를 실현하는 것이죠. 사회적 경제 네트워크가 중요 해요.

이런 단어가 중요한 게 아니고 그 구성원들이 어떤 생각과 사고 를 가지고 무엇을 향해 가는가가 중요한 것 같아요. 다른 나라는 은 행도 협동조합 식으로 이루어져 있어서 많은 사람들에게 공정한 이 익을 주는데 우리나라는 대부업도 사회적 기업 한다고 신청하잖아 요. 그 말 듣고 제가 웃었는데 무늬만 사회적 기업으로 가면 안 되는 거잖아요. 1년에 법정이자가 40%를 초과하지 않으니 사회적 기업 을 하겠다고 하면 참 웃기는 일이죠. 사회적 기업은 어떤 재화와 서 비스를 생산하는가도 굉장히 중요하거든요. 공적인 이익도 있어야 하는데 개인적인 사익만을 추구하면 안 되는 거죠. 세계적인 사회적 기업 중에는 100년, 200년 된 기업들도 많은데 우리나라도 장기적 으로 그런 기업들이 나올 수 있는 시스템이 만들어져야죠. 그런 사 회적 시스템이 만들어지면 스티브 잡스 같은 기발한 아이디어를 가 진 한국인들도 많이 나오겠죠. 그러면 정말 행복해질 거예요.

조금 전에도 말씀드렸지만 국가가 사회적 기업들이 만든 물건들 을 잘 유통시켜줄 수 있는 대안을 만들어야 할 것 같아요. 어느 정도 사회적 기업으로 인정되고 검증된 업체들은 지속적으로 제품을 재 생산할 수 있도록 통로를 만들어주는 것이 필요하죠. 그런 측면에서 정부의 지원과 투자가 필요해요. 신규 업체들을 많이 만드는 것도 중요하지만 기존 업체들이 지속성을 유지하지 못하고 계속 망하는 상태에서 신규 업체만 늘어나면 별 의미가 없죠. 소비자들도 좀 더 높은 소비의식을 가질 필요가 있을 것 같아요. 제가 봤을 때는 어디 모금함에다 돈을 내고 기부하는 것만이 좋은 일이 아니고 일상생활을 통해서 우리 사회가 건강해질 수 있는 방법을 강구하는 것도 중요해요. 그런 의미에서 사회적 기업에서 나온 제품을 씀으로써 착한 소비를 해주면 좋지요. 동일한 제품이지만 사회적 제품을 사용하면서 사회적 기업의 서비스를 제공받는 것 자체가 모금만큼 일상생활에서 정말 소중한 일이거든요.

저 같은 경우는 이제 그만큼 회사를 키워놓았으면 괜찮은 것 아니냐고 주위에서 말을 많이 해요. 그렇지만 괜찮은 게 아니거든요. 항상 저는 표현을 이렇게 합니다. 기업을 하는 내내, 초기에나 10년이 지난 지금이나 항상 고민하고 긴장하는 심정은 똑같다고요. 남들이 봤을 때는 그 정도면 괜찮겠지 하지만 그것은 그들만의 생각이고 제 생각은 다르거든요.

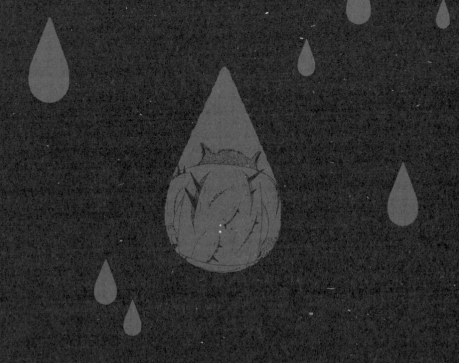

새로운 삶의 공간

회사에서 제2의 삶을 즐겁게 살고 있어요

강성진·심원테크 노동자

인터뷰를 하기 위해 회의실에 앉아 있는데 성진 씨가 약간
불편한 몸으로 들어섰다. 얼굴이 선하고 밝은 청년이었다.
나이는 30대 중반이었지만 아직 소년 같은 마른 몸매를
가지고 있었다. 목소리도 앳되었다. 성진 씨는 이야기하는
도중에 했던 말을 반복하는 습관이 있었지만 정확히 자신의
의사를 표현하려고 애를 썼다. 공장으로 함께 내려가 성진
씨가 일하는 모습도 보았다. 능숙하게 동료들 사이에 앉아
조립 일을 잘해내고 있었다. 성진 씨를 위한 공간이 있다는
게 얼마나 다행인가. 이 세상에 존재하는 삶의 공간을
새롭게 발견한 느낌이었다. 기업 안에 이런 공간들이
풍성하고 다양하게 마련돼야 사람들의 삶이 여유로워질 것
같다는 생각을 했다. 수백만 개나 되는 내 마음의 칸 중에 한
칸을 성진 씨를 위해 비워두었다.
인터뷰를 마치려는데 성진 씨가 약간 쑥스러워하면서
글을 잘 쓰려면 어떻게 해야 하냐고 물어보았다. 나는
자신이 느낀 것을 솔직히 드러내는 글을 많이 쓰면 된다고
말해주었다. 호기심에 그의 눈이 커지면서 빛났다.

심원테크에는 복지관에 다닐 때 만났던 동생이 장애인고용촉진공단을 소개해줘서 들어오게 되었어요. 처음에는 지금보다 몸이 너무 안좋아서 마음은 빨리빨리 하고 싶은데 뇌에 충격을 받아가지고 지시를 안 해주니까 힘들었어요. 몸도 안 따라주고. '아, 내가 과연 할 수 있을까' 하는 생각을 많이 했어요. '재활을 더 하고 들어왔어야 하나' 하는 회의도 많이 들었고요. 그래도 꾸준히 하면 나중에 좋아지지 않을까 하는 마음으로 열심히 했어요. 묵묵히.

제가 교통사고를 크게 당해서 몸이 이렇게 됐어요. 그때가 거제도에 있는 조선소에 다녔을 때였어요. 스물여덟 살 무렵이었을 거예요. 하루는 회식을 했는데 제가 술을 좀 마셔서 아는 동생을 불러내 집에까지 태워달라고 했어요. 차를 타자마자 저는 조수석에서 곧 잠에 떨어졌어요. 안전벨트는 매고 자고 있었어요. 시골에 가면 논두

렁이 있는 굴곡진 길이 있잖아요. 그곳에서 커브를 제대로 틀지 못해서 서 있던 전신주를 들이박았다고 하더라고요. 운전하는 사람은 사고가 나면 본능적으로 자기에게 유리하게 차를 돌리잖아요. 그 동생이 전신주를 봤을 때 자기 쪽으로 운전대를 돌려버렸나 봐요. 걔는 타박상 정도로 가볍게 다쳤는데 저는 많이 다쳤어요. 그때의 충격으로 진주병원에서 3개월 정도 혼수상태로 있었어요. 병원에서 눈을 떴을 때는 깊은 잠을 자고 일어난 느낌이었어요. 아프긴 아파도 사고가 났다는 것을 몰랐으니까요. 병원에서 간병인 이모들이 어떻게 사고가 났는지 이야기해주었어요.

이렇게 살아서 뭐 하나 했는데 희망이 보여요

처음에는 방황을 많이 했어요. 이렇게 살아서 뭐하나, 살고 싶지 않았어요. 몸이 좋아진다는 보장도 없고. 지금처럼 좋아질 거라고 생각을 못했어요. 절망감이 컸어요. 그러다가 어느 순간 나는 가족도 없고 혼자인데 이러면 안 되겠다 싶어 재활치료를 시작했어요. 병원에서 퇴원해서 김해에 있는 새엄마(어머니 돌아가시고 한때 아버지랑 결혼하셨던 분) 집에 갔는데 그곳에서 매일 산을 탔어요. 하루 일과가 재활이었어요. 거기서 1년 넘게 있었어요. 그렇게 지내다 서울에 아는 누나가 있어 바람을 쐬러 올라왔어요. 그러다 서울이 괜찮고 좋아서 눌러 앉게 되었어요. 뭘 해야 될지도 모르고 어떻게 해야 될지도 몰라서 복지관에 다녔어요. 복지관에서 장애인고용촉진공단에 이력서를 넣어두면 도움이 될 거라고 해서 넣어두었어요. 한 달이 못 되어 면접을 보러 오라고 하더라고요. 처음 갔을 때 스티커를 붙여보라고 했어요. 제가 정확히 붙여야 하는데 손이 떨려가지고 비뚤하게 붙였어요. 다른 분들은 안 될 것 같다고 했는데 사장님께서 한 달간 일해 보자고 하더라고요. 저한테 기회를 많이 주신 것 같아요. 처음에는 청소부터 했어요. 다른 사람들이 작업할 수 있도록 세척도 깨끗이 해주고요. 보조하는 일을 많이 했어요. 지저분하다고 닦아달라고 하면 다 닦아주고. 닦는다고 닦았는데 한 번 더 닦아달라고 하면 또 닦아주기도 했어요. 다른 사람들은 두세 개 할 때 저는 한 개를 할 정도로 많이 느렸어요. 그 다음에는 스티커를 붙이고 포장도 했어요. 불량이 나기도 하고 실수도 많이 했어요. 제품을 만들 때 개인으로 하는 게 아니라 팀별로 하기 때문에 잘 받쳐주질 못했어요. 뒤에서 어떻게 하나 보기도 많이 봤어요. 지금도 가끔 실수를 하는데 그럴 때가 가장 힘들어요. 다 완성해서 포장까지 했는데 중간에 스티커를 안 붙였다든지 부품을 잘못 끼었다든지 하면 풀어서 다시 해야 해요. 하나가 어긋나면 전체를 다 다시 해야 하니까 그럴 때는 팀별로 다 같이 안 좋은 소리를 들어요. 너무 속상해서 집에 가서도 잠이 안 와요. 다음에는 다시는 그러지 말아야지, 마음을 다져요.

제 나름대로 일하면서 재활도 열심히 했어요. 발음 연습한다고 책을 날마다 소리 내어 읽기도 하고 운동도 많이 했어요. 조선소 다닐 때 제가 운동을 좋아해서 회사 동료들하고 공을 차러 많이 다녔어요. 중심이 잘 잡히지 않아 물동이를 들고 걷는 연습을 하기도 했어요. 다른 사람들은 제가 넘어질까봐 불안해서 "어, 어" 하죠. 1년이 지나고 2년이 지나고 단계별로 하다보니까 횟수가 참 무시를 못하는 게, 밑에서부터 점점 높은 단계까지 따라가다보니까 중간만큼은 따라가는 것 같아요. 몸 움직이는 것도 많이 좋아졌어요. 발음도 저는 못 느끼는데 다른 사람들은 많이 좋아졌대요. 걷는 것도 많이 좋아졌다고 하니까 기분도 좋아지고, 더 열심히 해서 더 좋아져야겠다는 마음이 들기도 해죠. 일도 처음에는 스티커를 붙이다가 검사하는 일을 하다가, 지금은 직접 물건을 만들기도 해요.

힘든 일이 있어도 항상 웃게 돼요

제가 말이 별로 없는데다가 어눌해서 회사 동료들에게 먼저 다가가기가 어려웠어요. 또 발음이 안 좋으니까 저 사람들이 알아들을 수 있을까 염려가 되어 쉽게 이야기를 못했어요. 회사에서 동생들이 먼저 다가오지도 않고 해서 한동안 서먹서먹했어요. 마음은 무겁고 쑥스럽기도 하지만 용기를 내어 동생들에게 먼저 다가갔어요. 뒤뚱거리는 걸음으로 커피를 타서 가져다주기도 하고 말도 먼저 걸었어요. 나는 이렇게 사고가 나서 장애인이 되었는데 너는 어떻게 그렇게 됐냐고 물어보기도 했어요. 보통 청각장애인이 많아요. 어릴 때 귀에 열이 많이 나서 장애가 되는 아이들이 많았어요. 한편으로는 자기가 생활하는 것과 다르니까 제가 부럽다는 친구들도 있었어요. 이야기하다보면 '아, 나는 그렇게 생각을 못했는데' 하며 부끄러워지기도 하고요. 그러면서 서로 의지하고 재미있게 지내게 됐어요. '감사합니다', '사랑해요' 이런 간단한 수화는 그 애들에게 배우기도 해요. 하지만 복잡한 것은 잘 못하잖아요. 그러면 입모양을 동그랗게 해서 천천히 말하면 70~80%는 알아듣더라고요. 정 못 알아들으면 글로 써서 줘요. 생일이 돌아오면 케이크 조그만 것을 사서 사무실에서 축하해주기도 해요. 우리들끼리 과자, 순대, 튀김 같은 것을 사서 나눠 먹기도 하고요. 가끔 사장님이 피자를 사줄 때도 있고요. 하지만 회사에서는 즐겁게 지내다가도 집에 가면 만날 수 없어요. 거의 안 만나요. 그게 좀 그래요. 각자 멀리 살기도 하고 시간이 서로 안 맞기도 해요. 저는 가까이 가고 싶은데 스스럼없이 가까이 가려고 하면 선을 그어놓고 넘어오는 것을 별로 좋아하지 않는 동료들도 있어요. 아, 다 내 맘 같지는 않구나, 친해지고 싶은 것도 내 마음 위주가 아니라 상대방에게 맞춰서 해야겠구나 하는 마음이 들죠. 상대방에게 맞추면 나도 좋고 그 사람도 좋으니까. 지나치면 안 좋은 거잖아요. 상대방이 좋아하고 거부감을 안 느낄 정도로만 가까이 가야 하는 것 같아요. 혼자 있으니까 생각에 많이 빠져 있거든요. 서로 좋은 방법을 찾아야죠.

사장님들은 원래 근엄하고 권위가 있고 거리감이 있는데 저희 사장님은 너무 편하게 해주니까 거리감이 없어요. 그렇다고 가볍게 대한다는 것은 아니에요. 다른 회사는 사장님이 폼 잡고 다니는데 우리 생각을 많이 해주시고, 어떻게 하면 편하게 해줄까 고민을 많이 하세요. 저희가 직접 사장님 마음을 느껴요. 아, 사장님께서 우리를 많이 배려해주려고 하시는구나. 우리는 장애인이지만 회사 안에서는 비장애인과 구분이 없거든요. 다른 사람들은 어떻게 생각할지 모르지만 우리는 장애인이라고 위축되는 것이 아니라 서로 도와주고, 맡은 일을 잘하고, 다른 사람의 장단점에 맞춰서 일해요. 지금은 어린 동생들도 많다보니까 내가 리더십이 있어서가 아니라 저절로 잘되는 것 같아요.

저는 친척집에 살고 있어요. 그분은 연세가 많은 할머니예요. 월급을 받으면 생활비도 드리고 저축도 해요. 여자 분들이 저를 보면 예쁘장하게 생겼다고 해요. 처음에는 남자에게 뭘 예쁘게 생겼다고 하나, 마음이 그랬는데 요즘에는 꽃미남이 대세니까 은근히 기분이 좋기도 해요. 근데 제 나이또래나 젊은 여성들이 예쁘다고 하면 좋은데 이모뻘 되는 분들이 "총각, 예쁘게 생겼네" 하면 기분이 좀 묘해요.(웃음)

제가 몸이 좀 여리게 보여도 운동을 정말 좋아했어요. 고3 때 체대를 가려고 했는데 부모님(어렸을 때 부모님이 돌아가셔서 큰아버지 집에서 자랐고 그 어머니, 아버지를 부모님이라 불렀어요)이 장사를 하고 계셨는데 집에 딸만 6명이고 아들은 나 혼자여서 운전할 사람도 없고 가게 도와줄 사람도 없어서 제가 포기했어요. 체대에 가려면 돈이 많이 들잖아요. 우리 집 형편에 안 되겠다 싶어 제가 안 다녔어요. 식구는 많은데 월세에 살다가 제가 일 도와주면서 땅도 사고 집도 짓고 차도 샀어요. 차가 3대나 됐어요. 명절 때는 가는데 자주 안 가니까 부모님이 서운해하세요. 거의 못 가고 전화만 하니까요. 요즘에는 책을 많이 읽어요.《목적이 이끄는 삶》등이요. 제가 교회를 다니면서 신앙 생활을 하다보니까 좋은 책이 나오면 읽어요. 거의 목숨을 잃을 만큼 힘든 일을 겪었으니까 안 좋은 상황도 좋은 쪽으로 보려고 노

대한민국 나쁜 기업 보고서

력하는 중이에요. 혼자서 영화를 보거나 쇼핑을 하는 건 엄두도 못
냈는데 지금은 혼자서도 다해요. 운전도 하고. 같이 갈 사람이 없어
서 문제죠. 여자 친구가 있으면 드라이브도 하면서 놀면 좋을 텐데.
그래도 토요일, 일요일이면 아는 동생들을 불러내서 영화도 보고 저
녁도 함께 먹어요.

사실 회사에 다닌 지 1년이 지나면서 일도 진척이 없고 사람들하
고도 안 좋아지니까 다른 회사에 가볼까 하는 생각도 해본 적이 있
어요. 하루하루 지나니까 일도 익숙해지고 사람관계도 좋아져서 그
런 마음이 싹 없어졌어요. 직장이 제2의 삶인 것 같아요. 처음에는
돈을 벌 목적으로 왔지만 1년이 지나고 2년이 지나고 3년이 지나니
까 몸도 좋아지고 동료들과의 관계도 좋아지고 모든 게 좋아졌어요.
그 전에는 일도 못하겠구나 그랬는데. 지금은 워낙 큰일을 겪어보니
까 작은 일은 커 보이지가 않아요. 그래서 힘든 일이 있어도 잘 찡그
리지 않아요. 항상 웃게 돼요.

느린 희망

스스로 알아서 방법을 찾아가는 사람들

이경학·심원테크 공장장

성진 씨가 심원테크에 처음 왔을 때는 인지능력이 부족했어요. 어떤 일을 하게 되면 올바른 수행능력이 있어야 하는데 성진 씨는 좀 부족했어요. 머리를 많이 다쳐서 아이큐가 많이 떨어져 있는 상태였어요. 판단이나 응용하는 능력이 일반인의 40% 정도 부족했던 것 같아요. 저희가 성진 씨를 채용하기 전에 장애인 채용 시범기관 같은 교육기관에서 테스트를 했어요. 인식, 태도, 작업 임무 수행능력, 수용능력, 예절 같은 것을 했는데 성진 씨가 대화도 잘하고 괜찮았어요. 그래서 단순한 일을 시키려고 채용을 했던 거죠. 막상 와서 일을 시켜보니까 성진 씨가 인지능력이 부족해서 실은 좀 포기를 했었어요. 우리랑 맞지도 않고 오래가지도 못하겠다고 생각했는데 사장님이 의도적으로 한번 해보라고 했어요. 나중에 안 되면 어쩔 수 없지만 노력은 해보자고 해서 회사에 있게 된 거죠. 시간이 지나도 별로 나아지지 않았어요. 6개월 동안 고생을 많이 했어요. 딘순한 것도 가르쳐주면 잊어버리고 빨리 회복이 안 되고 행동 자체가 많이 떨어졌어요. 일을 하면서도 손을 덜덜 떤다든가 머리를 다쳤으니 중심을 잘 잡지 못했어요. 중심을 잡아주는 부분이 손상되었나 봐요. 바로 서야 하는데 많이 떨었어요. 근데 일을 하면서 많이 바뀌었어요.

1년이 지나니까 많은 변화가 생겼어요. 본인이 알아서 스스로 일을 하고 어떤 일은 보통 사람이 할 수 있는 일을 하게 된 거예요. 아직 100%는 아닌데 현재 80%는 돼요. 처음에는 일을 잘못했다고 지적하면 잘 받아들이지 못했어요. 과장님이 대화도 하고 야단도 치면서 가르쳤어요. 과장님이 야단을 치면 불쾌했나 봐요. 여기는 일하는 곳이고 적응을 해야 생활할 수 있죠. 자잘한 일도 많이 시켰고 포장, 분해, 검사하는 일도 시켰어요. 지금은 조립 과정을 하고 있어요. 조립은 기술직으로 볼 수 있어요. 기술직이면 급여가 달라져요. 일반 잡일보다 수당이 더 많이 나와요.

진실한 마음을 전달하는 방법

제가 이곳에서 일하게 된 것은 사장님이 저를 스카우트했어요. 카트리지 분야에 현장 경험이 많았거든요. 이 방면으로 오랫동안 일을 해왔어요. 영업도 많이 했고요. 다른 회사에서 근무하다가 혼자 프리로 사업도 했어요. 전 제품을 맡아서 했어요. 저는 싫었는데 사장님이 데리고 왔어요. 인연이 되려고 그랬나 봐요. 사장님이 이런 회사(사회적 기업)를 계획하고 계신지 몰랐어요. 저도 이런 경험이 처음이었어요. 장애인들에게 오해도 많이 받고 스트레스가 쌓일 때도 많았어요. 전혀 모르는 상태에서 배우는 거잖아요. 한때는 저희 임직원들이 사장님에게 불만도 많았고 다 그만두겠다고 한 적도 있어요. 그런데 서서히 순리대로 대화를 통해 들어가는 법을 배웠어요. 이 친구들의 행동을 어떻게 변화시켜야 하는지도 배우고요.

장애를 가진 사람들의 형태가 다 다르니까 서로 이해하는 게 필요했어요. 일을 소화하느냐 안 하느냐, 이런 것보다는 그 사람 마음을 이해해주는 게 더 중요했어요. 제일 어려운 점은 서로 간에 오해가 많아요. 상처가 많아서이기도 한데요, 청각장애인들은 잘 안 들리니까 눈치를 많이 봐요. 자기 말을 하나, 안 하나 귀를 쫑긋 세우고 들어요. 다리가 불편한 분들을 포함해서 장애인들은 대체로 고집이세요. 그게 현장에서 부딪치는 원인이기도 해요. 소통해본 경험이 없어서 그런지 어떤 이야기를 하면 잘 받아들이지 못해요. 가정에서 부모님들이 많은 것을 해주고 그 사람들은 편한 것만 하다가 오니까. 하지만 회사는 다르잖아요. 물건을 만들어내고 일을 해야 하니까요.

저는 그분들에게 여러 가지 일을 시켜요. 전등을 가는 법도 가르치고 청소하는 법도 가르쳐요. 사소한 일들을 스스로 하게 해요. 언젠가는 부모와 떨어져서 생활해야 하잖아요. 여러 가지 일을 많이 겪어봐야죠. 꼼꼼하게 일도 잘해요. 품질은 다른 회사보다 좋아요. 어떤 면에서는 일반인들보다 더 나을 수도 있어요.

가끔 현장에서 회의를 해요. 대화를 통해서 현장의 문제점이 무엇인지 듣고 싶은 거죠. 통역을 불러서 각자 불만을 이야기하라고 해요. 그러면 회사에 대해 많은 이야기가 나와요. 그것을 통해 더 깊이 그들을 이해하는 거죠. 여성 장애인들이 많으니까 1대 1 이야기 방식에서 바꿨어요. 잘 안 들리니까 오해를 많이 했어요. 개인적으로 대화를 할 때는 꼭 증인을 오도록 했어요. 그래야 오해를 해명할 수 있어요. 그렇지 않으면 서로 바라보는 게 다르기 때문에 진실한 마음을 전달하기가 쉽지 않아요.

장애인들 중에 몇 분이 시간 개념이 없었어요. 지각도 자주하고. 지각을 없애려고 격려금까지 줬는데도 아무 소용이 없었어요. 근데 놀란 건 이분들이 스스로 알아서 방법을 찾더라고요. 자기는 열심히 하는데 계속 지각하는 친구들에게 문제를 느낀 거죠. 지각하면서도 월급은 똑같이 받고요. 어떻게 할까 그러더니 모여서 회의를 해서 벌금 제도를 도입하자고 결정을 봤어요. 벌금을 3단계로 나눠서 하더라고요. 저희는 8시 40분까지 출근해서 50분에 모인 다음 아침 인사를 하고 9시에 시작해요. 9시까지 안 오면 기본이 3,000원, 5분 늦으면 5,000원, 더 늦으면 만 원. 벌금 표를 직접 작성해서 휴게실에 붙여놓았어요. 늦은 사람은 직접 사인을 해요. 그렇게 모은 돈을 가지고 간식을 사먹더라고요. 제가 방법을 찾아주는 것보다 이 친구들이 스스로 방법을 조금씩 풀어가요. 일도 그렇게 해가는데 아직 100%는 아니에요. 어려운 점도 있고 완벽하지도 않아요. 맞춰가려고 노력해요. 80%만 돼도 성공이라고 생각해요.

다른 사업장도 마찬가지겠지만 사장님도 그렇고 우리도 현장을 깨끗하게 쓰려고 노력해요. 작업할 때 먼지가 가득 차요. 그 먼지를 흡수하기 위해 먼지를 빨아들이는 장치를 다 달아놓았어요. 작업실의 많은 영역을 차지하는데도 설치를 한 거죠. 한 달에 한 번씩은 대청소를 해요. 근무시간이 평소 6시까지인데 5시에 끝내고 한 시간을 하는 거죠. 공구, 장갑, 마스크 같은 것도 될 수 있으면 좋은 것으로 제공하려고 해요. 일하다 다치면 안 되니까요. 사업장을 기계든 인간관계든 쾌적하게 유지하려고 하죠.

사회적 기업이 삶의 방식을
변화시키고 있어요

김성기 • 성공회대학교 사회복지학과 외래교수

기업 실패, 새로운 대안이 필요하다

사회적 기업과 일반 기업이 어떻게 다르냐 하면요, 일반 기업은 이윤 창출을 목적으로 한 기업이에요. 그동안 우리 사회는 기업이 성장해서 고용을 창출하고 복지에 기여하는 낙수효과를 바랐는데 요즘 그런 부분은 상당히 약화되었다고 봐야죠. 시장 실패를 많이 이야기하는데 저는 '기업 실패'라고 말하고 싶어요. 대기업이 더 이상 고용을 안 하거든요. 성장은 지속적으로 하면서도 더 이상 고용은 안 하는 거죠. 청년 실업이나 조기 퇴직 문제라든지 사회문제를 양산하는 가장 큰 원인이기도 합니다. 이런 기업 형태가 극복될 것인가, 상당히 기대하기 어렵다는 거죠. 새로운 대안을 모색하는 것이 필요한 것 같고, 그 대안 중 하나가 사람 중심의 사회적 기업인 것 같아요.

취업 취약계층의 일자리, 사회적 서비스의 보편적인 확대 등 이런 면에서 사회적 기업이 상당히 기대되는 것 같습니다. 긍정적인 면으로 취약계층의 고용 창출에 상당한 잠재력을 가지고 있죠. 일반 기업 같은 경우는 이윤 창출에 목표를 두기 때문에 생산성이 떨어지는 취업 취약계층을 고용하려고 하지 않죠. 대표적인 경우가 장애인 의무고용인데 차라리 고용하기보다는 벌금을 맞아버리죠. 반면 사회적 기업 같은 경우는 고용 창출에 대한 사회적 의무가 많습니다. 우리 사회에는 노동시장에 진출을 못하는 장애인들에게 일자리를 제공하면서 수익을 창출하는 사회적 기업들이 꽤 있거든요. 위캔쿠키라는 장애인 사회적 기업이 있습니다. 여기 같은 경우도 쿠키를 제공하는 과정에 장애인이 참여하는 거죠. 일반 시장에서 보면 상상할 수 없는 일이거든요.

취업 계층의 사회적 서비스와 관련해서도 사회적 기업들이 상당한 기여를 하고 있습니다. 노인들이나 장애인들에 대한 돌봄 서비스라든지 저소득 아동을 위한 문화 서비스 등을 제공하는 사회적 기업들이 상당히 많습니다. 이분들은 지불 능력이 없기 때문에 시장에서 서비스를 구매하지 못하죠. 기업 같은 경우 돈을 안 낸 사람들에게는 서비스를 제공하지 않습니다. 이런 분들의 삶의 질을 개선하는데 사회적 기업이 상당한 기여를 하고 있죠. 이런 점이 사회적 기업의 잠재력이기도 합니다. 최근에는 지역사회의 갱생과 개발 같은 데서 상당한 잠재력을 보여주고 있습니다. 아시다시피 뉴타운 개발이 일어나면 기존 지역사회 사람들이 그 지역에 정착하지 못하고 공동체가 해체되는 게 현실이었어요. 건설자본이라든지 지역의 지주들이 대규모 개발을 통해 지역공동체를 해체해왔다고 생각하거든요.

그러나 사회적 기업이 지역을 리모델링하게 되면 공동체를 회복하는 방식으로 하거든요. 주거와 복지가 결합하는 방식으로 지역을 바꾸는데 서울에 '두꺼비 하우징'이라는 주거복지 서비스를 제공하는 사회적 기업이 있어요. 지자체와 협력해서 기존 주택을 리모델링 해주고 있습니다. 취약계층 같은 경우는 지역사회의 네트워크가 필요한 서비스를 제공하고 있습니다. 이것이 지역 재생이죠. 제가 왜 지역 개발이라 하지 않고 '재생'이란 표현을 쓰냐면 기존의 개발이 지역공동체를 파괴하면서 많은 문제를 만들어왔기 때문에 우리의 인식이 개발 차원으로 사회화되어 있죠. 자칫 그 차원으로 머무를까 봐 재생이란 표현을 쓰고 있습니다. 재생이란 의미는 주거환경, 도시환경의 재생이란 의미도 있고 공동체 복원, 문화와 복지를 결합시키는 의미도 있어 사용하고 있습니다. 국가와 시장이 해결하지 못하는 사회적 문제들을 사회적 기업들이 수익 창출과 결합시켜 나가면서 해가는 것이죠. 정부에 의존하지 않으면서도 지속가능성을 확보하는 의미도 있죠.

전체 사회 효용성을 봤을 때 사회적 기업이 사회 효용성을 극대화시키는 방향으로 활성화되었죠. 기존의 경제 영역은 시장이 개인의 이기적인 욕망에 기반을 두고 있다는 가정 하에 완전 경쟁, 이윤 창출을 자신들의 목표로 두고 있었어요. 하지만 사회적 기업은 이타적 목적을 우선하며 시장에 생겨난 거죠. 이것을 사회적 경제라고 이야기합니다. 호혜적이고 인간의 상호 발전에 기여하는 경제 영역의 확장, 이미 유럽에서는 시장경제를 보완하는 체제로서 사회적 경제에 상당히 주목하고 있어요. 거기서 가장 중요한 이니셔티브는 사회적 기업입니다. 생산을 동반하는 사회적 기업을 활성화하는 데 상당히 기여할 것으로 생각합니다.

세계 경제 위기에도 끄떡없는 볼로냐 협동조합

유럽도 경제 위기나 금융 위기가 오면서 경제가 휘청거리고 실업률이 올라가는 사회적인 문제가 야기되었어요. 근데 재미있는 것은 협동조합, 사회적 기업이 발전된 지역에서는 오히려 경제 성장을 유지하고 실업률도 현저히 낮아지고 있어요. 대표적인 지역이 이탈리아의 에밀리아 로마나 주입니다. 이곳이 지표상으로 사회적 경제 부분이 30% 정도 된다고 하더라고요. 주로 협동조합이 많아요. 그 지역이 도농복합 지역이어서 농업협동조합이 큰 기반이고 또 하나는 소비협동조합입니다. 한국은 생활필수품을 구매하는 곳이 대부분 상점이나 마트잖아요. 그곳은 거의 대부분이 소비자 생협인 콥(coop)에서 주로 구입합니다. 일반 마트가 간혹 있기는 하지만 거기서는 구매하는 사람들이 그다지 많지 않아요. 이탈리아 에밀리아 로마나 주 볼로냐 시민들은 장보러 간다는 말을 콥 간다고 해요. 동네 곳곳에 소 생협 매장이 있어요. 우리로 따지면 중급 규모예요. 각 콥마다 유통채널을 다 가지고 있어요. 친환경 유기농 농산물만 있는 것이 아니고 믿을 수 있는 다양한 공산품들도 있어요. 믿을 수 있는 유통라인을 확보해서 조합원들에게 적절한 가격이나 상대적으로 저렴한 가격에 제공하기 때문에 지역사회에서 신뢰도 크죠. 신용협동조합, 보험협동조합, 건설협동조합 등 분야별로 있어요. 볼로냐 같은 경우 건물들의 리모델링은 대부분 건설협동조합에서 해요. 동네 곳곳에 있어요. 사회적 협동조합들이 상당히 많습니다. 조금 전에 이야기했던 지역사회복지 서비스도 있죠. 도시환경 관리를 다 사회적 협동조합에서 해요. 볼로냐는 인구만 20~30만 명인데 사회적 협동조합이 한 100여 개 정도 있어요. 농업 기반의 생산은 거의 농협이 다하고 있고(생산자 협동조합) 생활필수품은 소비생협으로 감당하고 금융에서는 보험까지 다 포함되어 있어요.

지역의 복지서비스나 공공서비스는 사회적 협동조합, 우리식으로 하면 사회적 기업이에요. 사회적 협동조합들이 다 서비스 공급 담당이에요. 협동기업에서 가장 중요하게 생각하는 부분이 사람공동체, 조합원들의 이익에 기여하는 것이기 때문에 고용안정, 고용 승계를 상당히 중요시합니다. 그래서 실업률이 낮은 것입니다. 호혜적 경제이기 때문에 경제 위기에도 타격을 안 받는, 충성도 높은 소비시장을 확보하고 있는 것이죠. 산업 경쟁력에서 장점이 있기 때문에 그런 것들이 가능하죠. 이탈리아는 전체적으로 전문성을 갖춘 중소기업이 상당히 발전되어 있어요. 특정 부분에서 경쟁력을 확보한 장인들이 많아요. 밀라노 같은 경우는 패션이나 제화 등이 세계적인 경쟁력을 갖추고 있어요. 볼로냐도 제화는 상당한 경쟁력이 있죠. 볼로냐에는 자영업자들의 협동조합이 형성되어 있어요. 자기들끼리 공동으로 회원카드도 만들어요.

우리나라는 서로 다른 사업체 간에 협동 연계가 잘 안 되잖아요. 거기는 그런 활동들이 자연스럽게 이루어지고 있어요. 예를 들면 제화점, 옷가게 간에 협동조합을 만들어 조합원들끼리 서로 소비를 할 수 있게 네트워크를 형성해요. 옷가게 주인이 제화점에 가서 구두를 사고, 제화점 주인은 옷가게에서 옷을 사는 거예요. 자꾸 협동, 연합하면서 새로운 비즈니스 모델을 만들어내면서 소비자들에게 신뢰를 주고 있어요. 이런 속에서 서로 발전하고 자연스럽게 관계를 만들어요. 우리 사회는 남을 죽여야 내가 살잖아요. 거기는 서로 경쟁하면서도 협력하는 사회입니다. 이게 사회적 경제의 모습이죠. 볼로냐에 유명한 사회적 경제 분야의 교수가 있는데 스테파노 자마니(Stefano Zamagni)예요. 그는 이것을 협력적 시장경제 체제라고 불렀어요. 핀란드도 축산업, 농업, 상업을 중심으로 상당히 발전된 나라이고요. 협동조합으로 기업화를 하고 있는 것이죠.

2013년에는 다양한 협동조합이 만들어질 것

우리나라처럼 대기업 중심 경제체제 속에서 협동조합이 그 영역을 넓혀 확대시켜 나갈 수 있을까? 저는 가능하다고 보고 지금이 기회라고 생각합니다. 기회가 많이 생길 것 같습니다. 사회적 기업이 지향하는 좋은 모델이 협동조합일 수 있는데 2011년에 협동조합 기본법이 제정되었어요. 5명 이상이면 누구나 협동조합을 설립할 수 있습니다. 기존 협동조합은 특수목적으로 만들어진 것만 있었거든요. 농협, 신협 등 특별법 형태로 있었는데 지금은 누구나 협동조합을 만들 수 있어요. 기존 중소기업 간의 협동조합도 만들 수 있고 자영업자 간의 협동조합도 만들 수 있어요. 전문가 집단 간의 협동기업도 만들 수 있게 되었어요. 2012년 12월부터 시행됩니다. 2013년에는 다양한 협동조합이 만들어질 테고 다양한 시도들이 이루어질 것 같아요. 사회적 협동조합도 그 법에서 규정하고 있어요. 사회적 협동조합이 사회적 기업의 좋은 모델이라고 볼 수 있어요. 다양한 이해 당사자들이 민주적 운영을 하는 모델이거든요. 보통 협동조합은 특정 계층만 참여하잖아요. 사회적 협동조합은 소비자뿐만 아니라 노동자, 투자자, 지역사회에서 이익을 같이하는 여러 사람들, 시민까지 참여할 수 있어요. 다중 이해적인, 복합 이해 당사자 모델이죠. 다양한 이해 당사자들이 참여하면서 사회적 가치와 경제적 가치를 창출하는 데 능동적으로 작용할 수 있는 장점이 있죠.

일반 기업은 1주 1표로 권리를 행사하는 자본 중심의 회사죠. 주식이 아무리 많다 하더라도 상관이 없고 어떤 사람이 주식의 51%만 장악하면 지배권을 행사하는 모델이고요. 사회적 협동조합은 1인 1표로 사람 중심의 지배구조 모델입니다. 이해 당사자 모델에 따라 여러 사람이 공동의 이해를 기획하여 조직 내에 구현해내고, 노동자들도 참여하고 외부 사람도 참여하는 열린 구조를 갖고 있어요.

일본 같은 경우는 협동조합이 상당히 발전되어 있어요. 소비자 협동조합의 조합원 규모가 거의 2,000만 명이나 돼요. 우리나라는 60만 명쯤 되죠. 식품 안전 문제가 터지면서 시민사회협동조합이 상당히 많이 바뀌었어요, 100만 명이 넘는 조합들도 꽤 있어요. 고베 생협 같은 경우도 조합원이 100만 명 이상이에요. 협동조합들이 지역사회에 상당한 기반을 두고 주민들이 참여하여 지역 자원들을 개발하고 있어요. 일본 생협은 복지서비스에 상당히 기여하고 있어요. 주간보호소를 소비조합이 투자해서 만들기도 했고요.

협동조합, 삶의 방식을 바꾸게 될 것

우리나라 일부 사회적 기업 중에서도 직원들의 복지 처우 개선에 굉장히 신경 쓰는 기업이 있어요. 전주에 '삶과 향명'이라는 재활용 회사가 있는데 거기에서 일하는 분들이 저소득계층이에요. 자녀 양육이라든가 학습 등에 상당한 문제가 있었어요. 그런 것들을 지원하기 위해 기업 내에 별도로 사회 봉사자를 채용했어요. 직원들의 복지 처우를 직장 내에서 만들어가는 노력을 한 거죠. 또 하나는 윤리적 소비라고 하나요? 공정무역 커피처럼 소비에도 사회적 의미를 부여하는 시대잖아요. 사회적 기업의 제품을 이용하면 남을 도와주는 '착한 소비'까지 하게 되는 거죠.

소비자 조합이 발전하는 과정에서 그 사회의 문화가 발전하는 과정을 보기도 했습니다. 볼로냐에는 도심 중앙에 도서협동조합이 있더라고요. 교보문고의 3분의 1 수준이지만 상당히 큰 편이죠. 레가코프라는 큰 소비생협에서 투자해서 만든 것인데 인문적인 소양을 키울 수 있는 교양서적 중심이에요. 거기다 또 복합매장이에요. 유기농 레스토랑이 있고 카페가 있어 시민들의 소통 공간도 되더라고요. 소비생협 같은 경우는 조합원들에게 문화공연 등 문화적인 혜택을 줘요. 어떤 경우는 연극단체가 문화협동조합인 경우도 있어요. 일종의 문화 생산자 협동조합인 것이죠. 생활영역이 다양하기 때문에 다양한 협동조합이 만들어지는 거죠.

일반 기업은 돈 있는 사람 중심으로 문화가 이루어지잖아요. 근데 협동조합이 있는 시민들은 좋아 보였어요. 거기에 있는 게 다 자기 거잖아요. 편안하고 자유롭게 책도 구매하고 동아리 모임도 하는 자기 문화 생활공간이 되는 거죠. 남의 공간에 가서 먹는 것하고는 느낌이 다르겠죠. 내가 출자한 콥에 가서 생활필수품을 구매하고 도서 협동조합에서 책을 구매하고 여러 사람들과 소통하고 식사도 하고.

지금은 우리나라 사회적 기업이 그렇게 많지 않고 규모도 작아서 풀어야 할 숙제가 많지만 사람들의 살아가는 방식을 많이 변화시킬 거라고 생각합니다. 경제적인 소득을 보장받으면서 동시에 만족할 수 있는 일터를 가진다는 것, 많은 사람들에게 사회적으로 도움을 줄 수 있는 기업 활동을 한다는 것, 정말 좋은 일이죠. 이런 과정이 노동 통합이고 이 노동 통합이 사회 통합에 기여하는 것이죠. (2012년 3월)

당신의 회사는 안녕한가?
직장인들의 슬픈 통계

23명의 노동자를 죽음으로 몰고 간 쌍용자동차. 그곳에서 벌어진 일을 보며 이것이 단지 한 회사에 일어난 극단적인 사례일까 하는 생각이 들었다. 어떤 한 회사의 노동자가 그렇게 극단적인 고통을 겪고 있다면 과연 다른 회사는 안전할까 하는 의문은 보다 많은 회사, 일반적인 기업들의 내부로 나의 시선을 이끌었다. 공장에서, 사무실에서, 거리에서 여러 노동자, 직장인들과 만나고 인터뷰를 하는 동안 틈틈이 인터넷으로 기사를 검색했다. 우울증, 왕따, 스트레스, 폭언, 욕설, 인격모독, 성희롱……. 기사에서 언급된 각종 설문 결과는 놀라웠다. 통계 수치는 회사에서 일하는 대부분의 사람들이 얼마나 극심한 고통을 겪고 있는지 말해주고 있었다.

세계적인 다국적 컨설팅 기업 타워스왓슨이 발표한 '2012 글로벌 인적자원 연구'에 따르면 우리나라 직장인들의 업무에 대한 완전 몰입도가 6%에 불과한 것으로 나타났다. 10명 중 8명 이상이 회사에서 자신의 업무에 지속적으로 몰입하지 못하고 있다는 것이다. 이는 전 세계 평균인 21%에 현저히 못 미친다. 또한 10명 중 2명 이상은 건강에 크고 작은 문제가 있다고 응답했고 직장에서 스트레스로 자주 힘들다고 응답한 사람은 10명 중 5명이 넘었다(〈그림 1〉 참조).

한편 '회사 우울증'에 시달리고 있는 응답자도 62.9%나 됐다. 회사 우울증이란 일본의 유명한 스트레스 연구자인 고스기 쇼타 교수가 만든 개념으로 회사 밖에서는 활기차지만 출근만 하면 무기력해지고 우울해지는 것을 말한다. 많은 전문가들은 경제 불황과 인원 감축, 성과주의 등 급격한 직장 환경의 변화가 직장인들을 불안으로 내몰며 회사 우울증의 원인을 제공하고 있다고 진단한다(〈그림 2〉 참조).

'직장인 조직 피로도'를 묻는 조사에서는 응답자의 87.8%가 "업무 스트레스로 인해 심리적, 신체적 이상을 겪은 적이 있다"고 호소했고 81.7%는 "직장에서 받는 스트레스로 인해 질병을 앓은 적이 있다"고 대답했다. 정말 높은 수치다. 우리의 기업은 사회적 질병을 만들고 키우며 퍼뜨리는 질병 공장과도 같다(〈그림 3〉 참조).

또한 회사에서의 과도한 업무와 그로 인한 스트레스는 직장 동료들 사이에서 심각한 문제를 발생시킬 수밖에 없다. 직장인 10명 중 7명은 회사에서 따돌림, 폭언과 욕설, 인격 모독, 성희롱 등 정신적 폭력을 경험한 적이 있다고 답했고 10명 중 8명이 이러한 폭력 때문에 이직이나 퇴사를 고민해봤다고 이야기한다. 또한 주먹이나 서류로 맞거나 다리로 차이는 등 육체적 폭력을 당하는 경우도 12.5%나 되었다(〈그림 4〉, 〈그림 5〉 참조).

그렇지만 직장을 옮기는 일은 쉽지 않다. 직장인 95%가 직장에서 사표를 던지고 싶다는 생각을 해봤지만 구직난 등 취업 상황이 좋지 못해서(67.4%), 카드값, 대출금 등 당장 돈 나갈 일이 많아서(50.5%), 경력이 부족해서(19.8%) 등의 이유로 절반이 넘는 사람들이 실제로 사표를 던지지는 못했다. 결국 직장에서의 스트레스와 각종 폭력을 고스란히 감내하는 수밖에 없다(〈그림 6〉 참조).

그 고통은 만만치 않다. 대표적인 것이 따돌림, 왕따 문화다. 흔히 왕따라고 하면 학교에서, 학생들 사이에서나 있는 문제라고 여기지지만 실상은 그렇지 않다. 직장인 25%, 5명 중 1명이 일주일에 한 번 이상 동료를 왕따시키는 데 동참했다는 조사는 충격적이다. 이것은 영국의 심리학자인 피터 스미스가 규정한 직장 왕따의 위험 수준 3.1%의 8배가 넘는 수치다. 직장에서 왕따를 보고 어떻게 행동하는가에 대한 질문에 대해 10명 중 7명 이상이 방관한다고 답한 것을 보면 문제는 더욱 심각하다(〈그림 7〉 참조).

왕따와 같은 극단적인 현상이 아니더라도 문제는 많다. 무한 경쟁과 성과주의로 인해 10명 중 7명이 넘는 사람들(76.8%)이 직장 생활에서 열등감을 느끼고 있으며 같은 수의 사람들이 직장에서 상사의 반말, 불합리한 업무 지시, 사생활 침해 등 각종 무례한 행동들로 인해 상처를 받고 있다(〈그림 8〉 참조).

하지만 탈출구는 보이지 않는다. 쉽게 직장을 그만두거나 옮길 수도 없을뿐더러 오히려 직장에서 머물러야 하는 시간은 갈수록 늘어간다. 좀 오래된 조사이기는 하지만 2004년 잡코리아가 조사한 '대한민국 직장인 야근 실태'를 보면 거의 매일 야근한다는 응답이

34.9%인 반면 야근을 거의 하지 않고 정해진 시간에 퇴근을 한다
는 응답은 6.6%에 불과했다. 또한 직장인 50% 이상은 평균 2시간
이상 야근을 하고 있으며 4시간 넘게 야근을 하는 사람들의 비율도
23.7%나 되었다. 직종별로는 공공기업(15.8%), 외국계 기업(21.7%),
대기업(32.6%), 벤처기업(40.7%), 중소기업(40.2%) 순으로 환경이 열악
할수록, 기업이 영세할수록 야근의 빈도가 높다. 노동 조건, 업무 환
경에서도 양극화가 심해지고 있는 것이다(〈그림 9〉 참조).

　행복하지 않는, 아니 지옥과도 다를 바 없는 공간에서 오랜 시간
일을 하는 것이 건강에 영향을 미치지 않을 리 없다. 직장에서 스트
레스로 인해 질병을 앓은 적이 있다는 응답은 81.7%였고 그 정도가
심해 병원에서 치료를 받은 적이 있다는 응답은 39.6%다. 하지만 아
파도 출근한 적이 있다는 응답은 96.8%로 거의 모든 직장인이 자신
의 건강을 해치며 일을 하고 있는 것이다(〈그림 10〉, 〈그림 11〉 참조).

　역시 이 또한 비정규직이 정규직보다 훨씬 심각한 상황임을 알
수 있다. 회사의 규모가 작고 열악할수록, 비정규직일수록 더 많이
아프고 더 많이 죽는다. 우리는 과연 살기 위해, 행복해지기 위해 일
을 하고 직장을 다니는 것일까? 김상봉 교수의 말대로 지금이야말
로 "기업과의 관계에서 과연 인간의 삶이 행복한가 물어야 할 심각
한 상황인 것"이다(〈그림 12〉, 〈그림 13〉, 〈그림 14〉 참조).

　결국 이런 불합리한 구조가 개선되지 않으면 우리나라에 미래는
없다고 나는 단언한다. 지금 직장인들의 삶의 고통이 위험수위에 다
다랐다. 더 이상 방치하면 서로를 해하는 극단적인 형태들이 나타날
수 있다. 세계 최장 시간의 노동, 불안한 고용과 상시적인 정리해고

위협, 직장폐쇄, 성과주의와 인사고과 문제, 노조 탄압과 파괴 등등. 쌍용자동차와 삼성, 한국타이어와 두산, SJM에서 벌어진 문제는 서로 긴밀하게 연결되어 있다. 새로운 기업 문화, 새로운 경제 시스템, 새로운 삶의 방식을 어서 빨리 고민하고 실행에 옮겨야 한다. 통계 수치가 가리키고 있는 위협을 지금이라도 직시하고 사회적 대안을 찾게 되기를 간절히 바란다.

그림 1

'2012 글로벌 인적자원 연구'

타워스왓슨 한국 직장인 1,000명 포함 세계 28개국 3만2,000명 대상 설문조사

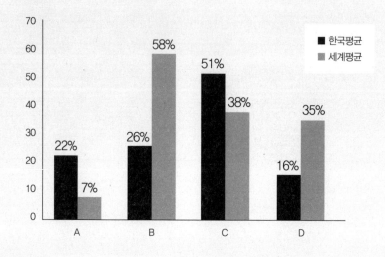

A – 건강에 크고 작은 문제가 있다

B – 지난 1년 동안 건강상의 이유로 결근한 적이 있다

C – 직장에서의 스트레스로 자주 힘들다

D – 지속적 업무 몰입도

그림 2

'회사 우울증' 조사

취업포털 잡코리아 직장인 365명 대상, 2011년 3월

'회사 우울증'에 시달리고 있나?

■ 있다(2007년 조사 당시 44.6%)
■ 없다

그림 3

'직장인 조직 피로도' 조사

취업포털 잡코리아 직장인 917명 대상, 2011년 3월

업무 스트레스로 인해 심리적, 신체적 이상을 겪은 적 있나?

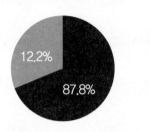

■ 있다
■ 없다

스트레스의 주요 원인은?

■ 과도한 업무량
■ 일관성 없는 회사 정책
■ 무책임한 상사
  과도한 성과 요구
■ 창의적 아이디어에 대한 부담

일주일에 출근하기 싫은 날은?

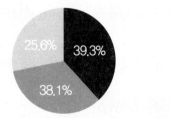

■ 주 1회 이하
■ 주 2~3회
  거의 매일

그림 4

직장인 '정신적 폭력' 실태조사

《세계일보》와 잡코리아 직장인 346명 대상 공동조사, 2012년 2월 28일~3월 4일

따돌림, 폭언(욕설), 인격모독, 성희롱 등 직장 내에서
정신적 폭력을 경험한 적이 있나?

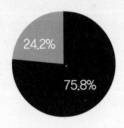

24.2%

75.8%

직장인 376명 대상
■ 있다 285명
■ 없다 91명

정신적 폭력 때문에 이직이나 퇴사를 고민한 적이 있나?

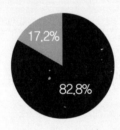

17.2%

82.8%

경험자 285명 대상
■ 있다 236명
■ 없다 49명

그림 5 직장인 10명 가운데 7명 "언어폭력 당한 적 있다"

취업포탈 직장인 2,419명 대상 온라인 설문조사, 2012년 9월

직장에서 언어폭력을 당한 적이 있나? (*복수응답)

■ 있다
▨ 없다

인격모독 발언	**69.9%**
호통 및 반말	**62.5%**
비하적 발언	**51.9%**
협박 및 욕설	**28.9%**
거짓된 소문 퍼뜨림	**21.8%**

폭력적인 말을 주로 하는 이들은? (*복수응답)

상사	**75.3%**
경영자·임원	**27.9%**
거래처 직원	**10.1%**

나오는글

육체적인 폭력을 겪은 적 있나? (*복수응답)

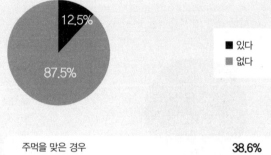

■ 있다	
■ 없다	

주먹을 맞은 경우	**38.6%**
다리로 차임	**30.7%**
서류 등으로 머리를 맞는 경우	**27.4%**

언어폭력을 당할 때 동료들의 반응은?

모르는 척 했다	**41%**
상황이 끝난 뒤 위로해줬다	**36.7%**
나서서 막아줬다	**1.3%**

그림 6 **직장인 10명 중 9명 "사표 던지고 싶었던 경험 있다"**

취업포털 잡코리아가 남녀직장인 1,479명 대상으로 조사, 2012년 6월

사표를 던지고 싶었던 경험이 있나?

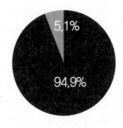

■ 있다
■ 없다

5.1%
94.9%

실제 사표를 던졌나?

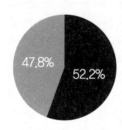

■ 못했다
■ 던졌다

47.8%
52.2%

사표를 던지지 못했던 이유 (*복수응답)

구직난 등 취업상황이 좋지 못하기 때문	**67.4%**
카드 값, 대출금 등 당장 돈 나갈 일이 많아서	**50.5%**
경력이 부족해서	**19.8%**
복지 등 근무환경이 좋아서	**14.5%**
직장동료들이 좋아서	**7.9%**
업무에 만족하기 때문에	**2.9%**
회사가 돈은 많이 줘서	**2.3%**
기타	**0.5%**

나오는 글

그림 7

당신 직장에서의 왕따 문제는?

취업포털 사람인 직장인 2,975명을 대상으로 조사, 2012년 1월

왕따를 보고도 말리지 않는 이유는? (*복수응답)

내가 말린다고 달라질 것 같지 않아서	**52.8%**
그 사람이 마음에 들지 않아서	**31.4%**
어떻게 말려야 할지 몰라서	**17.9%**
나와는 상관없는 일이라서	**16.0%**
나도 피해를 볼 것 같아서	**12.3%**

왕따로 퇴직한 직원이 있나?

■ 있다
■ 없다

직장 내 왕따를 보고 어떻게 행동하나?

■ 방관한다
■ 적극적으로 말리는 편
■ 동참한다

그림 8 **직장 내 무례한 행동 설문조사**

취업포털 사람인 직장인 982명 대상 온라인 설문조사, 2012년 7월

직장 내에서 무례한 행동을 경험한 적이 있나?

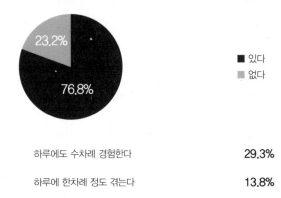

■ 있다
■ 없다

하루에도 수차례 경험한다	**29.3%**
하루에 한차례 정도 겪는다	**13.8%**
직장 내 무례한 행동이 점점 늘어나고 있다	**50.3%**

주로 겪는 무례한 행동 (*복수응답)

상사가 반말을 하는 등 무시하는 태도	**56.4%**
불합리한 업무지시 강요	**48.0%**
인사를 하지 않거나 받지 않음	**34.1%**
모니터 훔쳐보기 등 사생활 간섭	**25.1%**
부하직원의 말대꾸 등 예의 없는 행동	**24.8%**

나오는 글

무례한 행동이 직장생활에 미치는 부정적 영향은 무엇인가 (*복수응답)

불쾌한 감정으로 업무 열정 사라짐	**76.3%**
이직 의향이 생김	**49.3%**
업무 집중력이 낮아짐	**48.7%**
조직 분위기가 나빠짐	**43.9%**
애사심이 감소함	**41.8%**
비효율적 업무처리 및 성과 하락	**34.7%**
갈등으로 업무시간 낭비	**29.0%**
기타	**3.3%**

 직장인 야근 실태

잡코리아 직장인 1,565명 대상 조사, 2004년 10월

귀하의 야근 횟수는 어느 정도 입니까?

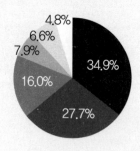

4.8%
6.6%
7.9%
16.0%
34.9%
27.7%

- ■ 거의 매일 야근한다
- ■ 1주일에 3~4회 정도
- ■ 1주일에 1~2회 정도
- ■ 1주일에 5~6회 정도
- ■ 야근을 거의 하지 않는다
- ■ 1달에 1~2회 정도

귀하의 하루 평균 야근 시간은 어느 정도 입니까?

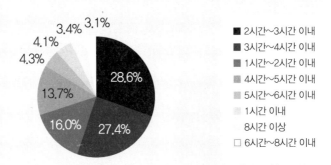

3.4% 3.1%
4.1%
4.3%
28.6%
13.7%
16.0% 27.4%

- ■ 2시간~3시간 이내
- ■ 3시간~4시간 이내
- ■ 1시간~2시간 이내
- ■ 4시간~5시간 이내
- ■ 5시간~6시간 이내
- 1시간 이내
- 8시간 이상
- □ 6시간~8시간 이내

그림 10 **직장인 스트레스와 질병**

인터넷 취업포털 잡링크 직장인 2083명 대상 설문조사, 2005년 4월

411

나오는 글

직장에서 받는 스트레스로 인해 질병을 앓은 적이 있나?

12.9%
81.7%

- ■ 있다
- ■ 없다

스트레스의 정도가 심해 병원 등에서 치료 받은 적이 있나?

39.6% 60.4%

- ■ 있다
- ■ 없다

그림 11 **아파도 출근한 적이 있나?**

잡코리아 직장인 753명 대상 이메일 설문조사, 2007년 2월 15일~23일

아파도 참고 출근한 적이 있나?

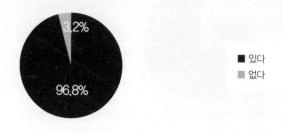

3.2%

96.8%

■ 있다
■ 없다

출근하는 이유는?

성실하게 책임을 다하는 조직문화를 조성하기 위해	**46.9%**
맡은 일이 많아 쉴 여유가 없어서	**25.9%**
결근한 사람을 대신해 일해 줄 동료가 마땅치 않아서	**23.5%**

그림 12 정규직과 비정규직 산업재해 및 산재사망 비율 (단위 %)

한국산업안전공단, 2001년

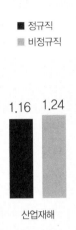

■ 정규직
■ 비정규직

3.09

1.16 1.24

0.29

산업재해   산재사망 (만명당)

그림 13 정규직과 비정규직 질환 유병률 (단위 %)

백도영 서울대 보건대학원 교수 연구, 2003년

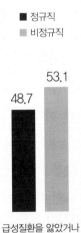

■ 정규직
■ 비정규직

53.1   61.8

48.7   58.7

급성질환을 앓았거나   만성질환을 앓았거나
증상을 가진 경우   증상을 가진 경우

그림 14 **정규직과 비정규직 우울증 유병률**

조성진 한림대 교수 직무스트레스 연구 결과, 329개 사업장 8522명 대상, 2002년

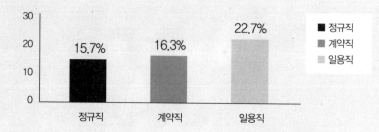